市政专业高职高专系列教材

桥梁基础工程

陈伯兴　李继刚　主　编
陈　亮　陈嘉炜　周金伟　副主编

中国建筑工业出版社

图书在版编目（CIP）数据

桥梁基础工程/陈伯兴，李继刚主编．—北京：中国建筑工业出版社，2012.5
（市政专业高职高专系列教材）
ISBN 978-7-112-14042-8

Ⅰ.①桥… Ⅱ.①陈… ②李… Ⅲ.①桥梁基础-桥梁施工-高等职业教育-教材 Ⅳ.①U445.55

中国版本图书馆 CIP 数据核字（2012）第 021354 号

　　本书为市政专业高职高专系列教材之一。内容包括：绪论，作用与作用效应组合，天然地基上的刚性浅基础，桩基础，沉井基础，地基处理等内容。书中根据当前高职高专教育要求与工程实践的需要，着重介绍市政工程桥梁常用的基础类型、设计计算方法和施工方法，并介绍了软弱地基的处理方法和特殊土地基的基础工程问题。各章提出知识目标和能力目标，并附有计算示例，供学生参考。
　　本书为高职高专院校市政工程专业、公路桥梁专业、工程监理、交通工程专业、工程管理等相关专业的教学用书。也可供"应用型"本科院校教学使用，以及从事市政工程、公路工程、交通工程专业的技术人员参考使用。

* * *

责任编辑：张伯熙　曾　威
责任设计：张　虹
责任校对：肖　剑　赵　颖

市政专业高职高专系列教材
桥 梁 基 础 工 程
陈伯兴　李继刚　主　编
陈　亮　陈嘉炜　周金伟　副主编

*

中国建筑工业出版社出版、发行（北京西郊百万庄）
各地新华书店、建筑书店经销
北京红光制版公司制版
北京市铁成印刷厂印刷

*

开本：787×1092毫米　1/16　印张：14¼　字数：355千字
2012年6月第一版　2012年6月第一次印刷
定价：28.00元
ISBN 978-7-112-14042-8
（22080）

版权所有　翻印必究
如有印装质量问题，可寄本社退换
（邮政编码　100037）

本书编委会

主　　编：陈伯兴　李继刚
副 主 编：陈　亮　陈嘉炜　周金伟
编写人员：李　飞　陈士勇　程　英　殷届竝

前　言

本教材主要按照高职高专教育人才模式的基本特征，以培养高等技术应用型专门人才为根本任务，以适应社会需要为目标，以培训技术应用能力为主线，学生的知识、能力、素质结构和培养方案，具有一定的基础理论、技术运用能力强、素质高的特点，以"应用"为主旨和特征及依据《公路桥涵地基与基础设计规范》JTG D 63—2007 构建课程和教学内容体系。

本教材的内容有：绪论、作用与作用效应组合、天然地基上的刚性浅基础、桩基础、沉井基础、地基处理，共六章。着重介绍市政工程桥梁常用的基础类型、设计计算方法和施工方法。为符合高职高专教育人才培训目标，本教材在内容的选择上注重实用性、可操作性。对各类基础设计计算只说明计算原理、方法和过程，能应用公式计算即可，而不进行详细推导。为便于学生理解和使用，书中附有较多的算例。

考虑到地区性差异及各院校的具体情况不同，授课过程中教师可对书中内容进行适当取舍。

本书由陈伯兴编写第一章、第二章、第五章内容；李继刚编写第三章、第四章、第六章内容；陈亮、陈嘉炜、周金伟编写第五章第五节和附表的内容；李飞、陈士勇、程英、殷届立协助编写有关章节内容。由无锡城市学院陈伯兴高级工程师和无锡市政设施管理处处长、高级工程师李继刚为主编无锡市第三市政建设工程有限公司陈亮、陈嘉炜两位工程师和无锡市南长园林绿化工程有限公司周金伟工程师共同为副主编。本教材内容系统，条理清楚，简明扼要，通俗易懂，便于读者阅读理解、运用。

由于编者水平有限，书中难免有缺点与错误之处，敬请同仁和读者批评指正。

编　者

目 录

第一章 绪论 ·· 1
  第一节 概述 ·· 1
    一、内容 ·· 1
    二、要求 ·· 1
    三、概念 ·· 1
    四、地基与基础工程 ··· 2
  第二节 基础工程设计与施工时所需资料 ·· 3
    一、基础工程设计所需资料 ·· 3
    二、基础工程设计有关资料的说明 ··· 4

第二章 作用与作用效应组合 ·· 6
  第一节 作用概念及分类 ·· 6
    一、作用 ·· 6
    二、浮力计算规定 ··· 16
  第二节 作用效应组合 ··· 17
    一、作用效应组合 ··· 17
    二、承载能力极限状态效应组合 ··· 17
    三、正常使用极限状态的作用效应组合 ··· 18
    四、地基与基础效应组合设计 ·· 19

第三章 天然地基上的刚性浅基础 ·· 21
  第一节 刚性基础概述 ··· 21
    一、刚性角 ··· 21
    二、襟边 ·· 21
    三、材料要求 ·· 21
  第二节 设计计算 ··· 22
    一、初步确定基础埋置深度 ·· 22
    二、基础形状与尺寸 ·· 23
    三、地基和基础验算 ·· 23
    四、示例 ·· 32
  第三节 施工 ··· 48
    一、概述 ·· 48
    二、旱地上浅基础施工 ·· 48
    三、水中浅基础施工 ·· 59
    四、基础施工与质量验收要点 ·· 61

第四章　桩基础 · 64
第一节　概述 · 64
一、深基础（埋置深度大于5m的基础） · 64
二、桩基础 · 64
第二节　桩基础类型与构造 · 65
一、类型 · 65
二、构造 · 67
第三节　桩基础施工 · 70
一、施工放样 · 70
二、钻孔灌注施工 · 70
三、挖孔灌注桩 · 80
四、沉管灌注桩 · 80
五、预制沉桩施工 · 81
六、水中桩基础施工 · 87
七、钻孔埋置施工 · 90
八、灌注桩后压浆施工 · 91
九、桩基施工及质量验收要点 · 93
第四节、单桩承载力的确定 · 97
一、概述 · 97
二、单桩轴向容许承载力的确定 · 98
三、单桩横向容许承载力的确定——即水平力作用 · 108
四、负摩阻力问题 · 110
第五节　基础内力和位移计算 · 113
一、概述 · 113
二、基本概念 · 113
三、用m法计算弹性单排桩基的桩内力与位移 · 116
第六节　桩基础整体承载力的验算 · 125
一、概述 · 125
二、桩基础（群桩基础）承载力验算 · 127
三、用m法计算多排桩基础内力与位移 · 128
第七节　桩基础的设计 · 130
一、桩基础设计方法与步骤 · 130
二、桩基础类型的选择 · 130
三、桩径、桩长的拟定 · 131
四、确定基桩根数及其在平面的布置 · 131
五、桩基础设计方案验算 · 132
六、群桩基础设计计算示例（多排桩） · 133

第五章　沉井基础 · 138
第一节　概述 · 138

  一、定义 ··· 138
  二、适用范围 ··· 138
  三、特点 ··· 138
  四、不适用范围 ·· 139
 第二节 沉井类型与构造 ·· 139
  一、类型 ··· 139
  二、构造 ··· 139
 第三节 沉井施工 ·· 141
  一、旱地上沉井的施工 ·· 141
  二、水中沉井的施工 ·· 143
  三、下沉中遇到的问题及处理方法 ·································· 144
 第四节 沉井设计与计算 ·· 144
  一、沉井主要尺寸的拟定 ··· 145
  二、沉井作为整体深基础的设计与计算 ·························· 145
  三、沉井在施工过程中的结构强度计算 ·························· 149
 第五节 沉井计算示例 ·· 157
  一、设计资料 ··· 157
  二、沉井高度及各部分尺寸 ·· 158
  三、作用效应计算 ·· 158
  四、基底应力验算 ·· 160
  五、横向抗力验算 ·· 161
  六、沉井在施工过程中的强度验算（不排水下沉） ············ 161
  七、封底混凝土验算 ·· 168

第六章 地基处理 ··· 169
 第一节 概述 ··· 169
  一、地基分类 ··· 169
  二、软弱地基 ··· 169
  三、软土 ··· 169
  四、吹填土（冲填土） ·· 171
  五、杂填土 ··· 171
  六、松散砂土 ··· 171
  七、其他压缩性土 ·· 171
  八、地基处理的目的 ·· 171
 第二节 土改良方法之一——挤密法 ································ 172
  一、概述 ··· 172
  二、砂桩挤密法（砂桩在软基中作为支撑体） ·················· 173
  三、夯实法（压实法） ·· 175
  四、振冲法 ··· 175
  五、砂井（并入改良方法之二） ···································· 176

7

第三节　土的置换——换土（垫层法） ··············· 176
　一、土的置换法 ······························· 176
　二、垫层的设计 ······························· 177
第四节　土改良方法之二——排水固结法 ··············· 181
　一、适用 ··································· 181
　二、原理 ··································· 181
　三、方法 ··································· 181
　四、施工方法 ································ 181
第五节　其他方法简介 ························· 188
　一、强夯法与强夯置换法 ························· 188
　二、灰土挤密桩法和土挤密桩法 ······················ 191
第六节　设计计算示例 ························· 195
　一、换填垫层法地基处理分析计算 ····················· 195
　二、旋喷桩复合地基设计 ·························· 197
　三、强夯地基处理设计 ··························· 197
　四、灰土挤密桩设计 ···························· 198
附表 ································· 200
参考文献 ······························ 219

知识目标：
- ◆ 了解天然地基浅基础设计的一般步骤及减轻基础不均匀沉陷的措施。
- ◆ 熟悉地基基础设计的基本规定、施工要点。
- ◆ 掌握地基基础设计的设计步骤及施工方法和步骤。

能力目标：
- ◆ 熟练计算基底应力和地基软弱下卧层验算。
- ◆ 能进行刚性基础的设计计算；能进行施工。
- ◆ 对基础不均匀沉降采取相应技术措施。

第一章 绪 论

第一节 概 述

本课程为专业课范畴，其学习内容与要求涉及其他学科的支持，因此有先导知识，应注意前后联系和衔接。

一、内容

系统地学习桥、道及其他人工构造物地基与基础有关的设计理论、计算方法及施工要点。

二、要求

1. 掌握原理、方法、步骤。特别是天然浅基础、桩基础、设计原理、方法和施工要点、沉井基础设计原理、方法，可结合实际情况选学。

2. 决定基础需要设置的深度、地基计算强度及基础的必要尺寸，以保证建筑物正常运用。基础工程必须做到精心设计，精心施工，以保证建筑物质量和经济合理。

三、概念

任何建筑物都建造在一定的地层上，建筑物的全部荷载都由它下面的地层来承担，并使地层中的应力状态发生改变。其概念如下：

（一）基础工程

建筑物地基与基础的设计与施工过程。

（二）地基

1. 承受建筑物全部重量的那一部分地层称为地基（图1-1）。

2. 作用：①承受基础传来的荷载；②保证结构物安全及正常使用。

3. 要求：①足够的承载力、稳定性；

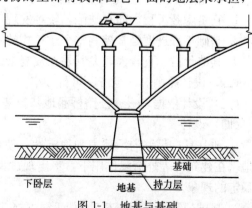

图1-1 地基与基础

② 变形在容许范围内；③ 不能遭到冻结——砌置在不受冻结影响土层上，应埋置在最大冻结线以下一定深度；④ 不能遭到水流冲刷——基础必须埋置在设计洪水的最大冲刷线以下一定深度。

4. 分类：① 天然地基：具有良好的承载力与稳定性、可直接修筑基础的天然地层；② 人工地基：经过人工加固或处理后修筑基础。

（三）基础

1. 建筑物与地基接触部分的承重构造物称为基础（图 1-1）。
2. 作用：承受上部、下部结构传来的全部荷载并传递到地基中去。
3. 类型：

1) 目的：了解各类基础特征，从而在设计时选择最合适的类基础。

2) 分类：

（1）按刚度分：① 柔性基础（弹性基础）：受力后，容许发生较大挠曲变形的基础或 $\alpha > \alpha_{max}$ 的基础；它受到的力：承受拉力和剪力；其使用的材料：钢筋混凝土基础、桩基础。② 刚性基础：受力后，不发生挠曲变形的基础；它受到的力：承受的压力；其使用的材料：圬工材料；其优点是稳定性好、施工简便、能承受较大的荷载，主要缺点是自重大，当持力层为软土时需加固处理。

（2）按埋置深度分：① 浅基础：基础砌筑深度浅（从设计地面起算 $\leqslant 5m$ 或 $h < 4b$，而 b 为基础底宽）及施工简单的基础。它采用明挖法施工；常见的有实体基础。但有柔性（如条形、十字形）与刚性之分。② 深基础：基础砌筑深度 $h > 5m$ 或 $h > 4b$ 的基础；施工方法较复杂；常见的有：桩基础、沉井基础、联合基础。

（3）按构造形式分：① 实体基础；② 沉井基础；③ 桩基础：钢筋混凝土桩、钻孔桩、管柱桩；④ 地下连续墙。

（4）按施工方法分：① 明挖法——浅基础施工；② 打桩钻孔桩——桩基础施工；③ 沉井、沉箱、沉桩、沉管法。

（5）按基础材料分：① 木材基础——以座或格架形式支撑上部结构；② 砖基础——方便；③ 石料基础——就地取材、抗压好、抗冻差；④ 混凝土基础——常用；⑤ 钢筋混凝土基础——承受弯曲变形情况时采用。

四、地基与基础工程

（一）重要性——对建筑物有巨大的影响，在整个建筑物中占有十分重要的地位

1. 它是隐蔽工程。如有缺陷，较难发现，也较难弥补和修复。
2. 基础工程进度经常控制整个建筑物的施工进度。
3. 其造价占比重较大，尤其是在较复杂的地质条件下或深水中修建基础更是如此。

（二）设计原则——经济、可行、牢固、安全、适用

（三）设计依据——《公路桥涵地基与基础设计规范》JTG D 63—2007

（四）设计要求

1. 地基具有足够的承载力和稳定性，使地基底面压应力小于地基的容许应力。即保证地基在建筑物等外荷载作用下，不出现过大的、有可能危及建筑物安全的塑形变形或丧失稳定的现象。
2. 基础的沉降或相邻基础的沉降差在允许范围之内，以保证上部结构的正常使用。

3. 基础具有足够的强度,以保证基础本身坚固耐用。

4. 基础具有足够的稳定性,以保证基础不发生倾覆和滑动,并防止地基土从基础底面被水流冲刷掉。

5. 防止地基土发生冻胀。当地基底面以下的土发生严重冻胀时,对建筑物往往是十分有害的。

地基基础设计要满足上述要求,必须掌握准确、足够且又必要的资料。

第二节 基础工程设计与施工时所需资料

一、基础工程设计所需资料

见表 1-1。

基础工程设计所需资料　　　　　　　　表 1-1

资料种类		资料主要内容	资料用途
1. 桥位平面图（或桥址地形图）		(1) 桥位地形； (2) 桥位附近地貌、地物； (3) 不良工程地质现象的分布位置； (4) 桥位与两端路线平面的关系； (5) 桥位与河道平面的关系	(1) 桥位的选择、下部结构位置的研究； (2) 施工现场的布置； (3) 地质概况的辅助资料； (4) 河岸冲刷及水流方向改变的估计； (5) 墩台、基础防护构造物的布置
2. 桥位工程地质勘测报告及工程地质纵剖面图		(1) 桥位地质勘测调查资料包括河床地层分层土（岩）类及岩性,层面高程,钻孔位置及钻孔柱状图； (2) 地质、地史资料的说明； (3) 不良工程地质现象及特殊地貌的调查勘测资料	(1) 桥位、下部结构位置的选定； (2) 地基持力层的选定； (3) 墩台高度、结构形式的选定； (4) 墩台、基础防护构造物的布置
3. 地基土质调查试验报告		(1) 钻孔资料； (2) 覆盖层及地基土（岩）层状生成分布情况； (3) 分层土（岩）层状生成分布情况； (4) 荷载试验报告； (5) 地下水位调查	(1) 分析和掌握地基的层状； (2) 地基持力层及基础埋置深度的研究与确定； (3) 地基各土层强度及有关计算参数的选定； (4) 基础类型和构造的确定； (5) 基础下沉量的计算
4. 河流水文调查报告		(1) 桥位附近河道纵横断面图； (2) 有关流速、流量、水位的调查资料； (3) 各种冲刷深度的计算资料； (4) 通航等级、漂浮物、流冰的调查资料	(1) 根据冲刷要求确定基础的埋置深度； (2) 桥墩身水平作用力计算； (3) 施工季节、施工方法的研究
5. 其他调查资料	(1) 地震	(1) 地震记录； (2) 震害调查	(1) 确定抗震设防烈度； (2) 抗震设计方法和抗震措施的确定； (3) 地基土振动液化和岸坡滑移的分析研究
	(2) 建筑材料	(1) 就地可采取、供应的建筑材料种类、数量、规格、质量、运距等； (2) 当地工业的加工能力、运输条件等有关资料； (3) 工程用水调查	(1) 下部结构采用材料种类的确定； (2) 就地供应材料的计算与计划安排

第一章 绪　论

续表

资料种类		资料主要内容	资料用途
5. 其他调查资料	（3）气象	（1）当地气象台有关气温变化、降水量、风向风力等的记录资料； （2）实地调查采访记录	（1）气温变化的确定； （2）基础埋置深度的确定； （3）风压的确定； （4）施工季节和方法的确定
	（4）附近桥梁的调查	（1）附近桥梁结构形式、设计书、图纸、现状； （2）地质、地基土（岩）性质； （3）河道变动、冲刷、淤泥情况； （4）营运情况及墩台变形情况	（1）掌握架桥地点的地质、地基土情况； （2）基础埋置深度的参考； （3）河道冲刷和改道情况的参考

注：表 1-1 中各项资料内容可根据桥梁规模、重要性及桥位处具体的水文、地质条件和设计阶段确定取舍。

二、基础工程设计有关资料的说明

1. 桥位（包括引道）平面图及拟建上部结构及墩台形式，总体构造及有关设计资料

大中型桥梁基础在设计时，应取得桥位地形、地物、洪水泛滥线、河道主河槽和河床位置等资料，以及绘成的 1∶500～1∶5000 地形平面图。

应有上部结构及墩台的总体设计资料、数据、设计等级、技术标准等。

2. 桥位工程地质报告及桥位地质纵剖面图

主要是地质剖面图或柱形图。图上应示出各土层的分布情况、厚度、冻结深度、地下水位高度、岩面高度、倾斜度以及土中大而硬的孤石、不良地质现象等，同时有各种地基土必要的物理、力学性质指标。

3. 河流水文调查资料

要有通过计算和调查取得的比较可靠的设计冲刷深度数据，并有桥梁所在江河水流的高水位、低水位、常水位、水流流速和冲刷深度等。

4. 荷载作用情况：可能作用于各种建筑物上的各种荷载大小、方向、作用位置、荷载性质（永久还是可变荷载）及作用时间等。

5. 施工条件：施工队伍的人、物、技术水平、施工经验及附近材料、水电供应和交通等情况。

【例 1-1】 某大桥，建于常年有流水的河中，其河流的地质、水文资料如图 1-2 所示，试根据资料确定基础的埋置深度。

解：根据已知水文地质资料，由于基础修建在常年有流水的河中，所以可以不考虑冻结深度的影响，而主要根据最大冲刷线深度来确定基础的埋置深度。土层Ⅰ、Ⅲ、Ⅳ均可作为持力层，具体可选择如下三种方案：

方案一，将基础埋置在第Ⅰ层硬塑粉质黏土中。考虑到经济简便的原则，基础应尽量浅埋，做成浅基础。由表 1-2 可知，基础应埋置在最大冲刷线以下至少 1.5～2.0m。确定基础埋深后，需要进行以承载力为主的各项验算，若不满足要求，则可以考虑将基础埋置深度加大或埋置在第Ⅲ或第Ⅳ层中。

方案二，将基础埋置在第Ⅲ层硬塑黏土中。此时基础位于最大冲刷线以下的最小埋置深度为 8m。若采用刚性扩大基础，施工开挖和防排水工作量较大，需要考虑技术和经济的合理性。还可以考虑采用沉井基础和桩基础方案，这样可以减免基坑开挖和排水工作，

具体方案应根据技术、经济比较后选定。

基底埋深安全值（m）　　　　　　　　　　　　　　　　　　表 1-2

桥梁类别 \ 总冲刷深度（m）	0	5	10	15	20
大桥、中桥、小桥（不铺砌）	1.5	2.0	2.5	3.0	3.5
特大桥	2.0	2.5	3.0	3.5	4.0

方案三，如果要求基础埋置深度更深时，可以采用桩基础，将桩端设置在第Ⅳ层密实粗砂中，这样可以避免水下施工。

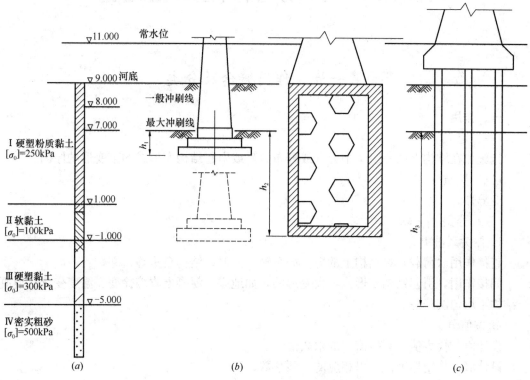

图 1-2　基础埋深的方案（高程单位：m）
（a）方案一；（b）方案二；（c）方案三

知识目标：
◆ 了解作用概念及分类。
◆ 了解作用效应组合的概念、要求和方法。

能力目标：
◆ 熟悉进行汽车荷载和人群荷载的布置与计算。
◆ 掌握基础设计计算时的受力形式和验算方向。

第二章 作用与作用效应组合

第一节 作用概念及分类

一、作用

（一）定义

指施加在结构上的一组集中力（或分布力）或引起结构变形或约束变形的原因。

（二）性质

变异性。

（三）分类

1. 按关系分类

直接作用（荷载）在结构上的力，如车辆、人群、结构自重等。

间接作用，引起结构变形或约束变形的，如地震、混凝土收缩徐变、温度变化、混凝土结构不均匀沉降等。

2. 按值分类

设计值、代表值、频遇值、准永久值。

设计值：作用标准值乘以相应的分项系数；

代表值：标准值，各种作用的基本代表值；

频遇值：各种作用的基本代表值乘以系数 0.95；

准永久值：各种作用的基本代表值乘以系数 0.5（针对不同设计目的所采用的各种作用规定值）。

3. 按《公路桥涵设计通用规范》JTG D 60—2004 中的规定分类

1) 永久作用

定义：结构使用期间，其量值不随时间变化，或其变化值或平均值可忽略不计的作用，如：结构自重、预加应力、土的重力、土侧压力、混凝土收缩及徐变作用、水浮力、基础变位。

代表值：标准值。等于结构构件设计尺寸乘以材料重力密度。

注：(1) 常用材料的重力密度可查表 2-1。

(2) 若桥梁是 C30 的板梁，其长×宽×厚＝10m×8m×0.85m，则其代表值为 1780kN。

(3) 预加应力在正常使用极限状态设计时作为永久作用计算其主效应和次效应，在承受能力极限状态设计时是不作为永久作用计算的。

常用材料的重力密度　　　　　　表 2-1

材料种类	重力密度 (kN·m⁻³)	材料种类	重力密度 (kN·m⁻³)
钢、铸钢	78.5	浆砌片石	23.0
铸铁	72.5	干砌块石或片石	21.0
锌	70.5	沥青混凝土	23.0～24.0
铅	114.0	沥青碎石	22.0
黄铜	81.1	碎（砾）石	21.0
青铜	87.4	填土	17.0～18.0
钢筋混凝土或预应力混凝土	25.0～26.0	填石	19.0～20.0
混凝土或片石混凝土	24.0	石灰三合土、石灰土	17.5
浆砌石或料石	24.0～25.0	—	—

(4) 水的浮力计算，当基础位于浮水性地基墩台上，验算稳定性时应考虑设计水位的浮力；验算地基应力可不考虑水浮力，当不能确定基础是否透水时应以透水与不透水两种情况与其他作用组合，取其最不利者。

(5) 混凝土的收缩与徐变作用计算，超静定结构的构件应考虑混凝土的收缩与徐变作用。混凝土收缩和徐变系数按《公路钢筋混凝土及预应力混凝土桥涵设计规范》JTG D 62—2004 的规定计算。计算圬工拱圈收缩作用效应时，如考虑徐变影响作用应乘以 0.45 的折减系数。

2) 可变作用

定义：结构使用时，其量值随时间变化，且其变化值与平均值相比不可以忽略的作用。如：汽车荷载、冲击力、离心力、制动力、人群荷载、土侧压力、风荷载、流水压力、冰压力、温度、支座摩阻力。

代表值：

(1) 承载能力极限状态设计按弹性阶段计算时采用标准值。

(2) 正常使用极限状态，按短期效应组合时采用频遇值，即乘以 φ_1；按长期效应组合时采用准永久值，即乘以 φ_2。

注：φ_1、φ_2 值见相关规定。

3) 计算

(1) 汽车荷载

① 等级：公路—Ⅰ级和公路—Ⅱ级。

② 组成：车道荷载和车辆荷载；桥梁结构整体计算采用车道荷载，结构局部荷载、涵洞桥台和挡墙土压力等计算采用车辆荷载。

③ 车道荷载：见表 2-2。应满布于使结构产生最不利效应的同影响线上。集中荷载值只作用相应影响线最大峰值处。

第二章 作用与作用效应组合

车道荷载计算表 表 2-2

等级	Q_K	P_K	
		计算弯矩时	计算剪力时
公路—Ⅰ级	10.5kN/m	$L_计 \leq 5m$: 180kN	216kN
		$5m < L_计 < 50m$: $180+4\times(L_计-5)$ 或 $160+4L_计$	$216+4.8(L_计-5)$
		$L_计 \geq 50m$: 360kN	432kN
公路—Ⅱ级	10.5×0.75 $=7.875$kN/m	$L_计 \leq 5m$: $180\times0.75=135$kN	$216\times0.75=162$kN
		$5m < L_计 < 50m$: $180+4\times(L_计-5)\times0.75$	$216+4.8\times(L_计-5\times0.75)$
		$L_计 \geq 50$: $360\times0.75=270$kN	$432\times0.75=324$kN

④ 车辆荷载：无论是公路—Ⅰ级还是公路—Ⅱ级均采用相同的车辆荷载标准值。立面图见图 2-1。

图 2-1 立面图(m)

平面图：见图 2-2。

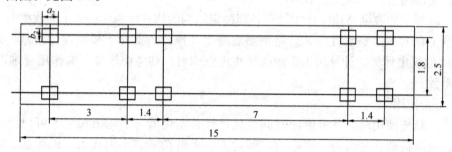

图 2-2 平面图(m)

横向布置图：见图 2-3。

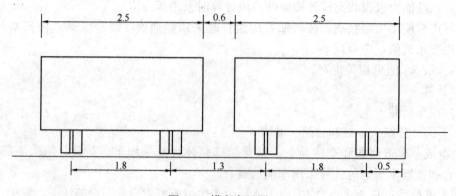

图 2-3 横向布置图(m)

主要技术指标表：见表2-3。

主要技术指标表 表2-3

项目	单位	技术指标	项目	单位	技术指标
车辆重力标准值	kN	550	轮距	m	1.8
前轴重力标准值	kN	30	前轮着地宽度和长度	m	0.3×0.2
中轴重力标准值	kN	2×120	中后轮着地宽度和长度	m	0.6×0.2
后轴重力标准值	kN	2×140	车辆外形尺寸（长×宽）	m	15×2.5
轮距	m	3+14+7+1.4	—	—	—

多车道规定：见表2-4。

桥涵设计车道数规定表 表2-4

桥面宽度(W)(m)		桥涵设计车道数(条)	桥面宽度(W)(m)		桥涵设计车道数(条)
车轮单向行驶时	车轮双向行驶时		车轮单向行驶时	车轮双向行驶时	
W<7.0	—	1	17.5≤W<21	—	5
7.0≤W<10.5	6≤W<14	2	21≤W<24.5	21≤W<28	6
10.5≤W<14	—	3	24.5≤W<28	—	7
14≤W<17.5	14≤W<21	4	28≤W<31.5	28≤W<35	8

纵向折减系数：见表2-5。

纵向折减系数表 表2-5

$L_计$	150<$L_计$<400	400≤$L_计$<600	600≤$L_计$<800	800≤$L_计$<1000	$L_计$≥1000
系数	0.97	0.96	0.95	0.94	0.93

横向折减系数：见表2-6。

横向折减系数表 表2-6

横向布置设计车道数(条)	2	3	4	5	6	7	8
系数	1.0	0.78	0.67	0.6	0.55	0.52	0.52

【例2-1】 某桥$L_计$=20m，通行公路—Ⅰ级荷载。桥面的车行道宽14m（即四车道），人行道宽5m，请计算$M_中$、$Q_中$。

解：因为是桥梁整体计算，应用车道荷载来计算。

又因为$L_计$=20m，

1. 均布荷载 $M_{中均}=10.5×20×14=2940$ kN·m
2. 集中荷载 $M_{中集}=160×20(4+L_计)×14=160×24×14=53760$ kN·m

所以，$M_中=M_{中均}+M_{中集}=56700$ kN·m

$$Q_中=1.2×[216×(L_计-5)×4.8]×14=49766.4 \text{ kN}$$

(2) 汽车荷载影响力

① 冲击力

规定：混凝土桥、预应力钢筋混凝土桥和圬工拱桥等上部构造和钢支座、盆式橡胶支座及预应力钢筋混凝土柱式墩台，应计入冲击作用；填料厚度（包括路面厚度）不小于0.5m的拱桥，涵洞及重力式墩台不计冲击作用。

取值：为汽车荷载标准值乘以冲击系数 u，但汽车荷载局部加载及 T 梁、箱梁悬臂板上的冲击系数按 1.3 计算（表 2-7、表 2-8）。

u 计算值 表 2-7

自振频率	$f<1.5\mathrm{Hz}$	$1.5\mathrm{Hz} \leqslant f \leqslant 14\mathrm{Hz}$	$f>14\mathrm{Hz}$
u	0.05	$0.1767\ln f - 0.0157$	0.45

f 计算值 表 2-8

梁类别	简支梁	连续梁
f 值	$f=\dfrac{\pi}{2L_{\text{计}}^2}\sqrt{\dfrac{EI_c}{m_c}}$	$f_1=\dfrac{13.616}{2\pi L_{\text{计}}^2}\sqrt{\dfrac{EI_c}{m_c}}$（正弯矩及剪力效应时） $f_2=\dfrac{23.651}{2\pi L_{\text{计}}^2}\sqrt{\dfrac{EI_c}{m_c}}$（负弯矩效应时）
备注	\multicolumn{2}{l|}{$m_c=G/g$ G——结构重力（N/m）； g——重力加速度，$g=9.81\mathrm{m/s^2}$； E——结构材料弹性模量（N/m²）； I_c——结构跨中截面的惯性矩（m⁴）}

【例 2-2】 图 2-4 所示为，T 形梁的 T 形截面，尺寸如图 2-4 所示，请说明如何计算简支梁的 f 值。

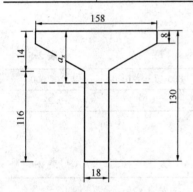

图 2-4 例 2-2 计算简图

从表 2-8 中知：

$$f=\frac{\pi}{2L_{\text{计}}^2}\sqrt{\frac{EI_c}{m_c}}$$

又因为从图 2-4 中可得：$h_{\text{平均}}=\dfrac{1}{2}\times(8+14)=11\mathrm{cm}$

$$A=(1.58-0.18)\times 0.11+0.18\times 1.3$$
$$=0.154+0.234=0.388\mathrm{m}^2$$

$$a_x=\frac{(158-18)\times 11\times \dfrac{11}{2}+130\times 180\times \dfrac{130}{2}}{(158-18)\times 11+(130\times 18)}=\frac{8470+152100}{1540+2340}=\frac{160570}{3700}=43.4\mathrm{cm}$$

$$I_c=\frac{1}{12}(158-18)\times 11^3+(158-18)\times 11\times\left(43.4-\frac{11}{2}\right)^2$$

$$+\frac{1}{12}\times 18\times 130^3+18\times 130\times\left(\frac{130}{2}-43.4\right)^2$$

$$=15528+22120714+3295500+1091750.4=0.06615\mathrm{m}^4$$

$$G=0.37\times 25=9.25\mathrm{kN/m}$$

$$m_c=G/\mathrm{g}=\frac{9.25}{9.81}=0.9429\mathrm{N/m}$$

又因为 C30 混凝土的 $E=3\times10^{10}\text{N/m}^2$ （可从设计原理书中查得）

所以
$$f=\frac{3.14}{2\times(19.5)^2}\times\sqrt{\frac{3\times10^{10}\times0.066}{0.9888\times10\times10\times10}}$$
$$=0.00413\times\sqrt{2\times10^6}=5.842\text{Hz}$$

所以 $u=0.1767\ln f-0.0157=0.1767\ln(5.842)-0.0157$
$$=0.1767\times1.765-0.0157$$
$$=0.296\text{Hz}$$

所以 $1+u=1+0.296\approx1.3$

② 离心力

a. 定义：汽车在圆曲线上行驶时所产生的指向圆心的力。

b. 规定：当道桥的曲线半径不大于 250m 时，应计算汽车荷载引起的离心力。

计算公式：离心力＝不计冲击力的车辆荷载×系数 C，即

$$H=C\cdot P,\text{而 }C=V^2/127R \tag{2-1}$$

式中　R——曲线半径（m）；

　　　V——设计车速（km/h），按桥梁所在路线规定

$R\geqslant150\text{m}$ 及多车道桥梁时上述公式应乘以纵横向折减系数。按表 2-5、表 2-6 中的值计。

c. 着力点：在桥面以上 1.2m 处（可移到桥面上计算）。

d. 计算示例——单选题：

【例 2-3】 当曲线半径不大于（ C ）m 时应计算离心力；当曲线半径不小于（ A ）m 时应乘以纵横向折减系数。

　A　150　　　　　　B　200　　　　　　C　250　　　　　　D　300

【例 2-4】 离心力的着力点在桥面以上（ B ）m 处。

　A　1　　　　　　　B　1.2　　　　　　C　1.4　　　　　　D　1.6

③ 制动力

a. 定义：汽车在桥上制动时为克服其惯性力而在车轮和路面之间发生的滑动摩擦力。

b. 规定：汽车荷载制动力按同向行驶汽车荷载（不计冲击力）计算，并按以使桥梁墩台产生最不利纵向力的加载长度进行纵向折减。

即，一个设计车道上由汽车荷载产生的制动力标准值按车道荷载标准值在加载长度上计算的总重力的 10% 计算，但公路—Ⅰ级汽车荷载的制动力标准值不小于 165kN，公路—Ⅱ级汽车荷载的制动力标准值不小于 90kN。同向行驶双车道的汽车制动力标准值为一个设计车道制动力标准值的 2 倍；同向行驶三车道为一个设计车道的 2.34 倍；同向行驶四车道为一个设计车道的 2.68 倍。

制动力的着力点在桥面以上 1.2m 处，计算墩台时，可移至支座铰中心或支座底座面上。计算刚构桥、拱桥时，制动力的着力点可移至桥面上，但不计因此而产生的竖向力和力矩。

设有板式橡胶支座的简支梁、连续桥面简支梁或连续梁排架式柔性墩台，应根据支座与墩台的抗推刚度的刚度集成情况分配和传递制动力。

【例 2-5】 一个车道上的汽车荷载（公路—Ⅰ级）产生值，现取 $L_{计}=20\text{m}$ 计算。

均布荷载为：$10.5\text{kN/m}\times20\text{m}=210\text{kN}$

集中荷载为：$P_\text{K}=160+4L_{计}=240\text{kN}$

因此，车道荷载总值为 $210+240=450\mathrm{kN}$，而 10%即为 $45\mathrm{kN}<165\mathrm{kN}$，因而采用 $165\mathrm{kN}$ 计算制动力。

【**例 2-6**】 将例 2-5 改为同向行驶三车道时求制动力（公路—Ⅰ级）。

按例 2-5，计算一车道用 $165\mathrm{kN}$，则三车道为 $165\times 2.34=386.1\mathrm{kN}$。

④ 土的侧压力

规定：车辆荷载在桥台或挡土墙后填土的破坏棱体上引起的土侧压力，按换算或等代均布土层厚度计算，即
$$h=\frac{\Sigma G}{Bl_0\gamma} \tag{2-2}$$

式中 ΣG——布置在 Bl_0 面积内的车轮总重力（kN），应按照图 2-2 车辆在纵向布置及图 2-3 车辆在横向布置后才能算出 Bl_0 范围内的车轮总重力（车辆外侧车轮中线距侧石距离为 $0.5\mathrm{m}$）；

γ——土的重力密度；

l_0——桥台或挡墙后填土的破坏棱体长度（m），其值按：
$$l_0=H(\tan\alpha+\mathrm{ctg}\theta) \text{ 计算出}$$

ε——墙背倾角；

θ——台背与填土间夹角，$\theta=\frac{\varphi}{2}=15°$；

H——桥台或挡墙高度（m）；

B——桥台横向全宽或挡土墙的计算长度（m）；

α——台背与竖直面的夹角 $\alpha=-\mathrm{tg}^{-1}\frac{1}{8}=-7.917°$。

根据墙背形状选用下面公式：

墙背俯斜（$\varepsilon>0$）时，
$$\mathrm{tg}\theta=-\tan(\varphi+\delta+\alpha)+\sqrt{[\tan\varphi+\tan(\varphi+\delta+\alpha)]\cdot[\tan(\varphi+\delta+\alpha)-\tan\alpha]} \tag{2-3}$$

墙背仰斜（$\varepsilon<0$）时，
$$\mathrm{ctg}\theta=-\tan(\varphi+\delta-\alpha)+\sqrt{[\tan\varphi+\tan(\varphi+\delta-\alpha)]\cdot[\tan(\varphi+\delta-\alpha)-\tan\alpha]} \tag{2-4}$$

墙背垂直（$\varepsilon=0$）时，
$$\mathrm{ctg}\theta=-\mathrm{tg}(\varphi+\delta)+\sqrt{[\mathrm{tg}(\varphi+\delta)][\mathrm{ctg}\varphi+\mathrm{tg}(\varphi+\delta)]} \tag{2-5}$$

式中 δ——与墙背法线的夹角；

φ——土的内摩擦角，$\varphi=30°$。

在计算涵洞顶上车辆荷载引起的竖向土压力时，车轮按其地面面积的边缘向下作 30°角分布。当 n 个车轮压力扩散线相重叠时，扩散面积以最外边的扩散线为准。

【**例 2-7**】 某 $30\mathrm{m}$ 等截面悬链线空腹式石拱桥桥台为 U 形石砌桥台，台长 $11.994\mathrm{m}$。桥面为净 $7+2\times 0.75$ 人行道；设计荷载为公路—Ⅰ级汽车荷载（$\alpha=-7.917°$，$\delta=\frac{\varphi}{2}=15°$，桥台计算土层厚 $11.8\mathrm{m}$；$\gamma=18\mathrm{kN/m^3}$，$u=0.293$）。

求：汽车荷载的土侧压力？

解：a. 等代均布土层厚度计算：

∵ $\alpha = -7.917°$, $\delta = \dfrac{\varphi}{2} = 15°$。

当 $\beta = 0$ 时，破坏棱体破裂面与竖直面间夹角 θ 的正切值计算如下：

$$\begin{aligned}\tan\theta &= -\tan(\varphi+\delta+\varphi) + \sqrt{[\tan\varphi + \tan(\varphi+\delta+\varepsilon)]\cdot[\tan(\varphi+\delta+\varepsilon) - \tan\varepsilon]} \\ &= -\tan 37.083° + \sqrt{(\tan 30° + \tan 37.083°)\times[\tan 37.083° - \tan(-7.917°)]} \\ &= 0.775\end{aligned}$$

破坏棱体长度：$l = H\tan\theta = 11.8 \times 0.775 = 9.145\text{m}$

又因为 $B = 7 + 2\times 0.75 = 8.5\text{m}$，纵向布置如图 2-5 所示。

因为 $l = 9.145\text{m} > 8.4\text{m} = (1.4\text{m} + 7\text{m})$，而 $l = 9.145\text{m} < 1.4\text{m} + 7\text{m} + 1.4\text{m} = 9.8\text{m}$，横向布置如图 2-6 所示。

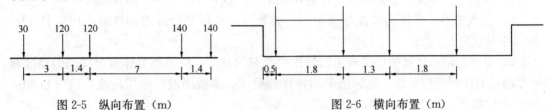

图 2-5 纵向布置（m） 　　　　图 2-6 横向布置（m）

因为 　　　　　　 $0.5\text{m} + 1.8\text{m} + 1.3\text{m} + 1.8\text{m} = 5.4\text{m} < 7\text{m}$

因此，在 Bl_0 范围内只能布置两辆两个 140kN 后轴及一个 120kN 中轴。

所以 　　　　　　 $2\times(2\times 140 + 120) = 800\text{kN}$

所以 　　　　　　 $h = \dfrac{\Sigma G}{Bl_0\gamma} = \dfrac{800}{8.5\times 9.145\times 18} = 0.572\text{m}$

作用台身土侧压力：

$$E = \dfrac{1}{2}\times 8.5\times 0.293\times 18\times 11.8\times(11.8 + 2\times 0.572) = 3423.573\text{kN}$$

台身底起土侧压力作用点：

$$C = \dfrac{H}{3}\times\dfrac{H+3h}{H+2h} = \dfrac{11.8}{3}\times\dfrac{11.8+3\times 0.572}{11.8+2\times 0.572} = 4.107\text{m}$$

不计汽车等代荷载层厚度的土侧压力为：

$$E = \dfrac{1}{2}\times 8.5\times 0.293\times 18\times 11.8\times 11.8 = 3120.995\text{kN}$$

台身底起土侧压力作用点：

$$C = \dfrac{H}{3} = \dfrac{11.8}{3} = 3.933\text{m}$$

土侧压力对台身底的弯矩：

$$M = 3120.995\times 3.933 = 12274.873\text{kN}$$

b. 人群荷载

规定：

a) 不同跨径时的人群荷载定值（表 2-9）：

不同跨径时的人群荷载定值　　　　表 2-9

$l \leqslant 50\text{m}$	$50\text{m} < l < 150\text{m}$	$l \geqslant 150\text{m}$
3kN/m^2	$3 - 0.005\times(l-50)$	2.5kN/m^2

b) 跨径不等的连续结构以最大跨径为准；城镇郊区行人密集地区桥梁，人群荷载标准值取上述规定值的 1.15 倍。

c) 专用人行道桥梁人群荷载为 $3.5kN/m^2$。

d) 人行道板（局部构件）可以一块板为单元，按标准值 $4.0kN/m^2$ 的均布荷载计算。

e) 作用在栏杆立柱顶上的水平推力标准值为 $0.75kN/m^2$，作用在栏杆扶手上的竖向力标准值为 $1.0kN/m^2$。

f) 人群荷载在横向应布置在人行道的净宽度内，在纵向施加于使结构产生最不利荷载效应的区段内。

c. 其他可变荷载

a) 风荷载：详见《公路桥涵设计通用规范》JTG D 60—2004 中的规定。

b) 流水压力、冰压力及支座摩阻力：详见《公路桥涵设计通用规范》JTG D 60—2004 中的规定。

c) 温度作用：计算桥梁结构由温度作用引起的效应，应根据具体情况按均匀温度和梯度温度的作用效应考虑，其标准值的计算参见《公路桥涵设计通用规范》JTG D 60—2004 中的规定。

(3) 偶然作用

① 地震力的有关计算应符合现行《公路桥梁抗震设计细则》JTG/T B02—01—2008 的规定。

② 撞击作用：内河船舶撞击作用标准值按表 2-10 计算。

内河船舶撞击作用标准值　　　　表 2-10

内河航道等级	船舶吨级（t）	横桥向撞击作用（kN）	顺桥向撞击作用（kN）
一	3000	1400	1100
二	2000	1100	900
三	1000	800	650
四	500	550	450
五	300	400	350
六	10	250	200
七	50	150	125

③ 汽车撞击作用：在车辆行驶方向取 1000kN，在垂直方向为 500kN。两个方向撞击力不同时考虑，撞击作用位置在行车道以上 1.2m 处，直接分布于撞击涉及的构件上。

(4) 城市桥梁设计荷载

原建设部在 1998 年颁布了《城市桥梁设计荷载标准》CJJ 77—1998。

① 永久荷载

均按公路荷载标准执行。

② 可变荷载

a. 汽车荷载

a) 等级可分为：城—A 和城—B 两级。其中：

城—A——总轴重 700kN，适用于快速路及主干路。

城—B——总轴重 300kN，适用于次干路与支路。

b) 由车道荷载加车辆荷载组成。桥梁结构的整体计算采用车道荷载,桥梁结构的局部加载、涵洞、桥台和挡土墙土压力计算采用车辆荷载。车辆荷载与车道荷载的作用不能叠加。

c) 车道荷载＝均布荷载＋集中力 P_K，见表2-11。

车 道 荷 载　　　　　　　　　　　表 2-11

荷载等级	城-A级			城-B级		
	车道荷载			车道荷载		
跨径（m）	计算M时, q_M	计算Q时, q_Q	P_r	q_M	q_Q	P_r
2≤L≤20	22.5	37.5	140	19.0	25.0	130
20<L≤150	10.0	15.0	300	9.5	11.0	160

注：在计算剪力时，当跨径大于20m，小于150m，且车道数等于或大于4条时，城—A、城—B车道荷载应分别乘以 1.25, 1.3 增长系数。

(b) 城-A级标准车纵平面布置见图2-7。
(c) 城-B级标准车纵平面布置见图2-8。
(d) 城-A、城-B级车道荷载横向布置见图2-9。

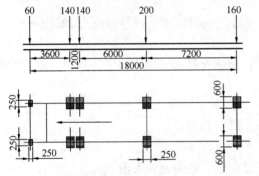
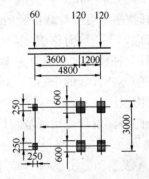

图 2-7　城-A级标准车辆纵平面布置（mm）　　图 2-8　城-B级标准车辆纵平面布置（mm）

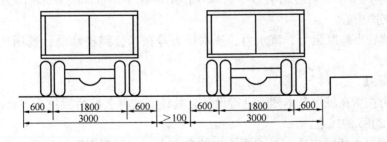

图 2-9　车道荷载横向布置（mm）

(e) 车道荷载的单向布载宽度为3m，为简化桥梁横向影响线的计算，车道荷载应按所示的等效荷载车轮集中力形式布置。当设计车道数不少于2条时，应计入车道的横向折减系数（表2-12）。

车道的横向折减系数　　　　　　　　　　　表 2-12

车道布置	≤2	3	4	5	≥6
折减系数	1.0	0.8	0.67	0.6	0.55

加载车道位置应选在结构可能产生最不利的荷载之处。

b. 冲击力

a) 车道荷载冲击系数　　$\mu = \dfrac{20}{80+L}$　　　　　　　　　　　(2-6)

当 $L=20\mathrm{m}$ 时，$\mu=0.2$；当 $L=150\mathrm{m}$ 时，$\mu=0.1$。

b）车辆荷载　$\mu=0.6686-0.3032\lg l_0<0.4$ （2-7）

c. 人群荷载

a）人行道板（局部构件）按 5kPa 均布荷载或 1.5kN 集中力计算。

b）梁、拱、桁架及其他跨径。

当加载长度 $l<20\mathrm{m}$ 时，$\omega = 4.5 \times \dfrac{20-W_P}{20}$ （2-8）

当加载长度 $l\geqslant 20\mathrm{m}$ 时，$\omega = \left(4.5 - 2 \times \dfrac{l-20}{80}\right) \times \dfrac{20-W_P}{20}$ （2-9）

式中　ω——单位面积上的人群荷载（kPa），且不小于 2.4kPa；

l——加载长度（m）；

W_P——单边人行道宽度（m），在专用非机动车桥上时取 $\dfrac{1}{2}$ 桥宽，当 $\dfrac{1}{2}$ 桥宽大于 4m 时，取 4m。

c）栏杆扶手上可变荷载：竖向荷载为 $1.2\mathrm{kN\cdot m^{-1}}$；水平向外荷载为 $1\mathrm{kN\cdot m^{-1}}$。两者应分别考虑，不得同时作用。

d）拉杆立柱柱顶水平推力为 $1\mathrm{kN\cdot m^{-1}}$；防撞拉杆用 80kN 的横向集中力进行验算，作用点应在防撞栏杆板的中心。

d. 土侧压力

按《公路桥涵设计通用规范》JTG D 60—2004 计算。

e. 制动力

a）城-A 级制动力用 160kN 或 10%的车道荷载，取两者较大值。

b）城-B 级制动力用 90kN 或 10%的车道荷载，取两者较大值。

c）加载车道多于 2 条时制动力不折减，作用点在车道桥面上方 1.2m 处，在计算墩台时可移到支座中心。

f. 风荷载、支座摩阻力、流水力、流水压力等按《公路桥涵设计通用规范》JTG D 60—2004 执行。

③ 偶然荷载

a. 抗震力按所在城市基本烈度进行设计，其计算按《公路桥梁抗震设计细则》JTG/T B02—01—2008 的规定。

b. 通航河道中桥墩应计入船或漂流物的撞击力，无实测资料时可按《公路桥涵设计通用规范》JTG D 60—2004 进行计算。

二、浮力计算规定

关于水的浮力的考虑：

水的浮力为水作用于建筑物基础底面的由下向上的托力，其大小等于建筑物排开的水的重量。地表水或地下水通过与土体空隙中自由水的连通来传递水压力与浮力。水是否能渗入基底是产生水浮力的前提条件，因此，水的浮力与地基土的透水性、地基与基础的接触状态以及水压力大小（水头高低）和漫水时间等因素有关。

根据《公路桥涵设计通用规范》JTG D 60—2004，水的浮力应分别按下列规定采用：

（1）基础底面位于透水性地基上的桥梁墩台，当验算稳定性时，应考虑设计水位的浮力；当验算地基应力时，可仅考虑低水位的浮力，或不考虑水的浮力。

（2）基础嵌入不透水性地基的桥梁墩台，不考虑水的浮力。

（3）作用在桩基承台底面的浮力，应考虑全部底面积。对桩嵌入不透水地基并灌注混凝土封闭者，不应考虑桩的浮力，在计算承台底面浮力时应扣除桩的截面面积。

（4）当不能确定地基是否透水时，应以透水或不透水两种情况与其他作用组合，取其最不利者。

预加力、混凝土收缩及徐变作用、基础变位作用的标准值，可按《公路钢筋混凝土及预应力混凝土桥涵设计规范》JTG D 62—2004 中的规定采用。

第二节 作用效应组合

一、作用效应组合

结构上几种作用分别产生的效应的随机叠加，称为作用效应组合。地基与基础设计要考虑整体上可能出现的作用（如：除永久作用外，可能同时出现汽车荷载、人群荷载等可变作用），按承载能力极限状态和正常使用极限状态进行作用效应组合，并取其最不利效应组合进行设计。

最不利作用效应是指所有可能的作用效应组合中对结构或结构构件产生的总应力最不利的一组作用效应组合。

二、承载能力极限状态效应组合

按承载能力极限状态设计时，结构构件自身承载力及稳定性验算应包括作用效应基本组合和偶然组合（表 2-13）。

作用效应组合　　　　　　　　表 2-13

	基本组合	偶然组合
承载能力极限	1.（组合）永久作用设计值与可变作用设计值结合	1. 永久作用标准值与可变作用某种代表值效应一种偶然作用（地震、船舶撞击、汽车撞击作用）标准值效应相组合
	2. 计算式 $S = \gamma_0 S_{ud} = \gamma_0 (\sum_{i=1}^{m} \gamma_{Gi} S_{Gik} + \gamma_{Q1} S_{Q1k} + \psi_c \sum_{j=2}^{n} \gamma_{Qj} S_{Qjk})$	2. 计算式 $S = \gamma_0 S_{ad} = \gamma_0 (\sum_{i=1}^{m} \gamma_{Gi} S_{Gik} + \gamma_a S_{ak} + \psi_{11} S_{Q1k} + \sum_{j=2}^{n} \psi_{2j} S_{Qjk})$
	3. 注 γ_0——结构重要性系数，根据设计安全等级（表 2-14）确定； 设计安全等级表 表 2-14　　一级|二级|三级　　1.1|1.0|0.9 γ_{Gi}——第 i 个永久作用效应的分项系数，应按表 2-15 的规定采用；	3. 注 γ_0——结构重要性系数，取 1.0； S_{ad}——承载能力极限状态下的作用效应偶然组合设计值； S_{Gik}——第 i 个永久作用标准值效应； S_{ak}——偶然作用标准值效应； γ_{Gi}、γ_a——上面表达式中相应作用效应的分项系数，均取值为 1.0； S_{Q1k}——除偶然作用外，第一个可变作用标准值效应，该标准值效应大于其他任意第 j 个可变作用标准值效应；

第二章 作用与作用效应组合

续表

基本组合	偶然组合
承载能力极限	S_{Q1k}——汽车荷载效应（含汽车冲击力、离心力）的标准值； γ_{Q1}——汽车荷载效应（含汽车冲击力、离心力）的分项系数，取 1.4； S_{Qjk}——除汽车荷载效应（含汽车冲击力、离心力）外的其他第 j 个可变作用效应的标准值； γ_{Qj}——除汽车荷载效应（含汽车冲击力、离心力）外的其他第 j 个可变作用效应的分项系数，风荷载取 1.1，其他取 1.4； ψ_c——除汽车荷载效应（含汽车冲击力、离心力）外的其他可变作用效应组合系数，当永久作用与汽车荷载和人群荷载（或其他一种可变作用）组合时，人群荷载（或其他一种可变作用）组合系数取 0.80；除汽车荷载外尚有两种其他可变作用时，组合系数取 0.70；尚有三种其他可变作用时，取 0.60；尚有四种及多于四种的其他可变作用时，取 0.50。 当进行稳定性验算时，上述各项系数均取为 1.0。 设计弯桥时，当离心力与制动力同时参与组合时，制动力标准值或设计时按 70%取值	ψ_{f1}——第一个可变作用的频遇值系数，按式（2-10）中的规定取用，稳定性验算时取 1.0； S_{Qjk}——其他第 j 个可变作用标准值效应； ψ_{2j}——其他第 j 个可变作用的准永久值系数，按式（2-11）中的规定取用，稳定性验算时取 1.0

永久作用效应的分项系数表（表 2-15）。

永久作用效应的分项系数表　　　　　　　　　　　　　表 2-15

编号	作用类别		永久作用效应分项系数	
			对结构的承载能力不利时	对结构的承载能力有利时
1	混凝土和圬工结构重力（包括结构附加重）		1.2	1.0
	钢结构重力（包括结构附加重）		1.1 或 1.2	
2	预加力		1.2	1.0
3	土的重力		1.2	1.0
4	混凝土的收缩		1.0	1.0
5	土侧压力		1.4	1.0
6	水的浮力		1.0	1.0
7	基础变位作用	混凝土和圬工结构	0.5	0.5
		钢结构	1.0	1.0

注：本表编号 1 中，当钢桥采用钢桥面板时，永久作用效应分项系数取 1.1，当采用混凝土桥面板时，取 1.2。

三、正常使用极限状态的作用效应组合

按正常使用极限状态设计时，应根据不同的设计要求，采用短期效应组合和长期效应组合（表 2-16）。

正常使用极限状态设计时的作用效应组合　　　　　　　表 2-16

	短期效应组合	长期效应组合
组成	永久作用标准值与可变作用频遇值效应	永久作用标准值与可变作用准永久值效应

第二节 作用效应组合

续表

	短期效应组合	长期效应组合
表达式	$S_{sd} = \sum_{i=1}^{m} G_{iK} + \sum_{j=1}^{n} \psi_{1j} S_{QjK}$ (2-10) S_{GiK}——永久作用标准值； S_{QjK}——可变作用频遇值； ψ_{1j}第 i 个可变作用频遇值系数（表2-17） **短期效应组合系数表　表2-17** | 汽车 | 人群 | 风 | 温度 | 其他 | | 0.7 | 1.0 | 0.75 | 0.8 | 1.0 |	$S_{ld} = \sum_{i=1}^{m} S_{GiK} + \sum_{j=1}^{n} \psi_{2j} S_{QjK}$ (2-11) G_{iK}——永久作用标准值； S_{QjK}——可变作用准永久值； ψ_{2j}第 j 个可变作用效应的准永久值系数（表2-18） **长期效应组合系数表　表2-18** | 汽车 | 人群 | 风 | 温度 | 其他 | | 0.4 | 0.4 | 0.75 | 0.8 | 1.0 |
地基竖向承载力验算	可采用短期效应组合，应同时考虑作用效应偶然组合，组合值应小于地基承载力	—
基础沉降	—	用长期效应组合，这时仅为永久作用标准值与可变荷载标准永久值

四、地基与基础效应组合设计

地基与基础应考虑整个结构上可能同时作用，按承载能力极限状态的作用效应组合和正常极限状态进行的作用效应组合，并取其最不利效应组合进行设计

最不利作用效应组合是指在所有可能的作用效应组合中对结构构件产生的总效应最不利的一组作用效应组合。

进行效应组合时，应根据实际情况将可能同时出现的作用进行组合，并按以下情况考虑：

1. 只有在结构上可能同时出现的作用，才进行其效应的组合。当结构或结构构件需作不同受力方向的验算时，则以不同方向的最不利的作用效应进行组合。

2. 当可变作用的出现对结构或结构构件产生有利影响时，该作用不参与组合。

3. 实际不可能同时出现作用或同时参与组合概率很小的作用，按表2-19的规定不考虑其作用效应组合。

可变作用不同时的组合表　　　　　　　　表2-19

编号	作用名称	不与该作用同时参与组合的作用编号
①	汽车制动力	②、③、④
②	流水压力	①、③
③	冰压力	①、②
④	支座摩阻力	①

4. 多个偶然作用不同时参与组合。

5. 施工阶段作用效应的组合，应按设计时的需要及结构所处条件而定，结构上的施工人员和施工机具设备均应作临时荷载加以考虑。

【例2-8】 一钢筋混凝土简支梁桥，结构安全等级为二级，在结构重力、汽车荷载和人群荷载作用下，得到重力式桥台基础底面形心处的弯矩标准值分别为：结构重力产生的弯矩 $M_{GK}=480\text{kN}\cdot\text{m}$；汽车荷载产生的弯矩 $M_{Q1K}=350\text{kN}\cdot\text{m}$（不计冲击力）；人群荷

载产生的弯矩 $M_{Q2K}=45$kN·m。进行设计时的作用效应组合计算。

1) 按承载能力极限状态设计时的作用效应基本组合

因为结构安全等级为二级，所以结构重要性系数 $\gamma_0=1.0$，而又查表 2-15 得到永久作用效应分项系数 $\gamma_{G1}=1.2$，再查表 2-13 得汽车荷载效应分项系数 $\gamma_{Q1}=1.4$，人群荷载效应分项系数 $\gamma_{Qj}=1.4$。

本组合为永久作用与汽车荷载和人群荷载组合，故取人群荷载的组合系数 $\varphi_c=0.8$，所以作用效应组合为：

$$S = \gamma_0 S_{ud} = \gamma_0 \left(\sum_{i=1}^{m} \gamma_{Gi} S_{GiK} + \gamma_{Q1} S_{Q1K} + \varphi_c \sum_{j=2}^{n} \gamma_{Qj} S_{QjK} \right)$$
$$= 1.0 \times (1.2 \times 480 + 1.4 \times 350 + 0.8 \times 1.4 \times 45)$$
$$= 1116.4 \text{kN} \cdot \text{m}$$

2) 按正常使用极限状态设计时的作用效应组合

(1) 作用短期效应组合

汽车荷载（不计冲击力）频遇值系数 $\varphi_{11}=0.7$，人群荷载频遇值系数 $\varphi_{12}=1.0$，则作用短期效应组合为：

$$S_{sd} = \sum_{i=1}^{m} S_{GiK} + \sum_{j=1}^{n} \psi_{1j} S_{QjK} = 480 + 0.7 \times 350 + 1.0 \times 45 = 770 \text{kN} \cdot \text{m}$$

(2) 作用长期效应组合

汽车荷载（不计冲击力）准永久值系数 $\varphi_{21}=0.4$，人群荷载频遇值系数 $\varphi_{22}=0.4$，则作用长期效应组合为：

$$S_{sd} = \sum_{i=1}^{m} S_{GiK} + \sum_{j=1}^{n} \varphi_{2j} S_{QjK} = 480 + 0.4 \times 350 + 0.4 \times 45 = 638 \text{kN} \cdot \text{m}$$

习题：某桥梁结构安全等级为一级，在结构重力、汽车荷载和人群荷载作用下，桥墩基础底面形心处的竖向力标准值分别为：结构重力产生的竖向力 $P_{GK}=7200$kN；汽车荷载产生的竖向力 $P_{Q1K}=450$kN（不计冲击力）；人群荷载产生的竖向力 $P_{Q2K}=150$kN。进行设计时的作用效应组合计算。

知识目标：
◆ 了解天然地基浅基础设计的一般步骤及减轻基础不均匀沉陷的措施。
◆ 熟悉地基基础设计的基本规定、施工要点。
◆ 掌握地基基础设计的设计步骤及施工方法和步骤。
能力目标：
◆ 熟练计算基底应力和地基软弱下卧层验算。
◆ 能进行刚性基础的设计计算；能进行施工。
◆ 对基础不均匀沉降采取相应措施。

第三章 天然地基上的刚性浅基础

第一节 刚性基础概述

刚性基础设计中常涉及以下三个内容。

一、刚性角

（一）定义

墩（台）身底的边缘与基底边缘的连线和竖直线间的夹角，用符号 α 表示（参见图 3-1a）。

（二）规定

1. 圬工砌体 M5 以下砂浆砌筑 $\alpha_{max} \leqslant 30°$，M5 以上砂浆砌筑 $\alpha_{max} \leqslant 35°$。
2. 混凝土结构 $\alpha_{max} \leqslant 40°\sim 45°$。
3. 如不满足刚性角要求，应改用钢筋混凝土基础。
4. 分类：$\alpha \leqslant \alpha_{max}$，为刚性基础；$\alpha > \alpha_{max}$，为柔性基础。

二、襟边

1. 定义：墩（台）身底边缘至基顶边缘距离（见图 3-1a）。
2. 作用：①扩大基底面积，增加基础承载力；②施工需要，支撑墩（台）身模板需要一定的距离。
3. 最小值：20~30cm。
4. 最大值：1m。

三、材料要求

① C20 以上，掺压片石时不大于 20%；②石材要求坚硬，采用片石、块石、料石，砌时错缝要符合有关规定；③用水泥砂浆砌筑，大于 M5、M7.5、M10（表 3-1）。

圬工材料的最低强度等级　　　　　　表 3-1

结构物类型	材料最低强度等级	砌筑砂浆最低强度等级
大中桥墩台及基础，轻型桥台	石材为 MU40； 混凝土（现浇）为 C25； 混凝土（预制块）为 C30	M7.5

第三章 天然地基上的刚性浅基础

续表

结构物类型	材料最低强度等级	砌筑砂浆最低强度等级
小桥涵墩台及基础	石材为 MU30； 混凝土（现浇）为 C20； 混凝土（预制块）为 C25	M5

第二节 设 计 计 算

一、初步确定基础埋置深度

它是设计首要问题，决定了基础将支承在哪一个土层上。

（一）基础埋置深度应满足：

1. 基础埋置深度处应有足够强度及变形小的持力层土，不致产生过大的沉降或沉降差。
2. 基础埋置深度足够保证基础稳定性和安全。

（二）基础埋置深度确定时应考虑

1. 地质条件：基本因素。
2. 上部结构形式：超静定结构应埋藏在较深、坚实的土层上，而静定结构对基础埋置深度影响不大。
3. 水流冲刷影响：基础埋置必须在设计洪水位最大冲刷线下一定深度。

（1）在天然地基上（岩石除外）桥梁水中墩台基础埋置至少在最大冲刷线深度下 2m 处。

（2）河滩地区天然地基基础至少埋置在河底或地面下 1m 处。

（3）地下水位涨落非常厉害的地基基底要设置在最低地下水位处甚至更深。

（4）大中桥基础底的最小埋置深度应按表 3-2 确定。在变迁性河流处应将表中数值加大些。

基底埋深安全值（m） 表 3-2

总冲刷深度（m） 桥梁类别	0	5	10	15	20
大桥、中桥、小桥（不铺砌）	1.5	2.0	2.5	3.0	3.5
特大桥	2.0	2.5	3.0	3.5	4.0

注：1. 总冲刷深度为自河床面算起的河床自然演变冲刷、一般冲刷与局部冲刷深度之和。
  2. 表中数值为墩台基底埋入总冲刷深度以下的最小值；对设计流量、水位和原始断面资料无把握或不能获得河床演变的准确资料时，其值宜适当加大。
  3. 若桥位上下游有已建桥梁，应调查已建桥梁的特大洪水冲刷情况，新建桥梁墩台基础埋置深度不宜小于已建桥梁的冲刷深度且应酌加必要的安全值。
  4. 如河床上有铺砌层时，基础底面宜设置在铺砌层顶面以下不小于 1m 处。

（5）置于岩石地基时，应以新鲜岩石或强风化层中有足够埋置深度，以保证其稳定性。

4. 当地冻结深度：基础应埋在非冻结线外一定深度。当上部结构为超静定时，基底应埋在冰冻线以下或 0.25m 以上。

5. 保证地基稳定所需的最小埋置深度：除岩石地基外应在地面或无冲刷河流的河底

以下或1m以上。

二、基础形状与尺寸

（一）初步拟定基础尺寸

它是基础设计中的关键环节，尺寸拟定恰当，可减少计算工作

1. 依据：根据基础埋置深度来定，并应充分考虑持力层稳定的最小深度、严寒地区的冰冻深度、河流冲刷情况，然后拟定几种可行方案进行验算。

2. 基础厚度，即高度：

（1）考虑因素：墩台结构形式、荷重、地基条件。

（2）基底标高：根据埋置深度要求确定。

（3）基顶面标高：①不高于最低水位；②季节性流水河流或旱地上不宜凸出地面10cm以上，以防碰损。

（4）基础厚度＝基顶面标高－基底标高。一般大中桥桥墩台基础厚度大于1m，中等桥大于0.5m。

注：当基础厚度大于1m时，做成台阶状，一般多层台阶厚度相同，可为0.5～1m。

（二）基础形状与平面尺寸

基础形状与墩台身底面形状大致相同，并根据襟边及台阶构造定出平面尺寸，其形状一般为矩形、圆形和台阶形（图3-1）。

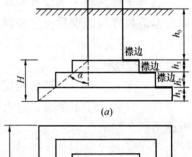

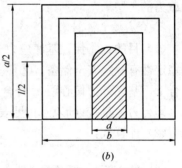

图3-1 基础立面、平面图

1. 顶面尺寸＝墩台底部尺寸＋2倍襟边宽度

即 （1）长度（纵桥向）：$a = l + 2H\tan\alpha$ (3-1)

（2）宽度（横桥向）：$b = d + 2H\tan\alpha$ (3-2)

式中 l——底截面长度（m）；

d——墩台底截面宽度（m）；

H——台基础高度（m）；

α——刚性角。

襟边为0.2～0.5m；

纵向：与行车方向相一致，即桥梁长度方向；

横向：与纵向相垂直，即桥梁宽度方向。

2. 底面尺寸

(1) 最小长度（纵桥向）：$a' = a + 2H\tan\alpha$ (3-3)

(2) 最小宽度（横桥向）：$b' = b + 2H\tan\alpha$ (3-4)

三、地基和基础验算

（一）概述

1. 每一个墩台验算时均应分纵向和横向两部分进行，不予叠加，但大多数桥梁基础往往以纵向验算控制，不必进行横向验算（当横向有较大水平力作用时，要进行纵向、横向分别验算）。

2. 验算内容：

(1) 地基承载力（计算基底应力时不计浮力）。
(2) 基底合力偏心距计算。
(3) 基础稳定和抗滑计算（此时稳定性应以设计水位浮力扣除）。
(4) 基础沉降：

验算中如发现某项设计要求得不到满足或虽满足但尺寸或埋置显然过大或深而不经济时应修改尺寸与深度后重复验算，直到满足与合理为止。

（二）有关术语

1. 持力层

(1) 定义：直接与基底相接触的土层。

(2) 分类：①下卧层：持力层以下各层；②软弱下卧层：容许承载力小于持力层容许承载力的土层。

2. 合力偏心距计算

(1) 目的：①保证基底应力分布有一定的均匀性，以免基底两侧应力相差过大，使基础稳定性有一定安全储备；②使基底范围内的地基不发生过大的不均匀沉降。在各种荷载组合下，基底外力偏心距 e_0 符合《公路桥涵地基与基础设计规范》JTG D 63—2007 的要求（即合力尽量接近形心）。见表 3-3。

(2) 计算式：
$$e_0 = M_y / \Sigma N_y \tag{3-5}$$

(3) 偏心距 e_0 的要求（表 3-3）

偏心距 e_0 的要求　　　　　　　　　　　　　　　　表 3-3

荷载	桥台		桥墩
仅受永久作用效应组合	$e_0 \leqslant 0.75\rho$（非岩石基）		$e_0 \leqslant 0.1\rho$
受作用标准值效应组合和偶然作用标准值组合	非岩石基	石质较差岩石基	坚密岩石
	$e_0 \leqslant \rho$	$e_0 \leqslant 1.2\rho$	$e_0 \leqslant 1.5\rho$

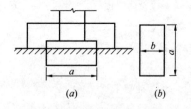

图 3-2 基底截面示意图
(a) 纵向；(b) 横向

(4) 基底截面核心半径：
$$W = \frac{1}{6} \cdot ab^2 = \rho A = \frac{ab^2}{6}$$
$$\rho = W/A \tag{3-6}$$

注：当为矩形时，A 是基底面积。

a 是纵向尺寸，b 是横向尺寸，见图 3-2。

3. 地基承载力容许值 $[f_a]$ 的抗力系数

地基承载力容许值 $[f_a]$ 应根据地基受荷载阶段及受荷载情况，乘以下列规定的抗力系数 γ_R。

1) 使用阶段（即正常运行阶段）

(1) 当地基承受作用短期效应组合或作用效应偶然组合时，可取 $\gamma_R = 1.25$；但对承载力容许值 $[f_a]$ 小于 150MPa 的地基，应取 $\gamma_R = 1.0$。

(2) 当地基承受的作用短期效应组合仅包括结构自重、预应力、土重、土侧压力、汽车和人群效应时，应取 $\gamma_R = 1.0$。

(3) 当地基建于经多年压实未遭破坏的旧桥基（岩石旧桥基除外）时，不论地基承受的作用情况如何，均取 $\gamma_R = 1.5$；对 $[f_a]$ 小于 150MPa 的地基，可取 $\gamma_R = 1.25$。

(4) 基础建于岩石旧桥基上，可取 $\gamma_R=1.0$。

2) 施工阶段

(1) 地基在施工荷载作用下，可取 $\gamma_R=1.25$。

(2) 当墩台施工期间承受单向推力时，可取 $\gamma_R=1.25$。

(三) 地基容许承载力

根据《公路桥涵地基与基础设计规范》JTG D 63—2007 的规定，地基承载力的验算，应以修正后的地基容许承载力值 $[f_a]$ 控制。

1. 确定方法

(1) 土质基本相同的条件下，参照临近结构物地基容许承载力确定。

(2) 根据现场荷载试验成果或触探试验资料确定。

(3) 按理论公式计算。

(4) 按设计规范方法确定。

2. 按《公路桥涵地基与基础设计规范》JTG D 63—2007 规定确定

(1) 确定土的类别：根据塑性指数、粒径、地质特征分为黏土、砂土、碎卵石土、黄土、冻土及岩石。

(2) 确定土的状态：黏土根据液性指数分为坚硬、半坚硬、硬塑、软塑及极软状态，砂土根据密度分为稍松、中等、密度，碎卵石根据密度分为密度、中等、松散。

(3) 确定地基的基本承载力：

① 当基础边宽小于 2m、基础埋置深度小于 3m 时，根据土的类别、状态可查表 3-4～表 3-10 得出地基承载力基本容许值 $[f_{a0}]$。

岩石地基承载力基本容许值 $[f_{a0}]$　　　　　　　表 3-4

$[f_{a0}]$ (kPa) \ 节理发育程度 \ 坚硬程度	节理不发育	节理发育	节理很发育
坚硬岩、软硬岩	>3000	3000～2000	2000～1500
较软岩	3000～1500	1500～1000	1000～800
软岩	1200～1000	1000～800	800～500
极软岩	500～400	400～300	300～200

碎石土地基承载力基本容许值 $[f_{a0}]$　　　　　　　表 3-5

$[f_{a0}]$ (kPa) \ 密实程度 \ 土名	密实	中密	稍密	松散
卵石	1200～1000	100～650	650～500	500～300
碎石	1000～800	800～550	550～400	400～200
圆砾	800～600	600～400	400～300	300～200
角砾	700～500	500～400	400～300	300～200

注：1. 由硬质岩组成；填充砂土者取高值；由软质岩组成，填充黏土者取低值。

2. 半胶结的碎石土，可按密实的同类土的地基承载力基本容许值 $[f_{a0}]$ 提高 10%～30%。

3. 松散的碎石土在天然河床中很少遇见，需特别注意鉴定。

4. 漂石、块石的地基承载力基本容许值 $[f_{a0}]$ 可参照卵石、碎石适当提高。

砂土地基承载力基本容许值 [f_{a0}]　　　　　表 3-6

[f_{a0}] (kPa) 土名及水位情况	密实程度	密实	中密	稍密	松散
砾砂、粗砂	与湿度无关	550	430	370	200
中砂	与湿度无关	450	370	330	150
细砂	水上	350	270	230	100
细砂	水下	300	210	190	—
粉砂	水上	300	210	190	—
粉砂	水下	200	110	90	—

粉土地基承载力基本容许值 [f_{a0}]　　　　　表 3-7

[f_{a0}] (kPa)　　ω (%) e	10	15	20	25	30	35
0.5	400	380	355	—	—	—
0.6	300	290	280	270	—	—
0.7	250	235	225	215	205	—
0.8	200	190	180	170	165	—
0.9	160	150	140	140	130	125

老黏性土地基承载力基本容许值 [f_{a0}]　　　　　表 3-8

E_s (MPa)	10	15	20	25	30	35	40
[f_{a0}] (kPa)	380	430	470	510	550	580	620

注：当老黏性土 $E_s<10$MPa 时，地基承载力基本容许值 [f_{a0}] 按一般黏性土确定。

一般黏性土地基承载力基本容许值 [f_{a0}]　　　　　表 3-9

[f_{a0}] (kPa)　　I_L e	0	0.1	0.2	0.3	0.4	0.5	0.6	0.7	0.8	0.9	1.0	1.1	1.2
0.5	450	440	430	420	400	380	350	310	270	240	220	—	—
0.6	420	410	400	380	360	340	310	280	250	220	200	180	—
0.7	400	370	350	330	310	290	270	240	220	190	170	160	150
0.8	380	330	300	280	260	240	230	210	180	160	150	140	130
0.9	320	280	260	240	220	210	190	180	160	140	130	120	100
1.0	250	230	220	210	190	170	160	150	140	120	110	—	—
1.1	—	—	160	150	140	130	120	110	100	90	—	—	—

注：1. 土中含有粒径大于 2mm 的颗粒质量超过总质量 30% 以上者，地基承载力基本容许值 [f_{a0}] 可适当提高。
　　2. 当 $e<0.5$ 时，取 $e=0.5$；当 $I_L<0$ 时，取 $I_L=0$。此外，超过表列范围的一般黏性土，地基承载力基本容许值 [f_{a0}] $=57.22E_s^{0.57}$。

第二节 设 计 计 算

新近沉积黏性土地基承载力基本容许值 $[f_{a0}]$　　表 3-10

$[f_{a0}]$ (kPa) \ I_L \ e	≤0.25	0.75	1.25
≤0.8	140	120	100
0.9	130	110	90
1.0	120	100	80
1.1	110	90	—

地基土承载力宽度、深度修正系数 k_1、k_2　　表 3-11

土类 系数	黏性土 老黏性土	黏性土 一般黏性土 $I_L≥0.5$	黏性土 一般黏性土 $I_L<0.5$	黏性土 新近沉积黏性土	粉土 —	砂土 粉砂 中密	砂土 粉砂 密实	砂土 细砂 中密	砂土 细砂 密实	砂土 中砂 中密	砂土 中砂 密实	砂土 砾砂、粗砂 中密	砂土 砾砂、粗砂 密实	碎石土 碎石、圆砾、角砾 中密	碎石土 碎石、圆砾、角砾 密实	碎石土 卵石 中密	碎石土 卵石 密实
k_1	0	0	0	0	0	1.0	1.2	1.5	2.0	2.0	3.0	3.0	4.0	3.0	4.0	3.0	4.0
k_2	2.5	1.5	2.5	1.0	1.5	2.0	2.5	3.0	4.0	4.0	5.5	5.0	6.0	5.0	6.0	6.0	10.0

注：1. 对于稍密和松散状态的砂、碎石土，k_1、k_2 值可采用表中密实值的 50%。

2. 强风化和全风化的岩石，可参照所风化成的相应土类取值；其他状态下的岩石不修正。

其他特殊性岩石土地基承载力基本容许值 $[f_{a0}]$ 可参照各地区经验或相应的标准确定。

软土地基承载力容许值按《公路桥涵地基与基础设计规范》JTG D 63—2007 中的有关规定确定。

②基础最小边宽大于 2m 或基础埋置深超出 3m 时

$$[f_a]=[f_{a0}]+k_1\gamma_1(b-2)+k_2\gamma_2(h-3) \tag{3-7}$$

式中　$[f_{a0}]$——地基承载力基本容许值；

b——基础底面最小边宽度，当 $b<2m$ 时，取 $b=2m$，当 $b>10m$ 时，取 $b=10m$；

h——埋置深度（m），受水流冲刷的基础由一般冲刷线算起，不受水流冲刷的基础由天然地面算起（当 $h<3m$ 时，取 $h=3m$）；

γ_1——基底下持力层土的天然重度，如为水面以下透水者应用浮重度；

γ_2——基底以上土的加权平均重度，$\gamma=\Sigma h_i\gamma_i/\Sigma h_i$，水面以上土用天然重度，水面以下土当不透水时用饱和重度，如为透水则用浮重度，若地基土由多层土组成时应用加权平均重度；

k_1——基础宽度修正系数，查表 3-11；

k_2——基础深度修正系数，查表 3-11 可得出。

【例 3-1】　某水中基础，其底面积为 4.5m×6m 的矩形，埋置深度为 3.5m，平均常水位到一般冲刷线的深度为 2.5m，持力层为粉质黏土，其天然孔隙比 $e=0.8$，液性指数 $I_L=0.45$，天然重度 $\gamma=19.5kN/m^3$，基底以上全为中密粉砂，其饱和重度 $\gamma_f=$

$20kN/m^3$。

求：持力层的地基承载力容许值。

解：持力层为一般黏土，可根据 $e=0.8$，$I_L=0.45$ 查表 3-9 得 $[f_{a0}]=250kPa$（内）。

因为 $I_L=0.45$，查表 3-11 得 $k_1=0$

又因为地基以上为一般黏土，查表 3-11 得 $k_2=2.5$

而 $I_L=0.45<0.5$ 是硬塑状态，应视为不透水。

所以　　　$[f_a]=[f_{a0}]+k_1\gamma_1(b-2)+k_2\gamma_2(h-3)$
　　　　　　　$=250+0\times(4.5-2)+2.5\times20\times(3.5-3)$
　　　　　　　$=250+25$
　　　　　　　$=275kPa$　（不透水持力层 $r=20$）

【例 3-2】 已知：基础宽为 6.5m，埋置深为 3.5m。基底持力层土与基底以上土均为粉质黏土，其孔隙比 $e_0=0.8$，液性指数为 $I_L=0.5$，浮重度为 $9.31kN/m^3$，试求持力层的地基承载力容许值。

解：因为 $e_0=0.8$，$I_L=0.5$，查表 3-9 得 $[f_{a0}]=240kPa$，又查表 3-11 得

$$k_1=0, k_2=1.5$$

所以　　　$[f_a]=[f_{a0}]+k_1\gamma_1(b-2)+k_2\gamma_2(h-3)$
　　　　　　　$=240+0+1.5\times9.31\times(3.5-3)$
　　　　　　　$=250kPa$

（四）基底压应力计算

1. 根据规定，应按正常使用极限状态的短期效应组合计算，且可变作用的频遇值系数计算时取为 1.0。

2. 具体可根据"作用效应组合"结果表（表 3-17）中"水平力及竖向力最大值"情况为最不利时取其计算之。

3. 基底压应力计算公式

1) 持力层

与基础底接触的那个地层，基底最大压应力不超过基底持力层的承载力容许值即 $P_{max}\leq\gamma_R[f_a]$。此时按正常使用短期组合计算。

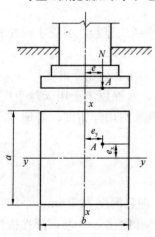

图 3-3 双向偏心受压图

(1) 受中心荷载时

$$P=N/A\leq[f_a] \quad (3-8)$$

(2) 偏心荷载时

①单向偏心荷载时

$$P_{max}=N/A\pm M/W\leq\gamma_R[f_a] \quad (3-9)$$

式中　M——作用于基底形心 M，按作用短期效应组合计算；

W——基底偏心方向面积的截面模量，但对矩形 $W=ab^2/6=\rho A$（其中，a 是横向尺寸，b 是桥基础纵向尺寸），可见图 3-3。

此时 ρ 为基底核心半径。其用

第二节 设 计 计 算

$$l_0 = (M/N) \quad (3\text{-}10)$$

及

$$\rho = W/A \quad (3\text{-}11)$$

计算得出，但此时合力偏心距验算时，应按：

或矩形
$$\rho = W/A = b/6$$

a. 仅受永久作用标准值组合：组合中"桥上和台后均无可变荷载作用的情况"。即：组合中仅有永久作用值，这时 $e_0 = M/N$，而 M、N 取作用标准值效应组合结果（表3-17）中的数据（组合情况1），这时 $e_0 \leqslant [e_0]$。

b. 受作用标准值效应组合：组合中"桥上是永久作用和台后有可变作用"情况。而组合中桥上有永久作用和台后有可变作用，即表3-17中（组合情况4），这时 $e_0 \leqslant [e_0]$，而 $[e_0]$ 可查表3-3。

②双向偏心荷载（曲线桥梁）时

$$P_{max} = N/A \pm M_y/W_y \pm M_x/W_x \leqslant r_R[f_a] \quad (3\text{-}12)$$

2) 软弱下卧层强度验算

（1）当地基为多层土时，持力层下有软弱下卧层（指容许承载力小于持力层容许承载力的土层），此时需计算此软弱下卧层的强度（图3-4）。

（2）验算时只计算软弱下卧层顶面中心线处（基底形心轴下）的压应力，即用

$$P_z = \gamma_1(h+z) + \alpha(p - \gamma_2 h) \leqslant \gamma_R[f_a] \quad (3\text{-}13)$$

式中 γ_1——相应于深度（$h+z$）范围内土层的换算重度（kN/m^3）；

γ_2——深度 h 范围内多土层的换算重度（kN/m^3）；

h——无冲刷时，从天然地面算起，有冲刷时自一般冲刷线算起，当位于挖方内时则从开挖后的地面算起；

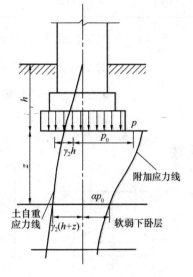

图 3-4 软弱下卧层承载力验算

z——从基底到软弱土层顶面的距离（m）；

α——基底中心下附加应力系数，按土力学与土质学中有关表查；

p——基底压应力（kPa）。当基底压应力为不均匀分布且 $z/b>1$ 时采用基底平均压应力，当 $z/b \leqslant 1$ 时，p 按基底压应力分布图形采用距最大压应力边（1/4～1/3）b 处的压应力。一般采用 $b/3$ 点处的值，当梯形分布图形前后压应力差值较大时可用 $b/4$ 点处值 b 为基底纵向宽度；

$[f_a]$——软弱下卧层顶面处的容许承载力，按式（3-7）计算；

γ_R——抗力系数，应按使用阶段和施工阶段的有关情况采用。

（五）基底稳定性验算

1. 原因

当承受较大偏心力矩和水平推力时，墩台可能引起倾斜滑动。

2. 规定

应采用承载能力极限状态的基本组合验算。结构重要系数 γ_0，分项系数和组合系数均为 1（即按标准值作用效应组合），且分使用阶段和施工阶段进行。

3. 倾覆稳定计算

$$k_0 = \frac{稳定力矩}{倾覆力矩} = \frac{N_s}{NL_0} = \frac{S}{e_0} \geqslant [k_0] \tag{3-14}$$

式中　　k_0——系数，可由表 3-12 确定。

倾覆稳定计算系数　　　　　　　　　　　　　　　表 3-12

作用组合		验算项目	系　数
使用阶段	永久作用（不计混凝土收缩与徐变浮力）和汽车，人群的标准值效应组合	倾覆	1.5
		滑动	1.3
	各种作用（不包括地震作用）标准值效应组合	抗倾覆	1.3
		滑动	1.2
施工阶段作用标准值效应组合		倾覆	1.2
		滑动	1.2

S——基底截面重心至合力作用点的延长线上，自截面重心至验算倾覆轴的距离，对于合力作用在重心轴上时矩形基础 $S = \frac{b}{2}$（图 3-6a）；对合力不作用在重心轴上的矩形基础和基底截面有一个方向不对称的多边形基础，验算倾覆轴应是外包线（图 3-6b、图 3-6c 的Ⅰ—Ⅰ线）。

e_0——外力合力作用点对基底重心的偏心距（m）。

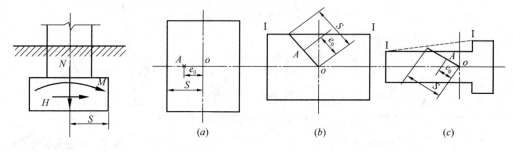

图 3-5　基础稳定性验算　　　　图 3-6　基础抗倾覆稳定性计算 S 的确定

注：1. 使用式（3-14）时应先按使用阶段抗倾覆稳定性验算，后进行施工阶段验算，此时采用本书 P38 中"作用效应组合情况"中的情况为最不利位置，即桥上无可变荷载，台后有可变荷载情况，这时作用标准值效应组合结果表中组合中的 $M_{\max}$ 的负弯矩最大。

2. 施工阶段情况：此时应按本书 P38 中的"作用效应组合情况 5"施工阶段（无上部构造时），即"上部结构除外重力的永久作用及台后永久作用组合，同样用表 3-17 组合结果表中组合情况 5 的数值。

4. 滑动稳定计算

$$K_c = \frac{抗滑力}{滑动力} = \frac{uN + H_p}{H} \geqslant [K_c] \tag{3-15}$$

式中　　N——作用于基座竖向合力；

　　　　H_p——与滑动水平力 H 方向相反的抗滑稳定水平合力；

H——滑动水平合力;

u——基底摩擦系数（表3-13）。

基底摩擦系数　　表3-13

基底土分类	黏土、粉土	砂土	碎石土	软岩	硬岩
摩擦系数	0.25	0.3~0.4	0.4~0.5	0.4~0.6	0.6~0.7

注：计算时同样应先按使用阶段进行（进行时按表3-17"作用效应组合情况4"计算）；后按施工阶段进行，进行时按表3-17"作用效应组合情况5"。

（六）沉降计算

1. 原因

沉降是竖向荷载下土层的压缩变形。由自重应力与附加应力的共同作用。

2. 规定

1）限制基础上合力偏心距的方法

(1) 相邻墩台间不均匀沉降差值不应使桥石形成大于0.2‰的附加纵坡（折角）。

(2) 外超静结构墩台间不均匀沉降差值还应满足结构变力要求。

2）应按正常使用极限状态下作用长期效应组合计算

此组合仅为直接施加于结构上永久作用标准值（不包括混凝土收缩和徐变作用）和可变荷载准永久值［仅指（汽＋人）］引起的效应。

3. 方法

采用《公路桥涵地基与基础设计规范》JTG D 63—2007中的分层总和法来计算。

（七）出现倾覆与滑动的处理方法

1. 倾覆稳定不够时的措施

(1) 在台背后设过梁板，减少汽车荷载产生的侧向土压力。

(2) 在台背后一定长度范围内填干砌片石或碎石、砾石以增大填料内摩擦角，减小土压力。

(3) 将台身做成不对称形式。

(4) 增大基底验算方向宽度，以增大抗倾覆力矩。

2. 抗滑动稳定不够时的措施

(1) 基底做成齿槛（图3-7a）；

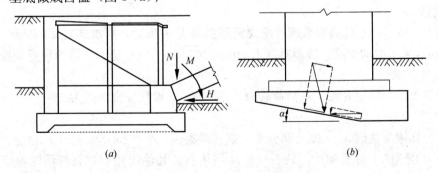

图3-7　基础抗滑动措施

(2) 基底做成倾斜（图3-7b）；

(3) 用组合式桥台；

(4) 出现深层滑动时增加基础埋置深度或改用桩基础。

四、示例

【例 3-3】 埋置式桥台刚性扩大基础设计算例。

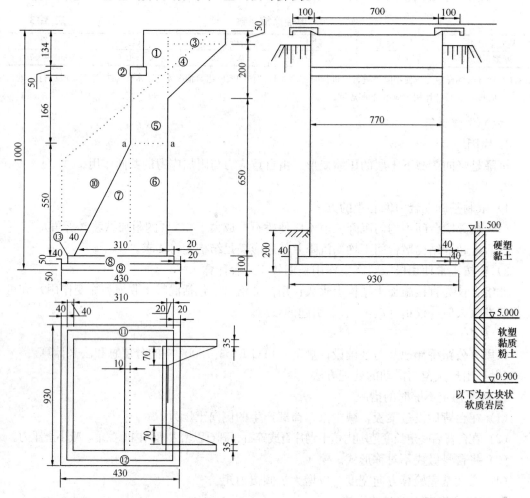

图 3-8 埋置式桥台及刚性扩大基础的构造尺寸（尺寸单位：cm；高程单位：m）

1. 构造

如图 3-8 所示，上部构造采用装配式钢筋混凝土 T 形梁，标准跨径 20.00m，计算跨径 19.50m，采用摆动支座。桥面宽度为 7m+2×1.0m，双车道。下部为埋置式桥台。

2. 设计要求

设计等级为公路—Ⅱ级，人群荷载为 3.0kN/m²，设计安全等级为二级。

3. 材料

台帽、耳墙及截面 a—a 以上部分采用钢筋混凝土，$\gamma_1 = 25.00 \text{kN/m}^3$；台身（自截面 a—a 以下）用 M7.5 砂浆砌片、块石（面墙用块石，其他用片石，石料强度等级不小于 MU40），$\gamma_2 = 23.00 \text{kN/m}^3$；基础用 C25 混凝土浇筑，$\gamma_3 = 24.00 \text{kN/m}^3$；台后及溜坡填土 $\gamma_4 = 17.00 \text{kN/m}^3$；填土的内摩擦角 $\varphi = 35°$，黏聚力 $c = 0$。

4. 水文、地质资料

设计洪水位高程离基底的距离为 6.5m（即在 a—a 截面处）。地基土的物理、力学性质指标见表3-14。

土工试验成果表 表3-14

取土深度 (自地面算起)(m)	含水率 w (%)	天然重度 (kN/m³)	孔隙比 e	液限 w_L (%)	塑限 w_P (%)
3.2~3.6	26	19.70	0.50	44	24
6.4~6.8	28	19.10	0.75	34	19
取土深度 (自地面算起)(m)	塑性指数 I_P	液性指数 I_L	压缩系数 α_{1-2} (mm/N)	黏聚力 c (kN/m²)	内摩擦角 φ(°)
3.2~3.6	20	0.1	0.11	55	20
6.4~6.8	15	0.6	0.18	20	16

注：硬黏性土标高 8.3~7.9m；
软黏性土标高 6.4~6.8m。

5. 拟定基础尺寸

如图 3-8 所示，基础分两层，每层厚度为 0.5m，襟边和台阶宽度相等，取 0.4m，基础混凝土强度等级 C25，混凝土的刚性角 $\alpha_{max}=40°$。现基础扩展角为：

$$\alpha = \tan^{-1}\frac{0.8}{1.0} = 38.66° < \alpha_{max} = 40°$$

所以基础的尺寸满足强度要求。

注：埋置深度 2m 符合地石线以下 1m 要求，$\alpha \leqslant \alpha_{max}$。

6. 作用效应标准值计算

1) 结构重力及基础上土重计算

根据结构和基础上土的体积与相应材料的重度，即可得到结构重力及基础上土重标准值，详细计算过程略，现将其值列于表 3-15 中。

结构重力及基础上土重标准值计算表 表3-15

结构及序号	竖直力 P (kN)	对基底中心的偏心距 e (m)	对基底中心的弯矩 M (kN·m)	备注
梁后靠①	0.8×1.35×7.7×25=206.36	2.15−0.2×2−0.8/2=1.35	206.36×1.35=278.59	符号规定：偏心距：位于基底中心右侧为"+"，左侧为"−"；弯矩：顺时针方向为"+"，逆时针方向为"−"
台帽②	0.5×1.35×7.7×25=129.94	2.15−0.2×2−1.35/2=1.075	129.94×1.075=139.69	
耳墙上③	0.5×2.4×0.35×25×2=21.00	2.15−0.2×2+2.4/2=2.95	61.95	
耳墙下④	0.5×2×2.4×0.5× (0.35+0.7)×2×25=63.00	2.15−0.2×2+2.4/3=2.55	160.65	
胸强直立⑤	1.66×1.25×7.7×25=399.43	2.15−0.4−1.25/2=2.55	449.36	
胸强直立⑥	1.25×5.5×7.7×23=1217.56	1.125	1369.76	
第一层基础⑦	0.5×1.85×5.5×7.7×23 =901.00	−0.12	−108.12	
第二层基础⑧	0.5×(3.1+0.4+0.2)× 8.5×24=377.40	0.1	37.74	
⑨	0.5×4.3×9.3×24=479.88	0	0	

续表

结构及序号	竖直力 P (kN)	对基底中心的偏心距 e (m)	对基底中心的弯矩 M (kN·m)	备注
⑩	$0.5[(5.13+6.91)\times(0.4+0.4+3.1-1.25)-0.5\times1.85\times5.5]\times7.7\times17=1420.56$	-1.055	-1498.70	符号规定：偏心距：位于基底中心右侧为"+"，左侧为"-"；弯矩：顺时针方向为"+"，逆时针方向为"-"
⑪	$0.5\times(5.13+7.73)\times(0.4+3.6)\times2\times17=682.09$	-0.07	-47.74	
⑫	$0.5\times0.4\times4.3\times2\times17=29.24$	0	0	
⑬	$0.5\times0.4\times8.5\times17=28.90$	-1.95	-56.36	
⑭	上部构造永久荷载 848.05	$0.65=2.15-0.4-0.8-0.60/2$	551.23	
—	$\Sigma P=6804.41$	—	$\Sigma M=1338.05$	—

2）土压力计算

土压力按台背竖直、$\alpha=0$、$\varphi=35°$、台背与填土间外摩擦角 $\delta=\dfrac{\varphi}{2}=17.5°$、$\delta+\alpha=\dfrac{\varphi}{2}=\dfrac{35°}{2}=17.5°$ 计算，台后填土为水平，$\beta=0°$。

(1) 台后填土表面无车辆荷载时的土压力

台后填土自重所引起的主动土压力计算式为：

$$E_a=\frac{1}{2}\gamma_4 H^2 B\mu_a$$

式中 $\gamma_4=17.00\text{kN/m}^3$；$B$ 为桥台宽度，取 7.70m；H 为基底到填土表面的距离，为 10.00m；μ_a 为主动土压力系数，计算如下：

$$\mu_a=\frac{\cos^2(\varphi-\alpha)}{\cos^2\alpha\cos(\alpha+\delta)\left[1+\sqrt{\dfrac{\sin(\varphi+\delta)\sin(\varphi-\beta)}{\cos(\alpha+\delta)\cos(\alpha-\beta)}}\right]^2}=0.247$$

所以，主动土压力为：

$$E_a=1616.62\text{kN}$$

E_a 的水平方向分力为：

$$E_{ax}=-E_a\cos(\delta+\alpha)=-1616.62\cos17.5°=-1541.80\text{kN}$$

E_{ax} 作用点距基底的距离为：

$$e_x=\frac{c}{3}\cdot\frac{c+3c_1}{c+2c_1}$$

因为

$$c=H\tan\alpha=0$$
$$c_1=h_0\tan\alpha=0$$

所以

$$e_x=0$$

又因为
$$e_y = \frac{H}{3}\left(\frac{H+3h_0}{H+2h_0}\right)$$

此时 $h_0 = 0$

所以
$$e_y = \frac{H}{3} = \frac{10}{3} \times \frac{1}{3} \times 10 = 3.33\text{m}$$

E_{ax} 对基底形心的弯矩为：
$$M_x = -1541.80 \times 3.33 = -5134.19\text{kN} \cdot \text{m}（逆时针为"-"）$$

E_a 的竖直方向分力为：
$$E_{ay} = E_a \sin(\delta + \alpha) = 1616.62 \sin 17.5° = 486.13\text{kN}$$

E_{ay} 作用点距基底形心轴的水平距离为：
$$e_x = \frac{B}{2} - 0.2 - 0.2 = \frac{4.3}{2} - 0.4 = 2.15 - 0.4 = 1.75\text{m}$$

E_{ay} 对基底形心轴的弯矩为：
$$M_{ey} = E_y \cdot e_x$$
$$M_y = 486.13 \times 1.75 = 850.72\text{kN/m}$$
$$M = -5134.19 + 850.72 = -4283.47\text{kN/m}$$

（2）台后填土表面有车辆荷载的土压力

由车辆荷载换算的等代均布土层厚度为：
$$h = \frac{\Sigma G}{Bl_0\gamma}$$

式中 l_0 为破坏棱体长度，对于台背竖直时，$l_0 = H\tan\theta$。其中 $\tan\theta$ 的计算如下：
$$\tan\theta = \tan\omega + \sqrt{(\cot\varphi + \tan\omega)(\tan\omega - \tan\alpha)}，其中 \omega = \varphi + \delta + \alpha = 52.5°$$

则：
$$\tan\theta = 0.583$$

公路—Ⅰ级全长为 $3 + 1.4 + 7 + 1.4 = 12.8\text{m} > 5.83\text{m}$，而后轴两个为 $2 \times 140 = 280\text{kN}$。

所以，破坏棱体长度 l_0 为：
$$l_0 = 10 \times 0.583 = 5.83\text{m}$$

在破坏棱体长度范围内只能放车辆的两个轴（140kN）。因桥台宽为 7.7m，已构成双车道，而双车道尺寸横向距离为 $50 + 180 + 130 + 180 = 540\text{cm}$，因此

而：
$$\Sigma G = (140 + 140) \times 2 = 560\text{kN}$$

所以，等代均布土层厚度为：
$$h = \frac{560}{7.7 \times 5.83 \times 17} = 0.734\text{m}$$

则台背在填土及车辆荷载作用下所引起的土压力为：
$$E_a = \frac{1}{2}\gamma H(2h + H)B\mu_a$$
$$= \frac{1}{2} \times 17.00 \times 10 \times (2 \times 0.734 + 10) \times 7.7 \times 0.247 = 1853.93\text{kN}$$

E_a 水平方向的分力为：
$$E_{ax}=-E_a\cos(\delta+\alpha)=-1853.93\times\cos17.5°=-1768.12\text{kN}$$
$$E_{ax汽}=-1768.12+1541.8=-226.32\text{kN}$$

E_{ax} 作用点距基底的距离为：
$$e_y=\frac{H(H+3h)}{3(H+2h)}=\frac{10\times(10+3\times0.734)}{3\times(10+2\times0.734)}=3.55\text{m}$$

E_{ax} 对基底形心的弯矩为：
$$M_x=-1768.12\times3.55=-6276.83\text{kN}\cdot\text{m}$$

E_a 竖直方向的分力为：
$$E_{ay}=E_a\sin(\delta+\alpha)=1853.93\sin17.5°=557.49\text{kN}$$
$$E_{ay汽}=557.49-486.13=71.36\text{kN}$$

E_{ay} 作用点离基底形心轴的距离为：
$$e_x=2.15-0.4=1.75\text{m}$$

E_{ay} 对基底形心的弯矩为：
$$M_y=557.49\times1.75=975.61\text{kN}\cdot\text{m}$$

所以 $M=-6276.83+975.61=-5301.22\text{kN}\cdot\text{m}$

(3) 台前溜坡填土自重对台前侧面的主动土压力

以基础前侧边缘垂线作为假想台背，由溜坡坡度为 1:1.5 算得土表面的倾斜度 $\beta=-33.69°$，则基础边缘至坡面的垂直距离为 $H'=10-\frac{3.9+1.9}{1.5}=6.13\text{m}$，取 $\delta=\frac{1}{2}\varphi=17.5°$，则主动土压力系数 μ_a 为：

$$\mu_a=\frac{\cos^2(\varphi-\alpha)}{\cos^2\alpha\cos(\alpha+\delta)\left[1+\sqrt{\frac{\sin(\varphi+\delta)\sin(\varphi-\beta)}{\cos(\alpha+\delta)\cos(\alpha-\beta)}}\right]^2}=0.182$$

则主动土压力为：
$$E'_a=\frac{1}{2}\gamma_4 H'^2 B\mu_a=\frac{1}{2}\times17.00\times6.13\times7.7\times0.182=447.61\text{kN}$$

E'_a 水平方向的分力为：
$$E'_{ax}=E'_a\cos(\delta+\alpha)=447.61\cos17.5°=426.89\text{kN}$$

E'_{ax} 作用点离基底的距离为：
$$e'_y=\frac{1}{3}\times6.13=2.04\text{m}$$

E'_{ax} 对基底形心的弯矩为：
$$M'_x=426.89\times2.04=870.86\text{kN}\cdot\text{m}$$

E'_a 竖直方向的分力为：
$$E'_{ay}=E'_a\sin(\delta+\alpha)=447.61\sin17.5°=134.60\text{kN}$$

E'_{ay} 作用点离基底形心轴的距离为：
$$e'_x=-2.15\text{m}$$

E'_{ay} 对基底形心的弯矩为：
$$M'_y=-134.60\times2.15=-289.39\text{kN}\cdot\text{m}$$

所以 $M = 870.86 - 289.39 = 581.47 \text{kN} \cdot \text{m}$

3）汽车荷载支座反力计算

车道荷载的桥面布置如图 3-9 所示。《公路桥涵设计通用规范》JTG D60—2004 规定：对公路—Ⅰ级，均布荷载标准值 $q_k = 10.5 \text{kN/m}$；集中荷载标准值按以下规定选取：当计算跨径小于等于 5m 时，$P_k = 360 \text{kN}$。本设计计算跨径为 19.5m，因此 $P_k = 160 + 4l_{ij} = 160 + (4 \times 19.5) = 238 \text{kN}$。对公路—Ⅱ级，$q_k$、$P_k$ 的值按公路—Ⅰ级的车道荷载的 0.75 倍采用。

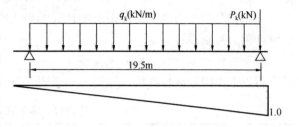

图 3-9 车道荷载的桥面布置图

由于重力式台墩不计由汽车荷载引起的冲击力，所以由汽车荷载引起的支座反力为：

$$R_1 = (238 \times 1 + 10.5 \times \frac{1}{2} \times 19.5 \times 1) \times 0.75 \times 2$$
$$= 510.56 \text{kN}$$

支座中心距基底形心轴的距离为：
$$e_R = 2.15 - 1.5 = 0.65 \text{m}$$

则汽车荷载支座反力对基底形心的弯矩为：
$$M_{R1} = 510.56 \times 0.65 = 331.86 \text{kN} \cdot \text{m}$$

4）汽车制动力计算

《公路桥涵设计通用规范》JTG D60—2004 规定：一个设计车道上由汽车荷载产生的制动力标准按车道荷载标准值在加载长度上计算的总重力的 10% 计算，但对公路—Ⅱ级汽车荷载的制动力标准值不得小于 90kN。

按上述规定，车道荷载标准值在加载长度上计算的总重力的 10% 为：$(q_k \times l + p_k = 10.5 \times 19.5 + 238) \times 10\% = 44.3 \text{kN}$，小于 90kN，所以制动力取为 $T_1 = 90 \text{kN}$。

简支梁摆动支座传递的制动力为：
$$T = 0.25 T_1 = 0.25 \times 90 = 22.5 \text{kN}$$

制动力对基底形心的弯矩为：
$$M_T = 22.5 \times (10 - 1.34) = 194.85 \text{kN} \cdot \text{m}$$

5）人群荷载支座反力计算

人群荷载支座反力计算如下：
$$R_2 = \frac{1}{2}(19.5 \times 1 \times 3.0 \times 2) = 58.5 \text{kN}$$

对基底形心的弯矩为：
$$M_{R2} = 58.5 \times 0.65 = 38.03 \text{kN} \cdot \text{m}$$

6）支座摩阻力计算

摆动支座摩擦系数取 $\mu = 0.05$，作用于支座上由上部结构产生的效力为 $W = 848.05 \text{kN}$，则支座摩阻力为：

$$F = \mu W = 0.05 \times 848.05 = 42.40 \text{kN} > 22.5 \text{kN}$$

F 对基底形心的弯矩为：
$$M_F = 42.40 \times (10 - 1.34) = 367.18 \text{kN} \cdot \text{m}$$

以上汽车制动力和支座摩阻力的计算结果表明，支座摩阻力大于汽车制动力，所以按支座摩阻力控制设计。

对于桥台，不计纵、横向风荷载。

将以上作用效应标准值计算结果列于表 3-16 中。

作用效应标准值汇总表　　　　　　　　　表 3-16

作用名称		水平力（kN）	竖向力（kN）	弯矩（kN·m）
永久作用	结构及土重	0	6804.41	1338.05
	台后土压力	−1541.80	486.13	−4283.47
	台前土压力	426.89	134.60	581.47
可变作用	汽车荷载	0	510.56	331.86
	汽车引起的土压力	−226.32	71.36	−1017.75 （=−5301.22+4283.47）
	人群荷载	0	58.50	38.03
	支座摩阻力	±42.40	0	±367.18

注：1. 水平力的符号规定：向右为"+"、向左为"−"。
2. 支座摩阻力的符号按不利情况选取（注：最不利是看水平力大小，负值大则取负）。

7. 作用效应组合情况

根据实际可能，可按以下五种情况进行作用效应组合。

（1）桥上无车道荷载和人群荷载，台后也无车辆荷载的情况

组合中应包括结构重力及基础上土重、台后填土表面无车辆荷载时的土压力、台前土压力以及支座摩阻力。

（2）桥上有车道荷载和人群荷载，台后无车辆荷载的情况

组合中应包括结构重力及基础上土重、台后填土表面无车辆荷载时的土压力、台前土压力、汽车及人群荷载支座反力、支座摩阻力。

（3）桥上有车道荷载和人群荷载，台后有车辆荷载的情况

组合中应包括结构重力及基础上土重、台后填土表面有车辆荷载时的土压力、台前土压力、汽车及人群荷载支座反力、支座摩阻力。

（4）桥上无车道荷载和人群荷载，台后有车辆荷载的情况

组合中应包括结构重力及基础上土重、台后填土表面有车辆荷载时的土压力、台前土压力、支座摩阻力。

（5）施工阶段（无上部构造时）

组合中应包括结构（上部结构除外）重力及基础上土重、台后填土表面无车辆荷载时的土压力、台前土压力。

为了验算的需要，将以上五种情况的作用标准值效应组合结果列于表 3-17 中。

第二节 设 计 计 算

作用标准值效应组合结果表　　　　　　　　　　表 3-17

作用效应组合情况	水平力（kN）	竖向力（kN）	弯矩（kN·m）
1	$0-1541.8+426.89-42.4$ $=-1157.31$	$6804.41+486.13+134.6$ $=7425.14$	$1338.05-4283.47+581.47-$ $367.18=-2731.13$
2	$-1541.8+426.89-42.4$ $=-1157.31$	$6804.41+486.13+134.6$ $+510.56+58.5=7994.2$	$1338.05-4283.47+331.86+$ $38.03-367.18=-2942.71$
3	$-1768.12+426.89-42.4$ $=-1383.63$	$6804.41+557.49+134.6$ $+510.56+58.5=8065.56$	$1338.05-5301.22+581.47+$ $331.86-367.18=-3417.02$
4	$-1768.12+426.89-42.4$ $=-1383.63$	$6804.41+557.49+134.6$ $+0=7496.5$	$1338.05-5301.22+581.47+$ $367.18=-3748.88$
5	$-1541.8+426.89=$ -11149.91	$6804.41+134.6+486.13$ $=7425.14$	$1338.05-4283.47+581.47=$ -2363.95

8. 地基承载力验算

1) 台前、台后填土对基底产生的附加应力计算

根据《公路桥涵地基与基础设计规范》JTG D 63—2007 第 4.2.1 条规定，当台后填土高度大于 5m 时应考虑台前、台后填土对基底产生的附加应力，其计算公式为：

$$P_1 = \alpha_i \gamma_i H_i$$

式中　α_i——竖向附加压应力系数，按基础埋置深度和填土高度查表得；

　　　γ_i——台后填土或锥坡填土重度；

　　　H_i——原地面至路堤表面（或锥坡表面）的距离。

台后填土引起的附加应力：

后边缘处：　　　$P'_1 = \alpha_1 \gamma_1 H_1 = 0.46 \times 17 \times 8 = 62.56$ kPa

前边缘处：　　　$P''_1 = \alpha_1 \gamma_1 H_1 = 0.069 \times 17 \times 8 = 9.38$ kPa

（根据《公路桥涵地基与基础设计规范》JTG D 63—2007 表 J.0.1 表系数 α_1 表中查得桥台的台后填土高度 $h=8$m，当基础埋深为 2m 时在计算基础后边缘附加应力时取 $\alpha_1=0.46$，计算基础前边缘附加应力时取 $\alpha=0.069$。）

台前溜坡引起的附加应力：

后边缘处：　　　$P'_2 = 0$

前边缘处：　　　$P''_2 = \alpha_2 \gamma_2 H_2 = 0.25 \times 17 \times 4.13 = 17.55$ kPa

（计算台前溜坡锥体对基础前边缘底面处引起的附加应力时，其填土高度可近似取基础边缘作垂线与坡面交点的距离 $h_2=4.13$m，并取系数 $\alpha_2=0.25$。）

其中：H_2 近似取过基础前边缘的垂线与溜坡面交点的距离。

基础后边缘总的附加应力为：$P' = P'_1 + P'_2 = 62.56$ kPa

基础前缘总的附加应力为：$P'' = P''_1 + P''_2 = 26.93$ kPa

2) 基底压应力计算

按《公路桥涵地基与基础设计规范》JTG D 63—2007 的规定，应采用正常使用极限状态的作用短期效应（表 3-17 中水平力最大、竖直力最大、弯矩最大）组合计算，且可

变作用的频遇值系数均取 1.0。

经比较可知，按表 3-17 情况 3 计算最不利（竖直力最不利），则：

$N=6804.41+486.13+71.36+134.6+510.56+58.5=8065.56$ kN（取最大值）

$M=1338.05-4283.4-1071.75+581.47+331.86+38.03-367.18=-3378.99$ kN·m

由外荷载引起的基底压应力为：（压应力最大取竖向力最大值栏）

$$P_{\min}^{\max} = \frac{N}{A} \pm \frac{M}{W} = \frac{8065.56}{9.3 \times 4.3} \pm \frac{3378.99}{\frac{1}{6} \times 9.3 \times 4.3^2} = \frac{319.60}{83.79}\text{kPa}$$

综上，基底总的压应力为：

台前： $P_{\max}=319.60+26.93=346.53$ kPa

台后： $P_{\min}=83.79+62.56=146.35$ kPa

3）地基承载力验算

(1) 持力层承载力验算

根据土工试验资料（表 3-14）持力层为第一层，一般黏性土，$e=0.5$，$I_L=0.1$，查表 3-9 得 $[f_{a0}]=440$ kPa（压应力的最不利情况可选表 3-17 作用标准值效应组合结果中竖向力最大的情况），再查表 3-11 得到，$k_1=0$、$k_2=1.5$。

又因为基础埋置深度 $h=2.0$m<3m，取 $h=3$m。

持力层承载力容许值为：

$$[f_a]=[f_{a0}]=440\text{kPa}>346.53\text{kPa}$$

基底最大压应力 $P_{\max}=346.53$ kPa，承载力允许值的抗力系数 $\gamma_R=1.0$。可见地基承载力容许值抗力系数规定：

$$P_{\max}<\gamma_R[f_a]$$

所以，持力层承载力满足要求。

(2) 下卧层承载力验算

根据表 3-14 第二层下卧层为一般黏性土，$e=0.75$，$I_L=0.6$，查表 3-9 得 $[f_{a0}]=250$ kPa，小于持力层的承载力 440 kPa，所以为软弱下卧层，必须进行验算。

基底至土层Ⅱ顶面处的距离为：

$$z=11.5-2.0-5.0=4.5\text{m}$$

当 $l/b=9.3/4.3=2.16$，$z/b=4.5/4.3=1.05$ 时，查得附加应力系数 $\alpha=0.469$。

因 $z/b>1$，所以基底压应力取平均值，即 $P=(P_{\max}+P_{\min})/2=(346.53+146.35)/2=246.44$ kPa。

则下卧层顶面处的总应力为：

$$P_z=19.7\times 6.5+0.469\times(246.44-19.7\times 2)=225.15\text{kPa}$$

下卧层顶面处的容许承载力为：

$$[f_a]=[f_{a0}]+k_1\gamma_1(b-2)+k_2\gamma_2(h+z-3)$$

其中查表 3-11 得 $k_1=0$，$k_2=1.5$，所以：

$$[f_a]=250+0+1.5\times 19.7\times(2+4.5-3)=353.43\text{kPa}$$

承载力容许值的抗力系数 $\gamma_R=1.0$。可见：

$$P_z<\gamma_R[f_a]$$

所以下卧层承载力满足要求。

9. 基底合力偏心距验算

1) 桥台仅承受永久作用标准值效应组合（即表 3-17 中的情况 1）

$$N = 6804.41 + 486.13 + 134.60 = 7425.14 \text{kN}$$
$$M = 1338.05 - 4283.4 + 581.47 = -2731.13 \text{kN} \cdot \text{m}$$
$$e_0 = \frac{M}{N} = \frac{2731.13}{7425.14} = 0.37 \text{m}$$
$$\rho = \frac{b}{6} = \frac{4.3}{6} = 0.72 \text{m}$$

查表 3-3，因为是桥台所以 $[e_0] = 0.75\rho = 0.75 \times 0.72 = 0.54 \text{m}$

可见，$e_0 < [e_0]$。

所以，基底合力偏心距满足要求。

2) 桥台承受作用标准值效应组合

（偏心距以 M_{max} 为最大值）

经比较，按表 3-17 中情况 4 计算最不利（偏心距最大），则：

$$N = 6804.41 + 486.13 + 134.60 + 71.36 = 7496.5 \text{kN}$$
$$M = 1338.05 - 4283.4 + 581.47 - 1017.75 - 367.18 = -3748.88 \text{kN} \cdot \text{m}$$
$$e_0 = \frac{M}{N} = \frac{3748.88}{7496.5} = 0.5 \text{m}$$
$$[e_0] = \rho = \frac{4.3}{6} = 0.72 \text{m}$$

（偏心距最不利应按表 3-17 中 M_{max} 的值）

可见，$e_0 < [e_0]$。

所以，基底合力偏心距满足要求。

10. 基础稳定性验算

根据《公路桥涵地基与基础设计规范》JTG D 63—2007 的规定，应采用承载能力极限状态的基本组合验算，按稳定性验算要求，其中结构重要性系数 γ_0、分项系数和组合系数均取 1.0，即按标准值作用效应组合。

按稳定性验算要求，应分别对使用阶段和施工阶段进行验算。

1) 使用阶段验算

(1) 抗倾覆稳定性验算

经比较可知，按表 3-17 中情况 4 计算最不利（因 M_{max} 负弯矩最大，选表 3-17 中 M_{max} 为最不利），即 $N = 7496.5 \text{kN}$，$M = -3748.88 \text{kN} \cdot \text{m}$，则：

$$e_0 = \frac{M}{N} = \frac{3748.88}{7496.5} = 0.5 \text{m}$$

又

$$s = \frac{b}{2} = \frac{4.3}{2} = 2.15 \text{m}$$

则抗倾覆稳定系数为：

$$k_0 = s/e_0 = 2.15/0.5 = 4.3 > 1.5$$

所以，抗倾覆稳定性满足要求。

(2) 抗滑动稳定性验算

经比较可知，按表 3-17 中的情况 4 计算最不利（取 M_{max} 最大值为最不利），则：

$$N=6804.41+486.13+134.60+71.36=7496.5\text{kN}$$

$$H=-1541.8+426.89-226.32-42.4=-1383.63\text{kN}$$

根据基底土为黏性土且 $I_L=0.1$ 的条件查表 3-13 可得基底摩擦系数 $\mu=0.25$。则抗滑动稳定系数计算为：

$$k_c=\mu N/H=0.25\times 7496.5/1383.63=1.35>1.3$$

所以，抗滑动稳定性满足要求。

2) 施工阶段验算

按表 3-17 中情况 5 验算，则组合的荷载为：

$$N=6804.41-134.6+486.13+134.60=7425.14\text{kN}$$

$$M=1338.05-4283.47+581.47=-2363.95\text{kN}\cdot\text{m}$$

$$H=-1541.8+426.89=-1114.91\text{kN}$$

(1) 抗倾覆稳定性验算

$$e_0=\frac{M}{N}=\frac{2363.95}{7425.14}=0.318\text{m}$$

则抗倾覆稳定系数为：

$$k_0=s/e_0=2.15/0.318=6.76>1.2$$

所以，抗倾覆稳定性满足要求。

(2) 抗滑动稳定性验算

抗滑动稳定系数为：

$$k_c=\mu N/H=0.25\times 6577.09/1114.91=1.47>1.2$$

所以，抗滑动稳定性满足要求。

11. 沉降计算

应按正常使用极限状态下作用长期效应组合计算。

由于持力层以下的土层为软弱下卧层（为软塑粉质黏土），按其压缩系数为中压缩性土（见表 3-14），对基础沉降影响很大，故应计算基础沉降（a 为自重应力，b 为附加应力）。现按分层总和法计算之。

1) 变压层深度确定：基础下持力层 Ⅰ 分为 2m 和 2.5m；持力层 Ⅱ 分为 2m 和 2.1m。

2) 自重应力计算

在土层 Ⅱ 底部的自重应力为：

$$\delta_c=\gamma_1 h_1+\gamma_2 h_2=19.7\times 6.5+19.1\times 4.1=206.36\text{kPa}$$

3) 附加应力计算

基底处的附加应力为：

$P_0=P-\gamma d$（左式中 d 是从地面起深度，即从 11.5m 基底深）

$$P_0=(6804.41+486.17+253.91)/(9.3\times 4.3)-2\times 17+(62.56+26.93)/2=188.66+44.75-34=199.41\text{kPa}$$

持力层 Ⅰ 分成 2.0 和 2.5 的两层

将持力层Ⅱ分为 2 和 2.1 的两层,则每一薄层底面处的附加应力为:

分层 1:$a/b=9.3/4.3=2.16$,$Z_1/b=2/4.3=0.465$

由土力学土质学表中查得 $K_{c1}=0.8275$,$\delta_{z1}=199.41\times0.8275=165.01\text{kPa}$

分层 2:$a/b=9.3/4.3=2.16$,$\delta_{z2}/b=4.5/4.3=1.05$

查表得 $K_{c2}=0.469$,所以 $a_2=199.41\times0.469=95.52\text{kPa}$

分层 3:$a/b=9.3/4.3=2.16$,$\delta_{z3}/b=6.5/4.3=1.51$

查表得 $K_{c3}=0.305$,则 $a_3=199.41\times0.305=60.82\text{kPa}$

分层 4:$a/b=9.3/4.3=2.16$,$\delta_{z4}/b=8.6/4.3=2$

查表得 $K_{c4}=0.199$,$\delta_{z4}=199.41\times0.199=39.68\text{kPa}$

3)沉降深度计算

自重应力的 20% 为 $206.36\times0.199=39.68\text{kPa}$,接近于附加应力④点 $=39.68\text{kPa}$,该处为大块状软质岩层,因此沉降计算至该标高处即可。

4)每层沉降量计算

(1)每一分层平均附加应力分别为:

$$\delta_{1\text{平}}=\frac{1}{2}\times(199.41+165.01)=182.21\text{kPa}$$

$$\delta_{2\text{平}}=\frac{1}{2}\times(165.01+93.52)=129.27\text{kPa}$$

$$\delta_{3\text{平}}=\frac{1}{2}\times(93.52+60.82)=77.17\text{kPa}$$

$$\delta_{4\text{平}}=\frac{1}{2}\times(60.82+39.68)=50.25\text{kPa}$$

(2)每一分层的沉降量为:

$$S_1=\frac{\alpha_{1-2}\times\delta_{1\text{平均}}}{1+e_1}h_1=\frac{0.15\times0.001\times182.2}{1+0.6}\times2000=34.2\text{mm}$$

$$S_2=\frac{\alpha_{1-2}\times\delta_{2\text{平均}}}{1+e_1}h_2=\frac{0.15\times0.001\times129.27}{1+0.6}\times2500=30.3\text{mm}$$

$$S_3=\frac{\alpha_{1-2}\times\delta_{3\text{平均}}}{1+e_2}h_3=\frac{0.26\times0.001\times77.17}{1+0.7}\times2000=23.6\text{mm}$$

$$S_4=\frac{\alpha_{1-2}\times\delta_{4\text{平均}}}{1+e_2}h_4=\frac{0.26\times0.001\times50.26}{1+0.7}\times2100=16.1\text{mm}$$

上式中 e_1 与 e_2 为上下平均自重应力下的孔隙比,并据土工试验资料采用 δ_{1-2} 计算。

5)基础中心处下的总沉降量

$$S=\Sigma S_i=34.2+30.3+23.6+16.1=104.2\text{mm}$$

6)按《公路桥涵地基与基础设计规范》JTG D 63—2007 规定墩台容许均匀总沉降量 $2\sqrt{L}$,而 L 是相邻墩台间的最少跨径长度(以 m 计),跨径小于 25m 时仍以 25m 计,故本桥按 $L=25\text{m}$ 计算则容许均匀总沉降量 $[\Delta]=2\sqrt{25}=10\text{m}$,参照《公路桥涵地基与基础设计规范》JTG D 63—2007 沉降计算,经验系数小于 1.0,故可满足要求。

【例 3-4】 如图 3-10 所示,某墩基础为实体刚性扩大基础,一个支座承受的作用效应标准值如下:梁跨结构重 $P_1=1010\text{kN}$;一跨布载时:汽车荷载 $P_2=593.2\text{kN}$,人群荷

载 $P_3=90\text{kN}$；两跨布载时：汽车荷载 $P_4=376.8\text{kN}$，人群荷载 $P_5=90\text{kN}$，汽车制动 $T_1=22\text{kN}$，桥墩及基础自重 $P_6=5480\text{kN}$，设计水位以下墩身及基础浮力 $F=1200\text{kN}$，墩帽与墩身风荷载分别为 $T_2=21\text{kN}$、$T_3=16.8\text{kN}$，结构尺寸及地质水文如图 3-10 所示，地基第一层为中密中砂，重度 $\gamma=20.5\text{kN/m}^3$；下层为黏土，重度为 $\gamma=19.5\text{kN/m}^3$，孔隙比$=0.8$，液性指数 $I_L=1.0$，基底宽 $b=3.1\text{m}$，长为 9.5m，要求验算地基承载力、合力偏心距及稳定性计算。

解：1. 根据题意得表 3-18

作用效应标准值汇总表　　　　　　　　　　表 3-18

作用名称			水平力 (kN)	竖向力 (kN)	弯矩 (kN·m)
永久作用	上部结构重力			$1010\times2=2020$	$1010\times0=0$
	墩身及基础重力			5480	$5480\times0=0$
	浮力			-1200	0
可变荷载	一孔荷载	汽车荷载		593.2	$593.2\times0.25=148.3$
		人群		90	$90\times0.25=22.5$
	双孔荷载	汽车		$386.8\times2=753.6$	0
		人群		$90\times2=180$	0
	制动力		22		$22\times10.1=222.2$
	风荷载	墩帽	2.1		$2.1\times9.8=20.58$
		墩身	16.8		$16.8\times6.3=105.84$
合计	一孔荷载		40.9	$2020+5480-1200+$ $593.2+90=6983.2$	$148.3+22.5-222.2-$ $20.5-105.84=177.82$
	双孔荷载			$2020+5480-1200+$ $753.6+180=7233.6$	$222.2+20.58+$ $105.84=348.62$

2. 压应力计算：采用正常使用极限状态下的短期效应组合，且可变频遇值系数为 1.0，根据表 3-18 中的布载比较，双孔布载时为最不利，因竖向力最大，基底压应力为：

$$P=\frac{N}{A}\pm\frac{M}{W}=\frac{7233.6}{29.45}\pm\frac{348.62}{15.216}=245.62\pm22.91\text{kPa}$$

$$P_{\max}=245.62+22.91=268.53\text{kPa}$$

$$P_{\min}=245.62-22.91=222.71\text{kPa}$$

3. 地基承载力计算持力层承载力计算

(1) 根据土工试验资料，持力层第一层为中密中砂又在水下，$\gamma=20.5\text{kN/m}^3$，查表 3-6 得 $[f_{a0}]=370\text{kPa}$，查表 3-11 得 $k_1=1$，$k_2=2$。

所以 $[f_a]=[f_{a0}]+k_1\gamma_1(b-2)+k_2\gamma_2(h-3)=370+10.45+2\times10.5\times1.1=370+23.1=393.1\text{kPa}$

根据 $[f_a]$ 的抗力学系数规定："使用阶段当地基承受作用短期效应组合时 $\gamma_R=1.25\text{kN/m}^3$"。

$\gamma_R[f_a]=1.25\times393.1=491.375\text{kPa}>268.53\text{kPa}$，因此第一层持力层满足要求。

(2) 持力层第二层为黏土。

因为 $e_0=0.8$，$I_L=1.0$，查表 3-9 得 $[f_{a0}]=150$kPa，再查表 3-11 得 $k_1=0$，$k_2=1.5$。所以 $[f_a]=[f_{a0}]+k_1\gamma_1(b-2)+k_2\gamma_2(h-3)=246$kPa，而这时 $\gamma_R=1.25$kN/m³，则 $\gamma_R[f_a]=307.5$kPa>268.53kPa，因此该层也满足要求。

4. 基底合力偏心距计算

1) 仅受永久作用标准效应组合时

$N=2020+5480-200=6300$kN；$M=20.58+105.84=126.42$kN·m（无制动力）

所以 $e_0=M/N=126.42/6300=0.02$m³，而 $\rho=b/6=3.1/6=0.517$

根据表 3-3 中仅受永久作用标准时组合 $[e_0]\leqslant 0.1\rho$，所以 $[e_0]=0.1\times 0.517=0.0517$；显然 $e<[e_0]$，满足要求。

2) 受作用标准值效应组合

$$e_0=M/N=348.62/7233.6=0.048$$

再根据表 3-3 中受作用标准组合时对非岩石，此时 $[e_0]\leqslant\rho$，所以可以。

5. 基础稳定性计算

根据《公路桥涵地基与基础设计规范》JTG D 63—2007 的规定，应采用承载能力极限状态的基本组合验算，按稳定性要求，对 γ_0 的分项系数，组合系数均为 1 的稳定性要求应分如下两项进行。

1) 使用阶段验算

（1）抗倾覆稳定计算：应选 $|M_{max}|$ 为最不利者。$e=\dfrac{348.62}{7233.6}=0.048$，$K=\dfrac{1.55}{0.048}=32.19>1.5$。

（2）抗滑动稳定性验算：同样取 $|M_{max}|$ 为最不利，即得 $N=6983.2$kN，$H=40.9$kN。

根据基底底土为中密中砂的条件，查表 3-13 可得砂土基底摩擦系数 $u=0.3\sim 0.4$，现取 0.3，所 $K_c=\dfrac{uN}{H}=51.22>1.3$ 满足要求。

2) 施工阶段验算

按 $N=2020+5480-1200=6300$kN，$H=22+2.1+16.8=40.9$kN，$M=222.2+20.58+105.84=348.62$kN·m

（1）抗倾覆：$e_0=M/N=348.62/6300=0.055$，所以 $K_0=S/e_0=1.55/0.054=28.71>1.5$，满足要求。

（2）抗滑动：$K_c=\dfrac{uN}{H}=0.3\times 6300/40.9=46.21>1.3$，满足要求。

【例 3-5】 某桥墩为混凝土实体刚性扩大基础（图 3-10），荷载组合控制设

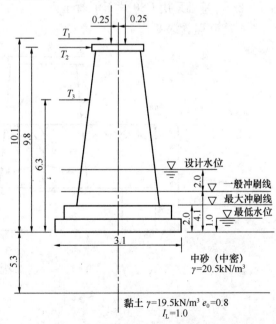

图 3-10 结构尺寸及地质水文资料图（m）

计支座反力为 840kN 及 930kN，桥墩基础及自重为 5480kN，浮力为 1200kN，制动力为 84kN，墩帽风力为 2.1kN，墩身风力为 16.8kN，结构尺寸及地质水文资料见图 3-10，且基底宽 3.1m，长 9.9m。

求：（1）基底合力偏心距计算；
（2）地基承载力；
（3）基础稳定性计算。

解：永久荷载＋汽车荷载＋人群荷载＋风荷载＋制动力

1. 偏心距 e_0 计算：$N=\frac{1}{2}(840+930)+5480-1200=6365-1200=5165\text{kN}$

$$A=9.9\times3.1=30.69\text{m}^2, \quad W=\frac{1}{6}\times b\times h^2=\frac{1}{6}\times9.9\times(3.1)^2=15.86\text{m}^2$$

$\Sigma M=930\times0.25-840\times0.25+84\times10.1+2.1\times9.8+16.8\times63=232.5+210+848.4+20.6+105.8=1207.3\text{kN·m}$

$e_0=M/N=1207.3/5165=0.233\text{m}<\rho=W/A=0.517\text{m}$

2. $P=N/A\pm M/W=5156/30.69\pm1207.3/15.86=(168.29\pm76.12)\text{kPa}$

所以 $P_{\max}=244.41\text{kPa}<[\delta]=485\text{kPa}$

$P_{\min}=92.17\text{kPa}$

3. $K_{稳}=Y/e_0=\frac{3.1}{2}/0.233=6.65>1.5$

4. 而 $UP=0.4\times5156=2062.4\text{kN}$；$\Sigma t_i=84+2.1+16.8=102.9\text{kN}$

所以 $K_{滑}=2062.4/102.9=20.04>1.3$（安全）

【例 3-6】 已知：在图 3-11 中 $N=5200\text{kN}$，$\Sigma M=840\text{kN·m}$，墩身（纵向×横向）$=2\text{m}\times8\text{m}$，基础采用 C30 片石混凝土。

求：基础埋置深度。

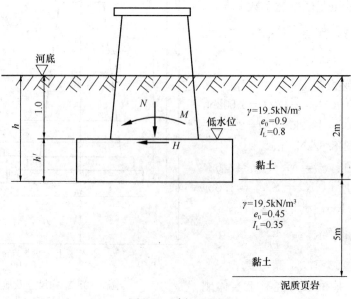

图 3-11 例 3-6 图

解： 基础埋置深度应在地面或无冲刷河流河底大于1m处。

1. 如基底放在第一层底黏土层上，这时 $h'=2-1=1$m 即基础厚为1m，又因为是C30混凝土基础，根据 $\alpha \leqslant 40°$，取 $C/h=\tan 40°$，所以 $C=h\tan 40°=1\times \tan 40°=0.84$。

则基底尺寸：纵向 $=2+0.84\times 2=2+1.68=3.68$m；横向 $=8+0.84\times 2=8+1.68=9.68$m

所以 $A=3.68\times 9.68=35.62$m^2，$W=\dfrac{1}{6}\times 9.68\times (3.68)^2=21.85$m^3

基础自重 $=3.68\times 9.68\times 1\times 23=819.32$kN

基底应力 $=\dfrac{N+自重}{A}+\dfrac{\sum M}{W}=\dfrac{5200+819.32}{35.62}+\dfrac{840}{21.85}=168.99+38.44=207.43$（kPa）

基底应力 $=\dfrac{N+自重}{A}-\dfrac{\sum M}{W}=\dfrac{5200+819.32}{35.62}-\dfrac{840}{21.85}=168.99-38.44=130.55$（kPa）

2. 根据 $e=0.9$，$I_L=0.8$，查表3-9得 $[f_{a0}]=160$kPa，再查表3-11得 $k_1=0$，$k_2=1.5$，这时 $h_{埋}=2$m，所以 $[\delta]=[\delta_0]+k_1\gamma_1(b-2)+k_2\gamma_2(h-3)=160+0+0=160$，显然 $\delta_{max}>[\delta]$，不适用，应重新计算。

3. 若基底放到河底下第二层黏土中 h 处，根据第二层黏土 $e=0.45$，$I_L=0.35$，查表3-9得 $[f_{a0}]=410$kPa，这时显然大于 δ_{max}，$C=2\tan 40°=2\times 0.84=1.68$，这时设从第二层顶面下去1m，这时 $h=2+1-1=2$m。

所以对于C20，刚性角应不大于40°，基础厚2m，分两个台阶，这时基底平面尺寸：纵向 $=2+1.68\times 2=2+3.36=5.36$m；横向 $=8+1.68\times 2=8+3.36=11.36$m；$A=5.36\times 11.36=60.89$m^2；$W=\dfrac{1}{6}\times 11.36\times 5.36=54.39$m^3

所以 $\delta_{max}=\dfrac{5200+60.89\times 23}{60.89}+\dfrac{840}{54.39}=\dfrac{5200+1400.5}{60.89}+15.44=108.4+15.44=$

123.84kPa$<[\delta]$

$=\dfrac{5200+60.89\times 23}{60.89}-\dfrac{840}{54.39}=\dfrac{5200+1400.5}{60.89}-15.44=108.4-15.44$

$=92.96$kPa

所以满足要求，基层厚为2m，每层厚1m即可。

作业：

1. 试述基础分类。

2. 何谓刚性基础？它有什么特点？

3. 确定基础埋置深度应该考虑哪些因素？基础埋置深度对地基承载力、沉降有什么影响？

4. 有一桥，基础底面为矩形，尺寸为2m×8m，刚性扩大基础（C20混凝土），顶面设在河床下1m，作用于基础顶面荷载：轴心垂直力 $N=5200$kN，弯矩 $M=840$kN·m，水平力 $H=96$kN，地基土为一般黏性土，第一层厚2m（自河床标起），$\gamma=19$kN/*，$e_0=0.9$，$I_L=0.8$，第二层厚5m，$\gamma=19.5$kN/*，$e=0.45$，$I_L=0.35$，低水位在河床下1m（第二层为泥质页岩），试确定基础埋置深度及尺寸，并经过计算说出其合理性。

第三节 施 工

一、概述

（一）施工

人运用技术，使用机械、材料组成某一人工构筑物。

（二）基坑

1. 定义

为建造基础而挖的临时性坑井。

2. 施工

准备好一个合适的基坑。当基坑底加以处理后，砌筑基础回填基坑土壤的过程称为基坑施工。

3. 施工顺序：

基础定位放样→基坑开挖→坑臂支撑→基坑排水→基坑检验→基底土处理→基础砌筑→基坑回填。

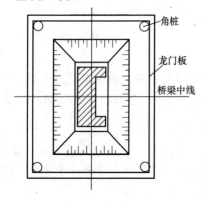

图 3-12 基坑放样

4. 放样

将设计图上的位置和标高放到实地上（图 3-12）。

（三）基坑施工注意点

（1）放样位置要准确：先定出桥轴线，后定出桥（台）墩中心，再定出墩台横轴线，最后定出基坑开挖上口线。

（2）开挖中注意排水。

（3）开挖基坑尺寸要比基础尺寸角边大 0.5~1m。

（4）开挖基坑时应根据土质情况、地下水位情况、土的温度、渗水量大小来决定要否围护。

二、旱地上浅基础施工

（一）基坑开挖

采用的方法，即明挖法，常用机械与人工结合方法开挖基坑土方。

1. 不设围护基坑

1) 适用：基坑较浅、地下水位低、渗水量小、土质较好。

2) 施工时：

（1）当岩石基坑或基坑不深且无地下水黏土地基，可将基坑挖成竖直或斜坡形（图 3-13a）

（2）基坑深小于 5m，按表 3-19 采用放坡后开挖方法，见图 3-13（b）、图 3-13（c）、图 3-13（d）。

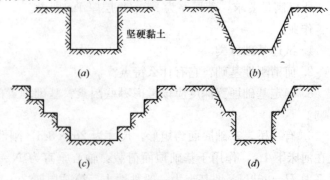

图 3-13 不设围护坑壁形式

(a) 垂直坑壁；(b) 斜坡坑壁；

(c) 阶梯坑壁；(d) 上层斜坡下层垂直坑壁

第三节 施 工

无围护基坑坑壁坡度 表 3-19

坑壁土类别	坑 壁 坡 度		
	基坑顶缘无荷载	基坑顶缘有静载	基坑顶缘有动载
砂类土	1∶1	1∶1.25	1∶1.5
碎卵石类土	1∶0.75	1∶1	1∶1.25
亚砂土	1∶0.67	1∶0.75	1∶1
粉质黏土、黏土	1∶0.33	1∶0.5	1∶0.75
极软岩	1∶0.25	1∶0.33	1∶0.67
软质岩	1∶0	1∶0.1	1∶0.25
硬质岩	1∶0	1∶0	1∶0

(3) 基坑深大于 5m，应将坑壁坡度放缓或采用加平台开挖方法，见图 3-14。

3) 基坑底平面尺寸＝基础平面尺寸＋每边（0.5～1.0m）襟边值。

2. 有围护基坑

1) 适用：坑深、土质差、有地下水以及坑边临近有建筑物时。

2) 围护有

(1) 挡板支撑：①组成：立柱、横枋、顶撑、衬板。②形式：a. 挡板垂直（图 3-15a）；b. 挡板水平（图 3-15b）。

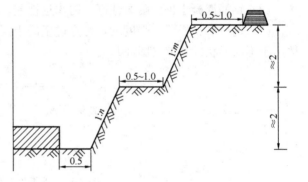

图 3-14 基坑放坡开挖（m）

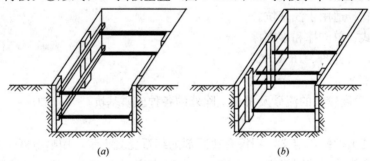

图 3-15 挡板支撑

(2) 钢木结合支撑：①适用：坑深 3m 以上或基坑过宽由于支撑过多而影响坑土出时；②形式（图 3-16）。

(3) 板桩支撑

①适用：基坑平面尺寸较大坑又深的情况。

②定义：在基坑开挖前先打入土中至坑底以下一定深度的板桩，后边挖边设支撑，开挖基坑的过程始终在板桩支护下进行（图 3-16）。

3. 分类

1) 按材料分

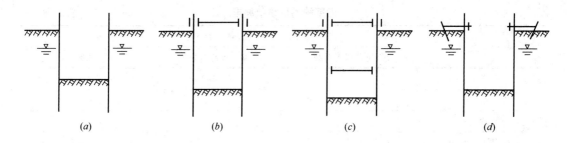

图 3-16 板桩墙支撑形式
(a) 无支撑式；(b) 单支撑式；(c) 多支撑式；(d) 锚撑式

(1) 木板桩：易加工，但强度低，长度受限制。

(2) 钢筋混凝土桩：耐久性好、防渗透性差、制作复杂、重量重，运输和施工不便。

(3) 钢板桩：板薄，强度大，可穿过坚硬土层，锁扣紧密，不易漏水，能重复使用，适用于不同形状的基坑（图 3-17）。

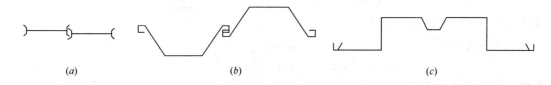

图 3-17 钢板桩断面形式
(a) 一字形；(b) 槽形；(c) Z 字形

2）按撑的形式分

(1) 压撑式：适用于浅基坑。

(2) 支撑式：单支撑和多支撑。

(3) 锚撑式：见图 3-16 (d)。

4. 混凝土护壁

1）适用：深度较大的流砂及淤泥土除外的各种土质基坑。

2）分类：

①喷射混凝土护壁：定义：用掺有速凝剂的细石混凝土浆，用喷射器喷出混凝土，与坑壁形成有强度值的支护层厚度（5～20cm），7d 强度可达 13700kPa。②方法：无水或少水，喷由下向上；涌水基坑，喷由上向下。③现浇混凝土护壁：下挖土—立模—浇混凝土（掺早强剂），一般顶层 2m 左右，以下每层 1～1.5m，壁厚 15～30cm。

（二）基坑排水

施工时一般要求在无水情况下施工，而其排水方法又分为以下两种。

1. 表面排水法

在坑底四周挖边沟，开挖 1～2 个集水坑（井）后用水泵或抽水机向外排水。

1）渗水量估算

(1) 抽水试验：比较可靠。

(2) 经验公式计算 $$Q=F_1Q_1+F_2Q_2 \tag{3-16}$$

第三节 施 工

基坑底面单位渗水量 Q_1　　　　表 3-20

土质类别	土的特征及粒径	Q_1 [m³/(h·m²)]
细粒砂土及黑土层，松软粉质黏土	天然含水量小于 20%，砂土料径在 0.05mm 以下	0.14~0.18
有裂缝的碎岩层及较密实的黏性土	黏土层有透水孔道	0.15~0.25
细粒砂，紧密的砾石	细砂粒径在 0.05~0.25mm，砾石土孔隙在 20% 以下	0.16~0.32
中砂及砂砾层	砂粒径在 0.25~1.0mm 或砾石含量小于 30%，平均最大粒径在 10mm 以下	0.24~0.80
粗砂及砂砾层	砂粒径在 1.0~2.5mm，砾石含量在 30%~70%，平均最大粒径在 150mm 以下	0.8~3.0
粗砂砾及大砾石，卵石层	砂粒径不小于 2.0mm，砾石、大漂石含量不小于 30%，个别泉眼直径小于 50mm，总面积小于 0.07m²	2.0~4.0
砾石、卵石并带有泉眼或砂砾带有较大泉眼	石料平均粒径 50~200mm，或有个别大弧石在 0.5m² 以下，泉眼直径小于 300mm，总面积小于 0.15m²	4.0~8.0
砾石、卵石、粗砂，泉眼很多	—	>8.0

基坑侧面单位渗水量 Q_2　　　　表 3-21

基坑或围堰种类	Q_2 [m³/(h·m²)]
放坡土质基坑	按表 3-20 同类土渗水量的 20%~30% 计
土围堰或草袋围堰	同表（3-20）
木板桩围堰	按表（3-20）同类土渗水量的 10%~20% 计
钢板桩围堰	按表（3-20）同类土渗水量的 5% 计
就地取材制成的围堰	按表（3-20）同类土渗水量的 15%~30% 计

土的渗透系数参考值　　　　表 3-22

名称	K (m/d)	名称	K (m/d)
黏土	<0.005	匀质中砂	35~50
粉质黏土	0.005~0.1	粗砂	20~50
黏质粉土	0.1~0.15	圆砾	50~100
黄土	0.25~0.5	卵石	100~500
粉砂	0.5~1.0	稍有裂隙的岩石	20~60
细砂	1.0~5.0	裂隙多的岩石	>60
中砂	5.0~20		

单位渗流量 Q　　　　表 3-23

$\dfrac{H+t}{L}$ ＼ $\dfrac{H}{H+t}$	0.1	0.2	0.3	0.4	0.5	0.6	0.7	0.8	0.9	0.95
1.00	1.39	1.13	0.98	0.88	0.78	0.70	0.61	0.52	0.42	0.36
0.75	1.20	0.95	0.81	0.70	0.61	0.53	0.46	0.39	0.30	0.23
0.5	1.12	0.89	0.74	0.64	0.56	0.48	0.41	0.34	0.27	0.22
0.25	1.08	0.84	0.70	0.60	0.52	0.45	0.39	0.32	0.25	0.21
0	1.02	0.80	0.67	0.58	0.50	0.42	0.38	0.31	0.24	0.20

式中　Q_1 与 Q_2 见表 3-20～表 3-23；

F_1、F_2 是基坑底面及侧面面积（m^2）。

【**例 3-7**】　上图中基坑底为 $12.5m \times 6m$，边坡为 1∶1，基坑为细粒砂土。求总的涌水量（m^3/h）的值？

解：根据 $h=4.32-1.9=2.42m$ 并按 1∶1 计算顶面尺寸为 $17.34m \times 10.84m$，所以 $F_1=12.5 \times 6=75m^2$，$F_2=(12.5+17.34)/2 \times 2.42+(10.84+6)/3 \times 2.42=14.92 \times 2.42+8.42 \times 2.42=36.11+20.38=56.49m^2$。

而查表得 $Q_1=0.18m^3/(h \cdot m^2)$，$Q_2=0.18 \times 30\%=0.054m^3/(h \cdot m^2)$，所以 Q（总）$=(0.18 \times 12.56 \times 6)+56.49 \times 2$（边）$\times 0.054=13.5+6.10=19.6m^3/h$。

2. 水泵选用

集水沟排水是用水泵从集水井中排水，常用的水泵有潜水泵、离心式水泵和泥浆泵。其技术性能查《地基与基础工程施工计算》P209 表 4-6、表 4-7、表 4-8、表 4-9，水泵功率为 $N=\dfrac{K_1 QH}{75 n_1 n_2}$。

式中　K_1——安全系数，为 2；

　　　Q——基坑涌水量（m^3/d）；

　　　H——包括扬水、吸水及各种阻力造成的水头损失在内的总高度（m）；

　　　n_1——水泵效率，为 0.3～0.4；

　　　n_2——动力机械效率，为 0.75～0.85。

结论：一般所选用水泵的排水量为基坑涌水量的 1.5～2 倍。

（三）降低地下水位法——井点法

1. 定义

采用井点法降低地下水位以利于基础施工的一种方法。

2. 适用

①粉质土、粉砂类土等采用抽水极易引起流砂现象，影响基坑稳定的情况；②渗透系数为 0.1～80 的砂土。

3. 分类

（1）轻型井点：在基坑四周打下一定间距的若干根井管（下端为滤管），在地面上用水平铺设的集水管将各井管连接起来，再于一定位置设置真空泵和离心泵，地下水在真空吸力下经滤管进入井管，再经集水总管排出。

（2）喷射井点：当降水深度 $h>6m$ 时采用轻型井点即深射井点，其可把地下水位降低 8～20m。

（3）电渗井点：在降水井点管的内侧打入金属棒（钢筋、钢骨），连以导线，以井点管为阴极，金属棒为阳极，通入直流电后，土颗粒自阴极向阳极移动，使土体固结，地下水自阳极向阴极移动，适用渗透系数小于 0.1m/d 的土层。

（4）深井泵井点。

4. 轻型井点

1）原理

图 3-18。

2) 设备

井点管：用 ϕ50mm 钢管，下端头有 1~2 根滤管；集水管：用 ϕ102~127mm 管；连接管：40~50mm 橡皮胶管或塑料管；抽水设备：真空箱、离心箱。

3) 轻型井点降水计算：确定井点系统的平面和竖向布置图，计算单井井点涌水量和群井（井点系统）涌水量；确定井点管数量和间距，校核水位降低数值，选择抽水系统（抽水机组、管路）的类型、规格和数量以及进行井点间的布置等。

4) 计算示例

【例 3-8】 某工程基坑开挖（图 3-19），坑底平面尺寸为 20m×15m，天然地面标高

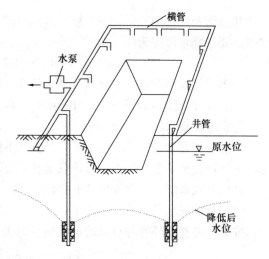

图 3-18 井点降低地下水位

为±0.000m，基坑底标高为－4.200m，基坑边坡坡度为 1:0.5。土质为：地面至－1.5m 为杂填土，－1.5~－6.8m 为细砂层，细砂层以下为不透水层。地下水位标高为－0.700m，经扬水试验，细砂层渗透系数 $k=18$m/d，采用轻型井点降低地下水位。

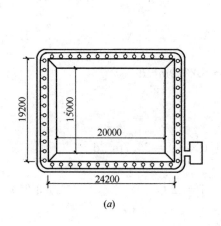 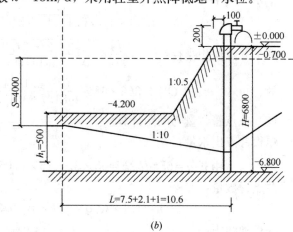

(a) (b)

图 3-19 轻型井点系统布置图
(a) 平面布置图；(b) 高程布置

试求：(1) 轻型井点系统的布置；

(2) 轻型井点的计算及抽水设备选用。

解：(1) 轻型井点系统的布置

总管的直径选用 127mm，布置在±0.000 标高上，基坑底平面尺寸为 20m×15m，上口平面尺寸为：

长=20+(4.2×0.5)×0.2=24.2m；宽=15+2×4.2×0.5=19.2m。

井点管布置距离基坑壁为 1.0m，采用环形井点布置，则总管长度为：

$$L=2\times(26.2+21.2)=94.8\text{m}$$

井点管长度选用 6m，直径为 50mm，滤管长为 1.0m，井点管露出地面为 0.2m，基坑中心要求降水深度为：
$$S=4.2-0.7+0.5=4\text{m}$$
采用单层轻型井点，取水坡度 I 为 0.1，井点管所需埋设深度为：
$$H_1=HH_2+h_1+Il_1=4.2+0.5+0.1\times10.6=5.76\text{m}<6\text{m}$$
符合埋深要求。

井点管加滤管总长为 7m，井管外露地面 0.2m，则滤管底部埋深在 −6.800m 标高处，正好埋设至不透水层上。基坑长宽比小于 5，因此，可按无压完整井环形井点系统计算。轻型井点系统布置图如图 3-19 所示。

(2) 基坑涌水量计算

按无压完整井环形井点系统涌水量计算公式：
$$Q=1.366k\frac{(2H-S)S}{\lg R-\lg x_0} \tag{3-17}$$

其中：

含水层厚度：$H=6.8-0.7=6.1\text{m}$

基坑中心降水深度：$S=4\text{m}$

抽水影响半径：$R=1.95\sqrt{Hk}$
$$=1.95\times4\times\sqrt{6.1\times18}=81.7\text{m} \tag{3-18}$$

环形井点假想半径：$x_0=\sqrt{\dfrac{F}{\pi}}=\sqrt{\dfrac{26.2\times21.2}{3.1416}}=13.3\text{m} \tag{3-19}$

故 $Q=1.366\times18\times\dfrac{(2\times6.1-4)}{\lg81.7-\lg13.3}=1020.9\text{m}^3/\text{d}$

(3) 井点管数量与间距计算

单根井点出水量：

由式 $q=65\pi dl\sqrt[3]{k}=65\times3.1416\times0.05\times1.0\times\sqrt[3]{18}=26.7\text{m}^3/\text{d}$

井点管数量：
$$n=1.1\times Q/q=1.1\times1020.9/26.7=42 \text{ 根} \tag{3-20}$$

井点管间距：
$$D=L/n=94.8/42=2.26\text{m}，取 1.6\text{m} \tag{3-21}$$

则实际井点管数量为：$94.8\div1.6\approx60 \text{ 根} \tag{3-22}$

(4) 抽水设备选用

根据总管长度为 94.8m，井点管数量为 60 根。

水泵所需流量：$Q_1=1.1\times1020.9=1123\text{m}^3/\text{d}=46.8\text{m}^3/\text{h}$

水泵的吸水扬程：$H_s=6.0+1.0=7.0\text{m}$

根据以上参数，查相关离心泵选用手册，选用 3B-57 型离心泵可满足抽水要求。

5. 电渗井点降水计算

电渗井点降水计算（以电渗喷射井点为例，电渗轻型井点基本相同），内容包括以下几项。

(1) 总吸水量计算

电渗井点总吸水量可按潜水完整井（图 3-20）用下式计算：

$$Q = 1.366k\frac{(2H-S)S}{\lg R - \lg x_0} \tag{3-23}$$

式中　Q——电渗井点总吸水量（m³/d）；
　　　k——土的渗透系数（m/d）；
　　　H——含水层厚度（m）；
　　　R——抽水影响半径（m）；
　　　x_0——基坑的假想半径（m），对于矩形基坑，当其长宽比不大于 5 时，可将其化成一个假想半径为 x_0 的圆形井，按下式计算：

$$x_0 = \sqrt{\frac{A}{\pi}} \tag{3-24}$$

　　　A——基坑井点管所包围的平面面积（m²）；
　　　S——水位降低值（m）。

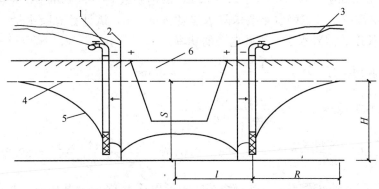

图 3-20　电渗井点按潜水完整井计算简图
1—喷射或轻型井点管；2—钢筋或钢管；3—接直流发电机或直流电焊机；
4—原地下水位线；5—降低后地下水位线；6—基坑

(2) 井点间距、井管长度和需用水泵数量

井点管间距一般为 1.2～2.0m。

井点管需要长度 $L \geq H + h + 0.5$

式中　H——基坑开挖深度（m）；
　　　h——地下水降落坡度高差，取 1/10。

井点管分组设置，每组 30～40 个井管，各由一个水泵系统带动，每组设两台水泵（一台备用）。

(3) 泵压计算

泵送工作水压力须达到井点回水扬程需要，按下式计算：

$$P_1 = P_2/\beta \tag{3-25}$$

式中　P_1——需要工作水压力，以扬程米计算；
　　　P_2——回水需要扬程，即水箱至井管底部的总高度，$P_2 = l + y$ 　(3-26)
　　　l——井管长度；

y——工作水箱高度；

β——压力比系数，一般取 0.20。

(4) 电渗系统功率计算

电渗功率按下式计算：

$$N = UJA/1000 \tag{3-27}$$

式中　N——电焊机功率（kW）；

　　　U——电渗电压，一般取 45V 或 60V；

　　　J——电流密度，取 $0.5\sim1.0\text{A/m}^2$；

　　　A——电渗面积（m^2），$A = H \cdot L$；

　　　H——导电深度（m）；

　　　L——井点管布置周长（m）。

【例 3-9】　商贸大厦地下室工程，位于地面下 10.5m，基坑开挖面积为 40m×70m，土层为淤泥质粉质黏土，含水层厚度 $H=12$m，渗透系数 $k=0.045$m/d，井点影响半径 $R=60$m，采用电渗喷射井点降水，要求降水深度 $S=11$m，试计算总吸水量，并确定井点间距、井点管长度、需要水泵水压及电渗的功率。

解：基层假想半径：$x_0 = \sqrt{\dfrac{A}{\pi}} = \sqrt{\dfrac{40 \times 70}{3.14}} = 30$m

总吸水量由式 $Q = 1.366k \dfrac{(2H-S)S}{\lg R - \lg x_0}$ 得：

$$Q = 1.366k \dfrac{(2H-S)S}{\lg R - \lg x_0} = 1.366 \times 0.045 \dfrac{(2 \times 12 - 11) \times 11}{\lg 60 - \lg 30} = 29.2 \text{m}^3/\text{d}$$

井点按常规 2m 的间距布置。井点系统的矩形周长为 180m，共用喷射井点管 180/2=90 根。

水力坡度取 0.1，降水曲线与基坑底部距离取 0.5m，井点管需要长度 $l=10.5+0.1\times20+0.5=13$m。

用 11.5m 长井管，再加过滤器及总管埋深在内，实际有效长度可达 13m。

喷射井管 90 根，分为 3 组，各由一个水泵系统带动，每组设两台水泵（一台备用）。

泵送需要工作水压由式（3-25）得：

取 $y=4.0$m，则　　$P_2 = l + y = 11.5 + 4.0 = 15.5$m

所以　　$P_1 = P_2/\beta = 15.5/0.2 = 77.5$m

选用 150S-78 型水泵，扬程 78m。

阳极采用直径 25mm、长 11.5m 的钢筋，布置于紧靠基坑旁，与井管相距 1.25m，为减少能耗，在钢筋上部 5.5m 处涂沥青以绝缘，则

$$A = H \times L = (11.5 - 5.5) \times 180 = 1080 \text{m}^2$$

用　　　　　　　　　　$U = 45\text{V}\quad J = 1\text{A/m}^2$

电渗功率由式（3-27）得：

$$N = UJA/1000 = 45 \times 1 \times 1080/1000 = 48.6 \text{kW}$$

采用 AX-500 型，功率为 20kW 的直流电焊机 3 台。

6. 深井（管井、泵）井点降水计算

深井井点涌水量的计算与轻型井点计算基本相同。

深井（管井）井点计算内容包括：计算井点系统总涌水量、深井进水过滤器需要的总长度、群井抽水单个深井过滤器浸水部分长度、群井总涌水量、选择抽水设备和深井井点的布置等。

(1) 深井井点系统总涌水量计算

深井井点涌水量的计算与轻型井点计算基本相同，根据井底是否达到不透水层，亦分为完整井与非完整井。

对无压完整井深井井点涌水量按式（3-17）计算；

对无压非完整井深井井点涌水量按有关公式计算；

式中符号意义及 x_0、X_0、R、H 值的确定与轻型井点计算相同。

(2) 深井进水过滤器需要总长度计算

深井单位长度进水量 q 按下式计算：

$$q = 2\pi r l \frac{\sqrt{k}}{15} \tag{3-28}$$

深井进水过滤器部分需要的总长度 L 为：

$$L = Q/q \tag{3-29}$$

式中　k——渗透系数（m/s）；

　　　l——过滤管长度（m）；

　　　r——深井井点半径（m）；

　　　Q——深井系统总涌水量（m³/d）。

(3) 群井抽水单个深井过滤器长度计算

群井抽水单个深井（管井）过滤器浸水部分长度可按下式计算：

$$h_0 = \sqrt{H^2 - \frac{Q}{\pi k n} \ln \frac{x_0}{nr}} \tag{3-30}$$

式中　Q——深井系统总涌水量（m³/d）；

　　　H——抽水影响半径为 R 的一点水位（m）；

　　　n——深井数（个）；

　　　x_0——假想半径（m）；

　　　r——深井半径（m）。

(4) 群井涌水量计算

多个相互之间距离在影响半径范围内的深井井点同时抽水时的总涌水量可按下式计算：

$$Q = 1.366k \frac{(2H-S)S}{\lg R - \frac{1}{n}(\lg x_1、x_2 \cdots x_n)} \tag{3-31}$$

式中　　S——井点群重心处水位降低数值（m）；

x_1、x_2…x_n——各井点至井点群重心的距离。

其他符号意义同前。

【例 3-10】 某写字楼工程平面为 L 形，尺寸如图 3-21 所示，该地基土层为粉土，已知渗透系数 $k=1.3\text{m/d}$ ($=0.000015\text{m/s}$)，影响半径 $R=15\text{m}$，含水层厚为 13.8m，其下为淤泥质粉质黏土，为不透水层。要求建筑物中心的最低水位降低值 $S=6\text{m}$，取深井井点半径 $r=0.4\text{m}$，试计算建筑物范围内所规定的水位降低时的总涌水量和需设置的深井井点数量及井的布置距离。

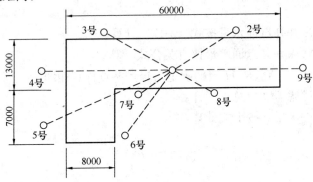

图 3-21　某写字楼工程平面尺寸及降水深井井点布置简图

解： 根据平面计算假想半径 x_0 为：

$$x_0 = \sqrt{\frac{A}{\pi}} = \sqrt{\frac{60\times13+7\times8}{3.14}} \approx 17\text{m}$$

降水系统的总涌水量，可采用潜水完整井计算，R 用抽水影响半径 $R_0=15+17=32\text{m}$

由式（3-23）

$$Q = 1.366k\frac{(2H-S)S}{\lg R - \lg x_0}$$

$$= 1.366\times1.3\times\frac{(2\times13.8-6)\times6}{\lg 32 - \lg 17}$$

$$= 837.8\text{m}^3/\text{d} = 0.0097\text{m}^3/\text{s}$$

深井过滤器进水部分每米井的单位进水量为：

$$q = 2\pi r l\frac{\sqrt{k}}{15} = 2\times3.14\times0.4\times1\times\frac{\sqrt{0.000015}}{15} = 0.00065\text{m}^3/\text{s}$$

深井过滤器进水部分需要的总长度为：

$$Q/q = 0.0097/0.00065 = 14.92\text{m} \approx 15.0\text{m}$$

假定深井数进行试算以确定深井井点数量，当井数为 8 个时，取 $H=13.8-6=7.8\text{m}$，则：

$$h_0 = \sqrt{7.8^2 - \frac{837.8}{3.14 \times 1.3 \times 8} \times \ln\frac{17}{8 \times 0.4}} = 4.24\text{m}$$

此数值符合 nh_0（$8 \times 4.24 = 33.9$）$\geqslant Q/q$（$=14.92\text{m} \approx 15.0\text{m}$）的条件。井的深度钻孔打到不透水层，取 16m。

深井井点的布置要考虑工程的平面尺寸。经多次试排后，确定的 8 个深井井点距建筑物中心的距离如下：

$x_1 = 30\text{m}$，$\lg x_1 = 1.477$；$x_5 = 34\text{m}$，$\lg x_5 = 1.532$；

$x_2 = 10\text{m}$，$\lg x_2 = 1.000$；$x_6 = 30\text{m}$，$\lg x_6 = 1.477$；

$x_3 = 10\text{m}$，$\lg x_3 = 1.000$；$x_7 = 10\text{m}$，$\lg x_7 = 1.000$；

$x_4 = 30\text{m}$，$\lg x_4 = 1.477$；$x_8 = 10\text{m}$，$\lg x_8 = 1.000$；

因此 $\lg x_1 \cdot x_2 \cdots x_8 = 1.477 + 1.000 + 1.000 + 1.477 + 1.532 + 1.477 + 1.000 + 1.000 = 9.963$

再根据式（3-23）计算总涌水量：

$$Q = 1.366k\frac{(2H-S)S}{\lg 32 - \frac{1}{8}(\lg x_1 \cdot x_2 \cdots x_8)}$$

$$= 1.366 \times 1.3\frac{(2 \times 13.8 - 6) \times 6}{\lg 32 - \frac{1}{8}(9.963)}$$

$$= 885.9\text{m}^3/\text{d} \approx 0.0103\text{m}^3/\text{s}$$

按图 3-21 的布置计算的总涌水量与前式计算的总涌水量相近，故总涌水量、深井井点数和布置距离满足本工程降水要求。

（四）基坑检验与处理

1）检查内容：底标高及平面尺寸，土质的承载力，按《城市桥梁工程施工与质量验收规范》CJJ 2—2008 要求进行应分主控项目和一般项目。

2）处理：

（1）黏性土，铲平后铺 10cm 碎石层，未风化岩层，应清除表面并凿平。

（2）坑底有软基的应挖除或进行换土处理。

3）基础浇筑：按常规操作规程进行，按《城市桥梁工程施工与质量验收规范》CJJ 2—2008 中的技术要求进行。

4）基坑回填：分层回填，要求夯实达规定密实度。

三、水中浅基础施工

（一）概述

在水中修建桥梁基础时，需在基坑周围先修筑一道防水的围堰，然后跟旱地上施工基础相同。

如抽水困难，可在围堰内进行水下挖土，挖到预定标高后先灌水下封底混凝土然后再抽干水继续基础工程。

（二）围堰工程

1. 定义

在基坑四周修筑一道临时性、封闭、挡水结构，是一种临时性挡水结构物。

2. 共同性要求

1）顶标高：高出施工期间最高水位 0.5m 以上。

2）平面尺寸：

（1）外形与基础轮廓及水流状况适应，尽量少压缩流水断面。

（2）几个墩台同时施工时，一般压缩流水断面不大于 30％。

（3）内部尺寸与基坑尺寸适应，除板桩围堰外，堰内脚至基坑边缘不小于 1m。

（4）防止渗漏和外侧表面的冲刷。

3. 施工时选择各种围堰条件

（1）施工地点水深及流速是选择的主要指标。因为它们决定了围堰结构受到的压力大小，也是决定堰高度的依据。

（2）河床土质。它决定了筑堰后的基坑渗水量及稳定性，影响到是否要用水下施工法。

（3）河道航运情况。它决定堰可能占据的最大流水面积，以防妨碍航运。

（4）施工器材及期限。尽可能用当地的土、竹、木作为筑堰材料，同时应赶在汛期前施工。

（三）常用的几种围堰形式

1. 土围堰（图 3-22）

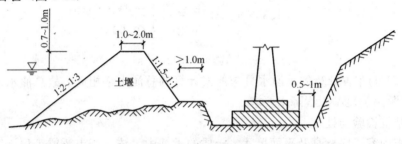

图 3-22 土围堰

（1）适用：h（水深）$<2\sim3$m，$V<0.5$m/s。

（2）材料：黏土。

（3）结构：顶宽大于 1m，河水坡 1.5～3m，内坡 1.5～2m。

（4）堆堰时应先将河底稍加清理以防漏水；当 $h<4$m，$V<2$m/s 时，可用两侧装有土的草（麻）袋堆砌（袋内土只能为 1/2～1/3）。

2. 草袋围堰

草袋堆时应上下左右互相错缝，并堆码整齐，水中土袋放时用带钩杆子钩送就位（图 3-23）。

3. 木（竹）桩编条土堰

适用水深 2～4m，$V<0.5$m/s。

先用锤击木桩入河底一定深度（深一般为打桩处水深的 0.8～1 倍），后用 4～6 股 8 号钢丝拉紧，并在排桩处放入芦帘，然后填内心。

4. 钢板桩围堰

（1）适用：河底为砂土、矿石土、半干硬性黏土；水深<20m。

（2）类型：单层、双层。

第三节 施 工

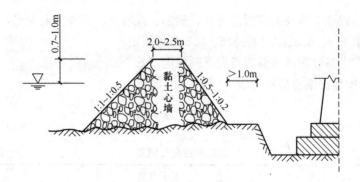

图 3-23 草袋围堰

(3) 施工:①先吊入围囹(图 3-24),自上游靠主流一角分两侧插入钢板桩,并向下游用导环插打;②用锤击时用 1 次还是 2 次到位,看钢板垂直度;③为防水,在拼装时应在锁口内填防水混合料(黄油:沥青:干锯末:干黏土=2:2:2:1 或用棉絮油灰缝)。

5. 套箱围堰

(1) 适用:无覆盖层或覆盖层较薄的水中基础。

(2) 套箱结构:由木或钢板组成支架,外用木板或钢板围起来。

(3) 施工:套箱运到位以后,沉到河底,然后抽水挖土。

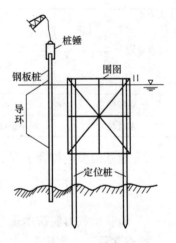

图 3-24 围囹法打钢板桩

【例 3-11】 某施工单位在某桥基础施工时,考虑到水深及河东断面压缩后,流速增大会引起水流对围堰、河床冲刷及航道的影响,因此采用双壁围堰施工,单选如下题目:

1. 下列围堰中使用黏性土、砂类土及碎石类土河床的是(C)。

A. 钢筋混凝土板桩围堰 B. 土围堰
C. 钢板桩围堰 D. 套箱围堰

2. 在土围堰的施工要求中,堰外边坡为水流冲刷一侧,堰内侧边坡为(B)。

A. 1:2~1:1.5 B. 1:1.5~1:1
C. 1:3.5~1:2 D. 1:1~1:0.5

3. 围堰结构和断面应满足堰身强度、(C)和防水要求。

A. 刚度要求 B. 防水流冲刷要求
C. 稳定要求 D. 排水要求

4. 钢板桩围堰打桩顺序按施工组织设计进行,一般(C)。

A. 由下游分两头向上游合拢 B. 由上游开始逆时针施打至合拢
C. 由上游分两头向下游合拢 D. 由下游开始顺时针施打至合拢

四、基础施工与质量验收要点

《城市桥梁工程施工与质量验收规范》CJJ 2—2008 对基础施工验收规定的条文引用。

10.7 检验标准

10.7.1 基础施工涉及的模板与支架，钢筋、混凝土、预应力混凝土、砌体质量检验应符合本规范第 5.4、6.5、7.13、8.5、9.6 节的规定。

10.7.2 扩大基础质量检验应符合下列规定：

1 基坑开挖允许偏差应符合表 10.7.2-1 的规定。

一 般 项 目

基坑开挖允许偏差　　　　　表 10.7.2-1

项　目		允许偏差（mm）	检验频率		检 查 方 法
			范　围	点　数	
基底高程	土方	0 −20	每座基坑	5	用水准仪测量四角和中心
	石方	+50 −200		5	
轴线偏移		50		4	用经纬仪测量，纵横各 2 点
基坑尺寸		不小于设计规定		4	用钢尺量，每边 1 点

2 地基检验应符合下列要求：

主 控 项 目

1）地基承载力应按本规范第 10.1.7 条的规定进行检验，确认符合设计要求。

检查数量：全数检查。

检验方法：检查地基承载力报告。

2）地基处理应符合专项处理方案要求，处理后的地基必须满足设计要求。

检查数量：全数检查。

检验方法：观察、检查地基记录。

3 回填土方应符合下列要求：

主 控 项 目

1）当年筑路和管线上填土的压实度标准应符合表 10.7.2-2 的要求。

当年筑路和管线上填方的压实度标准　　　　　表 10.7.2-2

项　目	允许偏差（mm）	检验频率		检查方法
		范　围	点　数	
填土上当年筑路	符合国家现行标准《城镇道路工程施工与质量验收规范》（CJJ 1—2008）的有关规定	每个基坑	每层 4 点	用环刀或灌砂法
管线填方	符合相差管线施工标准的规定	每条管线	每层 1 点	

第三节 施 工

一 般 项 目

2）除当年筑路和管线上回填土方以外，填方压实度不应小于87％（轻型击实）。

检查频率与检验方法同表10.7.2-2第1项。

3）填料应符合设计要求，不得含有影响填筑质量的杂物。基坑填筑应分层回填、分层夯实。

检查数量：全数检查。

检验方法：观察、检查回填摊实度报告和施工记录。

4 现浇混凝土基础的质量检验应符合本规范第10.7.1条的规定，且应符合下列要求。

一 般 项 目

1）现浇混凝土基础允许偏差应符合表10.7.2-3的要求。

现浇混凝土基础允许偏差　　　　　　　　表10.7.2-3

项 目		允许偏差(mm)	检验频率		检 查 方 法
			范 围	点 数	
断面尺寸	长、宽	±20	每座基础	4	用钢尺量，长、宽各2点
顶面高程		±10		4	用水准仪测量
基础厚度		±10 0		4	用钢尺量，长、宽各2点
轴线偏移		15		4	用经纬仪测量，纵、横各2点

2）基础表面不得有孔洞、露筋。

检查数量：全数检查。

检查方法：观察。

5 砌体基础的质量检验应符合本规范第10.7.1条的规定，砌体基础允许偏差应符合表10.7.2-4的要求。

一 般 项 目

砌体基础允许偏差　　　　　　　　表10.7.2-4

项 目		允许偏差（mm）	检验频率		检 查 方 法
			范 围	点 数	
顶面高程		±25	每座基础	4	用水准仪测量
基础厚度	片石	+30 0		4	用钢尺量，长、宽各2点
	料石、砌块	+15 0			
轴线偏位		15		4	用经纬仪测量，纵、横各2点

63

知识目标：
◆ 了解桩基础的组成、类型及基本构造。
◆ 熟悉桩基础的承载力计算理论及设计的主要技术要点。
◆ 熟悉桩基础中沉入桩和钻孔桩的施工方法及技术要点。
◆ 了解桩基中常见的施工质量防护。

能力目标：
◆ 能进行桩基础承载力计算与桩基础设计。
◆ 掌握桩基础施工中的施工顺序、操作要求及质量标准。
◆ 掌握桩基础施工中的施工处理方法。

第四章 桩 基 础

第一节 概 述

一、深基础（埋置深度大于5m的基础）

前面我们学过浅基础，但当基础的地表层相当深度内为软弱土，而结构物荷载较大，地基无法满足强度、变形、稳定性时，通常选择深层坚硬土层或岩石作为持力层，要采用深基础。当前深基础有桩基础与沉井基础、地下连续墙等。其中桩基础是最适合的。

二、桩基础

（一）定义

把许多由各种材料（木、钢筋混凝土、钢等）做成的细长柱体（即桩）打入或用其他方法使其进入土中，然后在桩顶砌筑承台，再在其上修筑上部结构的基础。

（二）组成

(1) 若干根桩。

(2) 承台作用：将桩联成整体并传递荷载；修筑下部结构，见图4-1。

（三）作用

1. 桩基础作用

将承台以上结构物传来的外力通过承台，由桩传到较深的地基持力层中去。

2. 桩作用

(1) 穿过软弱压缩性土层或水，把桩基础坐落在坚硬或密实或压缩性水的地基持力层上。

(2) 桩承台受到的力由桩侧土的摩

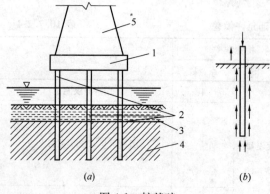

图 4-1 桩基础
1—承台；2—基桩；3—松软土层；4—持力层；5—墩身

阻力及桩尖端土的抵抗力承受。

（四）优点

(1) 承载能力高，稳定性好，沉降量小而均匀。

(2) 耗用材料少，施工简便。

(3) 避免水下工程。

(4) 施工进度快，劳动条件得到改善。

（五）适用条件

(1) 地基上部土层软弱，而合适的持力层位置较深，采用浅基础或人工地基经济不合理。

(2) 河床冲刷大，不稳定，用浅基础不能保证基础安全。

(3) 地基沉降计算过大或结构物对不均匀沉降敏感时沉降。

(4) 地下水位或施工水位会较高，用桩基础可减少施工困难。

(5) 地震区用桩基础可消除或减轻地震力，增强结构物的抗震力。

第二节 桩基础类型与构造

一、类型

（一）按桩受力条件分

(1) 桩受到的垂直荷载：将由桩侧面与土产生的摩阻力桩尖底土的抵抗力来承担，即摩擦桩。

(2) 桩受到的水平荷载：由桩和桩侧土的水平抗力来支承。

（二）按桩与土作用的性质分

1. 柱桩（或称端承桩）

定义：依靠桩底土层的抵抗力支承垂直荷载桩。见图4-2（c）、（d）。

特点：承载力大，沉降小，摩阻力不计，较安全，见图4-2（c）。

2. 摩擦桩

定义：依靠桩侧土的摩阻力来支承垂直荷载桩。

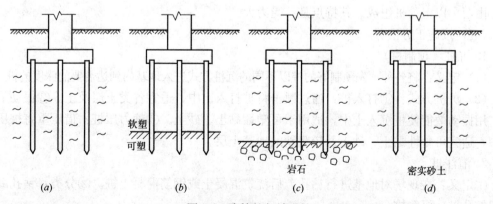

图 4-2 摩擦桩与端承桩

（a）摩擦桩；（b）端承摩擦桩；（c）端承桩；（d）摩擦端承桩

特点：当岩层很深时，一定用摩擦桩，见图 4-2（a）、图 4-2（b）。

（三）按桩轴方向分

1. 竖直桩

见图 4-3（a）。

定义：桩轴与竖直线一致的桩。

特点：适用于水平力、外力矩不大，桩身粗并且自由长度不长的情况。

2. 斜桩

见图 4-3（b）、图 4-3（c）。

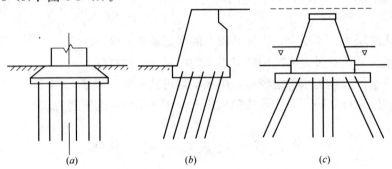

图 4-3　竖直桩与斜桩
(a) 竖直桩；(b) 单向斜桩；(c) 多向斜桩

定义：桩轴与竖直线成一角度的桩。

特点：适用于水平力大，桩自由长度大者。

要求：桩轴线与竖直线间夹角正切值小于 1/8。

（四）按桩个数分

1. 柱墩

(1) 定义：以单个粗的桩来代替群桩与承台。

(2) 特点：可支承于岩石上，也可嵌入岩石及土中；形状有圆形和直柱形；优点：桩身面积小，美观，施工方便，经济；缺点：纵向稳定性差，对地基的要求高。

2. 群桩

由两个以上的桩组成。其特点是：受力大。

（五）按施工方法分

1. 沉桩（预制桩）

(1) 定义：将各种预先预制好的桩以不同的沉桩方式进入地基内到达需要的深度的桩。

(2) 沉桩方式：①打入桩：通过锤击将桩打入土中，适宜各类土层及土。②振动下沉桩：用振动效能使桩沉入土中，适用于可塑性黏土、砂土。③静力压桩：借压重将桩压入土中，适宜可塑性黏土、砂土及较坚硬的地基土层。

2. 灌注桩

①定义：在现场对地基进行钻孔，后浇筑混凝土或钢筋混凝土桩。②分类：钻孔灌注桩，挖孔桩；沉管桩。

3. 管柱

①定义：用大型振动机将桩下沉到岩石，后在管内钻孔下放钢筋骨架，浇混凝土，将管柱嵌入岩石内。②优点：没有水下作业，不受季节影响；缺点：需有振动沉桩凿岩机、起重设备等大型机具，动力要求也高。

（六）按承台位置分

1. 低桩承台（图 4-4a）

①定义：承台底石位于地面或冲刷线下；②特点：承台基桩全部在土中；③优点：稳定好，因桩基自由度为零。

2. 高桩承台（图 4-4b）

①定义：承台底石在地面或冲刷线以上；②特点：承台桩基部分进入土中，部分露在地面以上的水中；③优点：减少水下作业；④缺点：桩基自由度大，稳定性显然差。

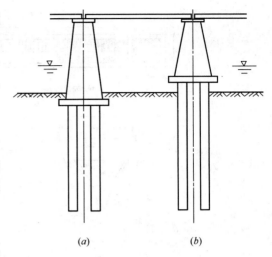

图 4-4 高桩承台与低桩承台
(a) 低桩承台；(b) 高桩承台

（七）按成桩挤土效应分

①非挤土桩（又称置换桩）：桩身下沉对周围土体的扰动很少，但有应力松弛现象；②部分挤土桩：成桩时对周围土体只有轻微扰动，土结构及性质无变化；③挤土桩：成桩时，周围土体受到扰动，土结构及性质变化了。

二、构造

（一）就地灌注钢筋混凝土桩（即灌注桩）（图 4-5）

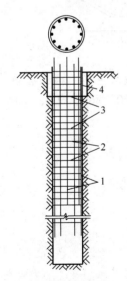

图 4-5 就地灌注钢筋混凝土桩
1—主筋；2—箍筋；3—加劲筋；4—护筒

1. 断面

实心圆形。钻孔为 0.8~1.2m，挖孔桩 1.2m 以上，沉管灌注桩为 0.3~0.6m。

2. 混凝土强度等级大于 C25。

3. 钢筋

（1）按内力和抗裂性要求布设，含筋率为 0.2%~0.6%。长摩擦桩根据桩身弯矩进行分段配筋，短及柱摩擦桩根据 M_{max} 通常均匀配筋。

（2）按内力计算不需配筋时应在桩顶 3~5m 内设构造钢筋（孔内钢筋不设弯钩）。

（3）每根桩主筋超过 8 根，直径 $\phi>14$mm。

（4）箍筋@20~40cm，$\phi>8$mm，为螺旋式，并隔 2~2.5m 设加强箍筋一道（$\phi14~\phi18$mm）。

（5）保护层大于 5cm。

（二）钢筋混凝土预制桩（图 4-6）

1. 断面

实心：圆桩、方桩。

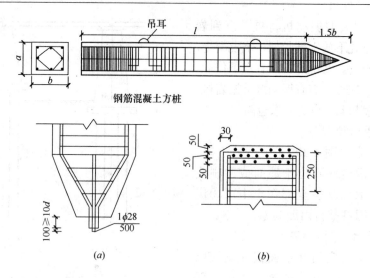

图 4-6 桩尖主筋和桩头钢筋网的布置（cm）
(a) 桩尖主筋；(b) 桩头钢筋网

空心：管桩、管柱。

2. 普通 R.C 桩

①断面为方形，实心的边长为 0.3～0.5m；②长度：25～30m，其分节长度小于 12m；③强度等级大于 C25；④钢筋（$\mu_{min}>0.8\%$），每根桩内有 8 根 ϕ19～25mm 的主筋，箍筋@10～20cm，6～8mm，在桩两端加密@5cm，节头用焊接钢板。

（三）钢筋混凝土桩和管柱（图 4-7）

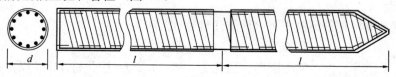

图 4-7 钢筋混凝土管桩

①有 RC 桩及预应力桩两种；②强度等级大于 C25；③钢筋组成有主筋、螺旋箍筋、法兰盘；④产品规格为管壁周长 80、180、100、130cm，直径 400、550、600、800、1000mm，每节长 4～15m。

（四）钢桩

1. 形式

钢管桩；H 形钢桩、Z 形钢桩（它们强度高，承载力高，制造简便）。

2. 分段

长为 12～15m，直径 40～100cm。

3. 需作防腐处理

（五）木桩

1. 一般用直径 14～26cm，长 4～8m 的杉（松）木做成

2. 打入时要桩帽，以免打坏桩头

（六）承台（盖梁）构造和桩与承台的连接

1. 平面尺寸

承台根据（台）墩身底部尺寸，盖梁根据支座尺寸。
2. 形状
圆形、矩形、圆端形。
3. 厚度大于1.5m，混凝土强度等级大于C25
4. 桩与承台连接
(1) 桩顶主筋伸入承台，并做成喇叭形，与竖直线夹角约为15°且有60m以上（图4-8）。

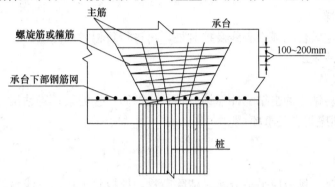

图4-8 桩顶主筋伸入承台的连接

(2) 桩身伸入承台大于15～20m（图4-8），这时桩径小于0.6m，埋入长度大于2倍桩径；当桩径（或边长）为0.6～1.2m时埋入长度大于1.2m；当桩径（或边长）大于1.2m时，埋入长度大于桩径（或边长）。

(3) 承台的受力情况比较复杂，为了使承台受力较均匀，并防止承台因桩顶荷载作用发生破裂，应在承台内桩顶平面上设置一层或两层钢筋网。

当桩顶主筋伸入承台时，钢筋网须在桩顶整个承台平面内布设（图4-9a），每米内（按每一方向）设钢筋网1200～1500mm²，钢筋直径采用12～16mm，此项钢筋网须全长通过桩顶且不应截断，并与桩的主筋绑扎在一起，以防止承台受拉区裂缝开展。

当桩顶不破头而直接埋入承台内时，钢筋网应局部按带状布设（图4-9b）。钢筋直径不小于12mm，钢筋网每边长度不小于桩径的2.5倍，网孔为100mm×100mm～150mm

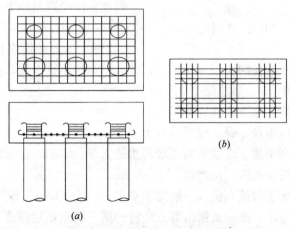

图4-9 承台内桩顶钢筋网的布置
(a) 整个承台平面内布设；(b) 桩顶局部布设

×150mm。

承台的顶面和侧面应设置表层钢筋网,每个面在两个方向的截面面积均不宜小于400mm²/m,钢筋间距不应大于400mm。

第三节 桩基础施工

一、施工放样

应用全站仪定墩台纵横中心线及控制桩,再进行每根桩的测量。

二、钻孔灌注施工

(一)施工设备

①钻机有旋转钻、冲击钻、冲抓钻三种;②护筒;③泥浆;④钻架。

(二)施工顺序与有关事项

1. 准备工作

1)场地准备

①无水岸滩时,场地应平整夯实,清除杂物,挖换软土;②有浅水的地方,应用土或麻袋围堰筑岛;③为深水或陡坡时,应用木桩或钢筋混凝土桩设支架铺好平台。

2)埋设护筒

其形式有木材护筒、钢护筒、钢筋混凝土护筒(图4-10)。

(1)作用:①固定桩位,并起钻孔导向作用;②保护孔位,防止孔口土层坍方;③隔离孔内外表层水,并保持钻孔内水位高出施工水位。

(2)要求:①坚固耐用,装卸方便。②内径比钻孔稍大10～20cm。③埋入要点:平面位置要准确,偏差小于5cm;护筒顶标高应高出地下水位和施工最高水位1.5～2m,在无水地层钻孔顶要高出地面0.2～0.3m;护筒底标高应低于施工最低

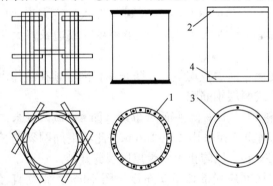

图4-10 护筒
1—连接螺栓孔;2—连接钢板;3—纵向钢筋;4—连接钢板或刃脚

水位0.1～0.3m;深水应在河底下0.5～1m;埋入护筒坑不宜太大,四周应夯填密实,基底置在稳定的黏土层中1m,砂土层下3～4m。

(3)埋置护筒时应注意下列几点:

①护筒平面位置应埋设正确,偏差不宜大于50mm。

②护筒顶高程应高出地下水位和施工最高水位1.5～2.0m。在无水地层钻孔,因护壁顶设有溢浆口,因此筒顶也应高出地面0.2～0.3m。

③护筒底应低于施工最低水位(一般低于0.1～0.3m即可)。深水下沉埋设的护筒应沿导向架采用自重、射水、振动或锤击等方法将护筒下沉至稳定深度,黏性土应达到0.5～1m,砂性土则应达到3～4m。

④下埋式及上埋式护筒挖坑不宜太大(一般比护筒直径大0.1～0.6m),护筒四周应

夯填密实的黏土，护筒底应埋置在稳定的黏土层中，否则也应换填黏土并夯击密实，其厚度一般为 0.5m。

(4) 制备泥浆：

①作用：a. 防止坍孔：起到护壁作用；b. 稳定孔内位；c. 浮渣作用。

②相对密度：1.1~1.3；塑性指数小于 1.5；黏度为 16~28Pa·s；含砂率小于 4%。

③容积：$V_s = KQ$ 其中，Q——泥浆循环所需流量；K——系数。一般池子的尺寸为长度×宽度×深度＝3m×8m×1m，一般设 2 个，一个池作拌泥浆用，另一个作贮基泥浆池用。

(5) 安装钻机：

①钻机：一是钻孔，二是吊放钢筋笼，三是灌（浇）筑混凝土支架。

②要求：钻孔中或孔中心必须对准桩位中心；钻孔须保持平稳，不发生位移、倾斜、沉陷；钻孔中要经常检查。

2. 钻孔

1) 钻孔方法和钻具

(1) 旋转钻进成孔

利用旋转切削土体钻进，并用循环泥浆护壁排渣继续钻孔；其分类：①正循环（图4-11）：钻进时泥浆泵将泥浆压进泥浆龙头，通过钻杆中心从钻头喷入钻孔内，泥浆扶带钻渣沿钻孔上升。从护筒顶部排浆孔排到沉淀池，钻渣在此沉淀而泥浆仍进入泥浆池循环

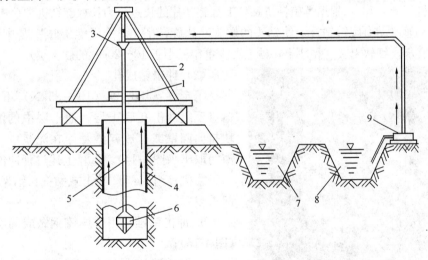

图 4-11　正循环旋转钻孔

1—钻机；2—钻架；3—泥浆笼头；4—护筒；5—钻杆；
6—钻头；7—沉淀池；8—泥浆池；9—泥浆泵

使用。②反循环：泥浆泵将泥浆送到钻孔内，后从钻头的钻杆下面吸进，通过钻杆中心排出沉淀池，泥浆沉淀后再次使用。实现反循环有三种形式（图 4-12）：a. 泵吸反循环：利用砂石泵的抽吸力迫使钻杆内部水流上升，使孔底带有钻渣的钻液不断补充到钻杆中，再由泵的出水管排出至集渣坑。由于钻杆内的钻液流速大，对物体产生的浮力也大，只要小于管径的钻渣都能及时排出，因此钻孔的效率高。b. 压气反循环：将压缩空气通过供气

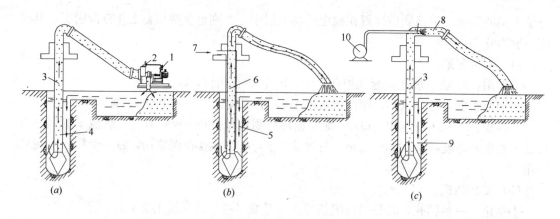

图 4-12 反循环的工作原理
(a) 泵吸反循环；(b) 压气反循环；(c) 射流反循环
1—真空泵；2—泥浆泵；3—钻渣；4、5、9—清水；6—气泡；7—高压空气进气口；8—高压水进口；10—水泵

管路送至钻杆下端的空气混合室，使其与钻杆内的钻液混合，在钻杆内形成比管外较轻的混合体，同时在钻杆外侧压力水柱的作用下，产生一种足够排出较大颗粒径钻渣的提升力，将钻渣排出。这种作业有利于深掘削，当掘削深度小于 5～7m 时不起扬水作用，还会发生反流现象。c. 射流反循环：采用水泵为动力，将 500～700kPa 的高压水通过喷射嘴射入钻杆内，从钻杆上方喷射出去，利用流速形成负压，迫使带有钻渣的钻液上升而排出孔外。
③螺旋钻机（图 4-13）：根据螺旋钻机钻杆上螺旋叶片的长短分为长螺旋钻机和短螺旋钻机。其成孔法是通过动力旋转钻杆，使钻头的螺旋叶片旋转削土，土沿螺旋叶片提升并排出孔外。④适宜：较细软土层（黏性土，砂土夹少量粒径小于 10～20cm 的砂土层）。

图 4-13 螺旋钻机
(a) 长螺旋钻机；(b) 短螺旋钻机

(2) 冲击钻成孔

①定义：用钻锥（10～35kN）不断提锥、落锥反复冲击孔底土层，把土层中的泥沙、石块挤向四壁或打成碎渣悬浮在泥浆中，利用掏渣筒取出（图 4-14）。重复上述过程冲击成孔。

②机具组成：a. 冲击式钻头：钻架，动力、起重装置；

b. 冲击钻锥：用整体铸钢做成的实体钻锥（图 4-15）；

c. 转向装置：有合金套或转向环，保证冲锥行动免受钢丝的打击；

d. 掏渣筒：掏取孔内钻渣的工具，用钢板制成。

③适用：漂卵石、大块石的土层及岩石，其他土层。钻孔深度小于 50m。

(3) 冲抓钻进成孔

①定义：靠冲锥自重冲下、抓土瓣尖张开插入土层，后由卷扬机提升锥头、收拢抓土瓣将土抓出，弃土后继续冲抓钻进成孔。

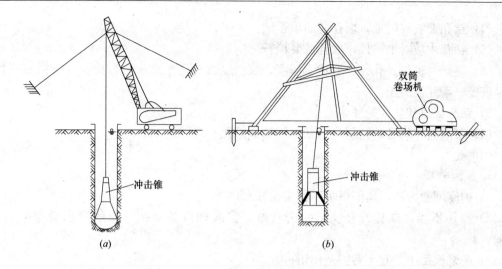

图 4-14 冲击成孔
(a) 定型的冲击成孔；(b) 简易冲击钻机

②构造：图 4-16、图 4-17。采用四瓣或六瓣冲抓锥。

③适宜：砂性土、黏性土及夹有碎卵石的沙砾土层。成孔深度小于 30m。

2) 钻孔注意事项

防坍孔、偏斜、扭歪、钻头掉入孔中。

(1) 保持钻孔护筒内水位高出筒外 1~1.5m。

(2) 护壁泥浆相对密度为 1.1~1.3，黏度为 10~25，含砂率不大于 4%。

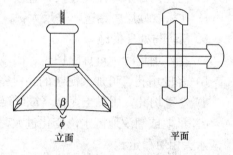

图 4-15 冲击钻锥

(3) 控制钻进速度，调整泥浆稠度，防止坍孔、孔斜、卡钻等。

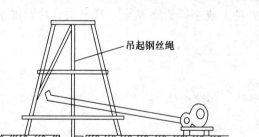

图 4-16 冲抓成孔

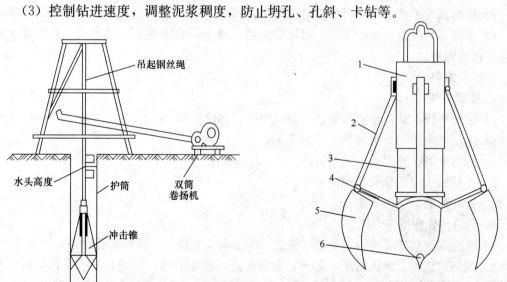

图 4-17 冲抓锥
1—外套；2—连杆；3—内套；4—支撑杆；
5—叶瓣；6—锥头

(4) 钻孔要一气呵成，坍孔应回填重钻。

(5) 钻孔中应对准桩位，成孔后要检查。

(6) 终孔对桩位、孔径、形状、深度、倾斜度及孔底土质应进行检验，合格后清孔、放钢筋笼、灌注混凝土。

3) 钻孔事故预防与处理

(1) 事故有：坍孔，孔斜，卡钻，掉钻，扩孔，缩径

①坍孔

a. 原因分析

a) 护筒埋置太浅，周围封填不密实而漏水；

b) 操作不当，如提升钻头、冲击（抓）锥或掏渣筒倾倒，或放钢筋骨架时碰撞孔壁；

c) 泥浆稠度小，起不到护壁作用；

d) 泥浆水位高度不够，对孔壁压力小；

e) 向孔内加水时流速过大，直接冲刷孔壁；

f) 在松软砂层中钻进，进尺太快。

b. 预防与处理措施

a) 孔口坍塌时，可拆除护筒、回填钻孔、重新埋设护筒再钻；

b) 轻度坍孔，可加大泥浆的相对密度和提高水位；

c) 严重坍孔，用黏土泥膏（或纤维素）投入，待孔壁稳定后采用低速钻进；

d) 汛期或潮汐地区水位变化过大时，应采取升高护筒、增加水头或用虹吸管等措施保证水头相对稳定；

e) 提升钻头、下钢筋笼架时保持垂直，尽量不要碰撞孔壁；

f) 在松软砂层钻进时，应控制进尺速度，且用较好的泥浆护壁；

g) 坍塌情况不严重时，可回填至坍孔位置以上1~2m处，加大泥浆比重继续钻进；

h) 遇流砂坍孔且情况严重时，可用砂夹黏土或小砾石夹黏土，甚至块、片石加水泥回填，再行钻进。

②钻孔偏斜

a. 原因分析

a) 桩架不稳，钻杆导架不垂直，钻机磨耗，部件松动；

b) 土层软硬不匀，致使钻头受力不匀；

c) 钻孔中遇有较大孤石或探头石；

d) 扩孔较大处，钻头摆偏向一方；

e) 钻杆弯曲，接头不正。

b. 预防与处理措施

a) 将桩架重新安装牢固，并对导架进行水平和垂直校正，检修钻孔设备；

b) 偏斜过大时，填入石子、黏土，重新钻进，控制转速，慢速提升、下降，往复扫孔纠正；

c) 如有探头石，宜用钻机钻透，用冲孔机时用低锤密击，把石打碎，基岩倾斜时，可用混凝土填平，待凝固后再钻。

③卡钻

a. 原因分析

a）孔内出现梅花孔、探头石、缩孔等未及时处理；

b）钻头被坍孔落下的石块或误落入孔内的大工具卡住；

c）入孔较深的钢护筒倾斜或下端被钻头撞击严重变形；

d）钻头尺寸不统一，焊补的钻头过大；

e）下钻头太猛，或吊绳太长，使钻头倾斜卡在孔壁上。

b. 预防与处理措施

a）对于向下能活动的上卡可用上下提升法，即上下提动钻头，并配以将钢丝绳左右拔移、旋转；

b）上卡时还可用小钻头冲击法；

c）对于下卡和不能活动的上卡，可采用强提法，即除用钻机上的卷扬机提拉外，还可采用滑车组、杠杆、千斤顶等设备强提。

④掉钻

a. 原因分析

a）卡钻时强提强拉、操作不当，使钢丝绳或钻杆疲劳断裂；

b）钻杆接头不良或滑丝；

c）电机接线错误，使不应反转的钻机反转，钻杆松脱。

b. 预防与处理措施

a）卡钻时应设有保护绳才准强提，严防钻头空打；

b）经常检查钻具、钻杆、钢丝绳或连接装置；

c）掉钻后可采用打捞叉、打捞钩、打捞活套、偏钩和钻锥平钩等工具打捞。

⑤扩孔及缩孔

a. 原因分析

a）扩孔是因孔壁坍塌而造成的结果；

b）缩孔原因有三种：钻锥补焊不及时，磨耗后的钻锥直径缩小，以及地层中有软塑土，遇水膨胀后使孔径缩小。

b. 预防与处理措施

a）如扩孔不影响进尺，则可不必处理，如影响钻进，则按坍孔事故处理；

b）对缩孔可采用上下反复扫孔的方法以扩大孔径。

⑥钢筋笼下不到设计标高

a. 原因分析

a）孔斜；

b）坍孔；

c）缩孔。

(2) 预制桩施工中常见事故预防及处理措施

①桩顶破损

a. 原因分析

a）桩顶部分混凝土质量差，强度低；

b) 锤击偏心,即桩顶面与桩轴线不垂直,锤与桩面不垂直;
c) 未安置桩帽,或帽内无缓冲垫,或缓冲垫不良没有及时更换;
d) 遇坚硬土层,或中途停歇后土质恢复阻力增大,用重锤猛打所致。
b. 预防与处理措施
a) 加强桩的预制、装、运管理,确保桩的质量要求;
b) 施工中及时纠正桩位,使锤击力顺桩轴方向;
c) 采用合适的桩帽,并及时调换缓冲垫;
d) 正确选用合适的桩锤,且施工时要每桩一气呵成。

②桩身破裂
a. 原因分析
a) 桩的质量不符合设计要求;
b) 装卸中吊装时吊点或支点不符合规定,悬臂过长或中跨过多所致;
c) 打桩时,桩的自由长度过大,产生较大的纵向挠曲和振动;
d) 锤击或振动过大。
b. 预防与处理措施
a) 加强桩的预制、装、运、卸管理;
b) 木桩可用8号镀锌钢丝捆绕加强;
c) 混凝土桩破裂位于水上部位时,用钢夹箍加螺栓拉紧焊接补强加固,位于水中部位时用套筒横板浇筑混凝土加固补强;
d) 适当减小桩锤落距或降低锤击频率。

③桩身扭转或位移
a. 原因分析
桩尖制造不对称,或桩身有弯曲。
b. 预防与处理措施
用棍撬、慢锤低击纠正;偏心不大,可不处理。

④桩身倾斜或位移
a. 原因分析
a) 桩头不平,桩尖倾斜过大;
b) 桩接头破坏;
c) 一侧遇石块等障碍物,土层有陡的倾斜角;
d) 桩帽、桩身不在一直线上。
b. 预防与处理措施
a) 偏差过大,应拔出移位再打;
b) 入土深小于1m,偏差不大时,可利用木架顶正,再慢锤打入;
c) 障碍物如不深时,可挖除回填后再继续沉桩。

⑤桩涌起
a. 原因分析
在软土层上或遇流砂现象。
b. 预防与处理措施

应选择涌起量较大的桩作静载试验，如合格可不再复打；如不合格，进行复打或重打。

⑥桩急剧下沉，有时随之发生倾斜或移位

a. 原因分析

a) 遇软土层、土洞；

b) 接头破裂或桩尖劈裂；

c) 桩身弯曲或有严重的横向裂缝；

d) 落锤过高，接桩不垂直。

b. 预防与处理措施

a) 应暂停沉桩，查明情况，再决定处理措施；

b) 如不能查明时，可将桩拔起，检查改正重打，或在靠近原桩位处作补桩处理。

⑦桩贯入度突然减小

a. 原因分析

a) 桩由软土层进入硬土层；

b) 桩尖遇到石块等障碍物。

b. 预防与处理措施

a) 查明原因，不能硬打；

b) 改用能量较大的桩锤；

c) 配合射水沉桩。

⑧桩不易沉入或达不到设计标高

a. 原因分析

a) 遇旧埋设物、坚硬土夹层或砂夹层；

b) 打桩间歇时间过长，摩阻力增大；

c) 定错桩位。

b. 预防与处理措施

a) 遇障碍物或硬土层，用钻孔机钻透后再复打；

b) 根据地质资料正确确定桩位，如确实已达到要求时，可将桩头截除。

⑨桩身跳动，桩锤回弹

a. 原因分析

a) 桩尖遇障碍物如树根或坚硬土层；

b) 桩身过曲，接桩过长；

c) 落锤过高；

d) 冻土地区沉桩困难。

b. 预防与处理措施

a) 检查原因，穿过或避开障碍物；

b) 如入土不深，应将桩拔起避开或换桩重打；

c) 应先将冻土挖除或解冻后进行。如用电热解冻，应在切断电源后沉桩。

3. 清空孔及装吊钢筋骨架

1) 清孔目的

去除沉淀的钻渣和泥浆,保证灌注桩质量。

2) 清孔方法

(1) 抽浆清孔:①用空气吸泥机吸出含钻渣的泥浆而达到清孔。②适用:孔壁不易坍塌、各种钻孔方法的柱桩和摩擦桩。

(2) 掏渣清孔:①用掏渣筒拖清孔内的粗粒钻渣。②适用:冲抓、冲击成孔的摩擦桩。

(3) 换浆清孔:①正反循环旋转机可在钻孔桩完成后不进入但继续循环换浆清渣,直到达到清理泥浆球。②适用:多类土层摩擦桩。

3) 清孔要求

(1) 浇混凝土前孔底 50cm 以内泥浆比重小于 1.25(即泥浆在手心中不离去)。

(2) 含砂率不大于 8%;黏度不大于 28S。

4) 钢筋笼要求

按设计要求预先焊成骨架,可整体或分解就位。笼吊前应检查孔底的深度,安放后应有一定的保护层且位置准确,标高应符合设计标高,并再次检查孔底,必要时进行二次清孔。

4. 灌注水下混凝土

采用直升导管法灌注水下混凝土(图 4-18)。

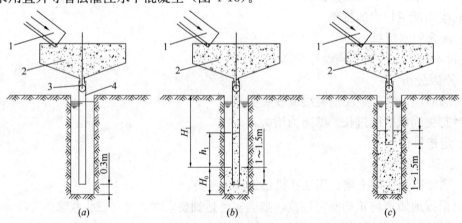

图 4-18 灌注水下混凝土
1—通混凝土储料槽的设备;2—漏斗;3—隔水栓;4—导管

1) 灌注方法及有关设备

(1) 方法:

①将导管居中插到离孔底 0.3~0.4m 处(图 4-18a)。

②在漏斗中存放足够量的混凝土(图 4-18a)。

③放开隔水栓,使混凝土从导管下落到孔底堆积,并使导管埋在混凝土中,并继续通过导管向孔内浇筑混凝土并逐步提升导管(埋入混凝土中保证 2m)(图 4-18b)。

④随着混凝土的浇筑,逐步拔出导管,但始终应使导管端部埋入混凝土中 1~1.5m,直到钻入孔内混凝土灌注完毕(图 4-18c)。

(2) 设备

①导管的内径为 0.2~0.4 倍的钢管直径,每节长 1~2m,壁厚 3~4m,导管节间用法兰盘及螺栓连接。

②隔水栓:见图 4-19。

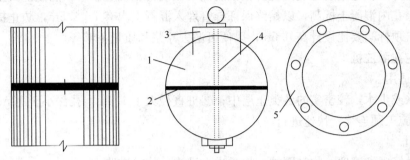

图 4-19　导管接头及木球
1—木球;2—橡皮垫;3—导向架;4—螺栓;5—法兰盘

用直径较导管小 2~3cm 的木球或混凝土球或砂浆做成,用粗钢丝挂在导管上口或附近导管内水面处,要求隔水球能在导管内滑动自如,不致卡管。

(3) 首批灌注混凝土数量计算

$$V = h_1 \times \frac{\pi d^2}{4} + H_c \times \frac{\pi D^2}{4}$$

式中　H_c——导管埋深开始时导管离孔底的距离(一般为 1.3~1.8m);
　　　h_1——孔内混凝土高度为 H_c 时,导管内混凝土柱与导管外对水压平衡的需求高度 (m) $h_1 = H_w \cdot \gamma_w / \gamma_c$;
　　　H_w——孔内水面遇到混凝土面的水柱高 (m);
　　　γ_w——孔内水或泥浆的重度(或重力);
　　　γ_c——混凝土重度;
　　　d——导管直径;
　　　D——孔直径。

首批混凝土数量要保证将导管内的水全部压出,并能将导管初次埋入 1~1.5m 深处。

漏斗顶端至少应高出桩顶 3m 才能保证灌注最后部分混凝土时管内混凝土能满足管外混凝土及其上面的水或水泥砂浆重力的需要。

【例 4-1】　设钻孔直径为 1.5m,无扩孔,导管直径为 0.25m。

钻孔深度为孔内水面下 50m,泥浆相对密度为 1.1,孔内有沉淀土 0.1m,距底间距 $h_3 = 0.4 + 0.1 = 0.5m$,埋深 h_2 为 1.0m,求首批混凝土的最小储备量。

解:$H_c = h_2 + h_3 = 1 + 0.5 = 1.5m$,$H_w = 50 - 1.5 = 48.5m$,$h_1 = 48.5 \times \frac{1.1}{2.4} = 22.23m$

$$V = 22.23 \times \frac{3.14 \times 0.25^2}{4} + 1.5 \times \frac{3.14 \times 1.5^2}{4} = 3.74 m^3$$

2) 对混凝土材料的要求

混凝土强度等级提高 20%;坍落度在 180~220mm,每立方米水泥用量大于 350kg,水灰比为 0.5~0.6,含砂率为 40%~50%,卵石为 5~30mm。

3) 灌注水下混凝土的注意事项

①混凝土必须拌均匀,防止混凝土中途离析而卡管。②浇混凝土要一气呵成,同时孔内混凝土上升到接近钢筋笼底处应防止钢筋笼架被混凝土顶起。③在灌注混凝土中,随时测量和记录孔内混凝土标高,以始终保证导管埋入混凝土内有 1～1.5m,防止提升过快过猛。④浇筑顶标高要比设计高 0.5m,以便可凿去浮浆和质量不够等。

三、挖孔灌注桩

（一）适用

①无水或少水,较密实的各类土层中；②桩直径大于 1.4m,孔深小于 10m。

（二）施工须连续、快速进行

1. 挖孔

(1) 做好现场清理,临时围护、临时排水设施、临时道路。

(2) 边挖边检查桩位,且安全生产。

(3) 孔深大于 10m,应检查二氧化碳浓度,采取必要措施。

(4) 开挖可用爆破但应用点引火,同时注意孔内排水工作。

2. 护壁支持

确保孔不坍,可用混凝土护壁（图 4-20）。

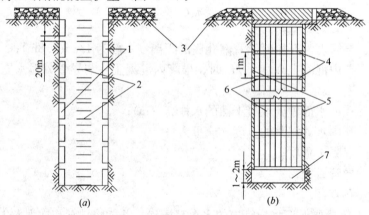

图 4-20 护壁与支撑

1—混凝土护壁；2—固定在护壁上供人上下用的钢筋；3—孔口围护；
4—木框架支撑；5—支撑木板；6—木框架支撑；7—不设支撑地段

3. 吊钢筋骨架即灌注桩身混凝土

四、沉管灌注桩

（一）适用

黏土、粉土、淤泥、砂土及填土。

（二）定义

用锤打法或振动法将带有活瓣式桩尖或带有钢筋混凝土桩靴的钢套管沉入土中成孔,后边拔管边灌注混凝土而成桩（图 4-21）。

（三）施工要点

(1) 就位。套管开始沉入土中,应保持位置正确,如有偏斜或倾斜应及时纠正。

(2) 灌注混凝土。沉管至设计高程后,应立即灌注混凝土,尽量减少间隔时间。灌注

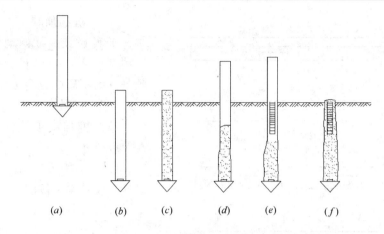

图 4-21 沉管灌注桩的施工方法
(a) 套管就位；(b) 沉管；(c) 初灌混凝土；(d) 拔管振动；
(e) 下放钢筋笼，灌注混凝土；(f) 拔管成桩

混凝土之前，必须检查桩管内有无杂物或进泥、进水。

(3) 拔管。拔管时应先振后拔，满灌慢拔，边振边拔。在开始拔管时应测得桩靴活瓣确已张开，或钢筋混凝土确已脱离，灌入混凝土已从套管中流出，方可继续拔管。拔管速度要均匀，拔管速度宜控制在每分钟 1.5m 之内，在软土中不宜大于每分钟 0.8m。边振边拔以防管内混凝土被吸往上拉而缩颈，每拔起 0.5m，宜停拔，再振动片刻，如此反复进行，直至将套管全部拔出。

(4) 间隔跳打。在软土中沉桩时，由于排土挤压作用会使周围土体侧移及隆起，有可能挤断临近已完成但混凝土强度还不高的灌注桩，因此桩距不宜小于 3～3.5 倍桩径，并宜采用间隔跳打施工方法，避免对邻桩挤压过大。如采用跳打方法，中间空出的桩须待临桩混凝土到达设计强度的 50% 以后方可施打。

(5) 复打。由于沉管的挤压作用，在软黏土中或软、硬土层交界处所产生的孔隙水压力较大或侧压力大小不一而易产生混凝土桩缩颈。为了弥补这种现象可采取扩大桩径的"复打"措施。另外，为了提高桩的质量和承载能力，也常采用复打灌注桩法。

复打的施工顺序如下：在第一次灌注桩施工完毕，拔出套管后，清除管外壁上的污泥和桩孔周围地面的浮土，立即在原桩位再埋预制桩靴或合好活瓣桩尖，第二次复打套管，使未凝固的混凝土向四周挤压扩大桩径，然后第二次浇筑混凝土；拔管方法与初打时相同。复打施工时要注意：前后两次沉管的轴线应复合；复打施工必须在第一次灌注的混凝土初凝之前进行，复打法第一次灌注混凝土前不能放置钢筋笼，如配有钢筋，应在第二次灌注混凝土前放置。复打也可采用内夯管进行夯扩的施工方法。

对于混凝土充盈系数小于 1.0 的桩，宜全长复打，对可能有断桩或缩颈桩的，应采用局部复打。全长复打桩的入土深度宜接近原桩长，局部复打应超过断桩和缩颈区 1m 以上。

复打后的桩，其横截面增大，承载力提高，但其造价也相应增大，对临近桩的挤压也大。

五、预制沉桩施工

(一) 适宜

①桩断面在 0.6m×0.6m 或 d=0.6m 内；②桩入土深度小于 40m。

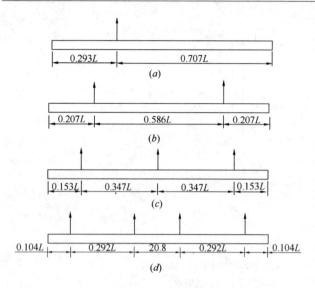

图 4-22 吊点位置
(a) 一点吊；(b) 两点吊；(c) 三点吊；(d) 四点吊

(二) 桩的预制

①实心桩：可就地预制或加工厂预制；②空心管桩：一般在工厂预制（因用离心成型法）。

(三) 桩吊运

(1) 桩强度须达到设计强度的70%以上才行。

(2) 要按设计吊点位置起吊，设计未规定的可按图4-22进行。

(四) 沉桩方法

1. 打入法

1) 打桩的主要设备

(1) 桩锤

①坠锤：锤重2～20kN，使锤自由落下锤击桩顶（图4-23），适用于小型工程。

②单动气锤：用蒸汽或压缩空气将桩锤自桩架顶起提升，而靠锤自由下落锤击桩顶，每分钟20～40次，适宜打钢桩和钢筋混凝土桩（图4-24）。

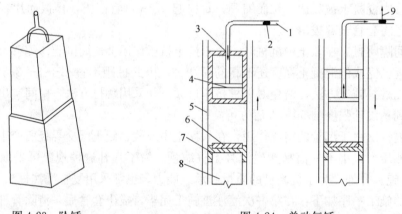

图 4-23 坠锤

图 4-24 单动气锤
1—输入高压气体；2—气阀；3—外壳；4—活塞；
5—导向杆；6—垫木；7—桩帽；8—桩；9—排气

③双动气锤：原理同单动气锤，冲击频率为100～300次，效果比单动气锤效率高，适合打较轻的钢筋混凝土桩和钢板桩，同时可拔桩（图4-25）。

④柴油锤：利用柴油在气缸内压缩发热点火爆炸而将汽缸沿导向杆顶起，下落时锤击桩顶。适宜打钢筋混凝土桩和钢桩（图4-26）。

⑤液压锤：用液压能将桩压入土中，其优点是能量大、噪声低、环境污染小、操作方便。

注意：用锤重与桩重比来选择（表4-1）。其中，锤重是锤体重量，而桩重包括桩帽、桩垫、送桩重量。

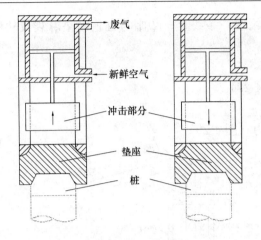

图 4-25 双动气锤

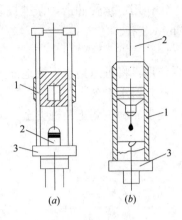

图 4-26 柴油锤
（a）导杆式；（b）筒式
1—气缸；2—活塞；3—锤座

表 4-1

锤 类 桩类别	单动气锤		双动气锤		柴油锤		坠 锤	
土状态	硬土	软土	硬土	软土	硬土	软土	硬土	软土
钢筋混凝土桩	1.4	0.4	1.8	0.6	1.5	1.0	1.5	0.35
木桩	3.0	2.0	2.5	1.5	3.5	2.5	4.0	2.0
钢桩	2.0	0.7	2.5	1.5	2.5	2.0	2.0	1.0

（2）桩架（图 4-27）

① 作用：装吊桩锤、插桩、打桩、控制桩锤上下方向。

② 要求：有足够的强度、刚度、稳定性。

③ 组成：导杆、起吊设备、撑架、底盘、行走部件。

④ 类型：木桩架和钢桩架。

⑤ 高度设计：桩高了增加重量，低了无法吊插桩。

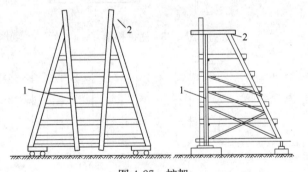

图 4-27 桩架
1—导杆；2—风缆

$$H = H_1 + H_2 + H_3 + H_4 - H_5$$

式中 H_1——轮滑组高度（包括适当的工作余量）；

H_2——桩锤的轮廓高度；

H_3——桩帽高度；

H_4——桩长；

H_5——桩架底盘以下高度（即到地面或河床面）。

（3）桩帽

①作用：承受冲击，保护桩顶，使力与帽在一条线上。②帽与桩顶间垫麻袋或轮胎 0.2mm 左右。

(4) 送桩

作用：将桩送到水下或地面上或下（图 4-28）。

(5) 射水设备

使水冲刷桩侧土及桩尖土，减小下沉阻力（图 4-29）。

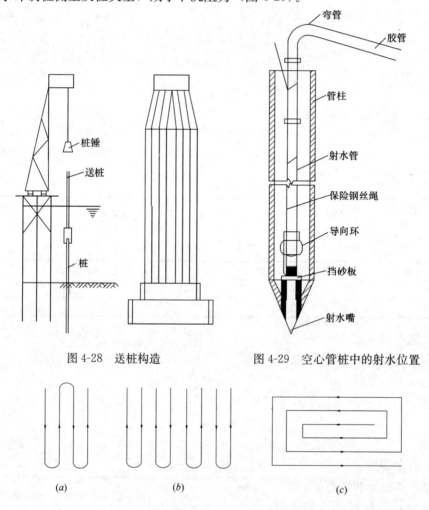

图 4-28 送桩构造　　图 4-29 空心管桩中的射水位置

图 4-30 打桩顺序
(a) 由一侧向单一方向进行；(b) 由中间向
两个方向进行；(c) 由中间向四周进行

2) 打桩过程中的注意事项

(1) 顺序：应自基础一端向另一端施打或由中央向两端或四周施打，以减轻土的挤压，避免引起打桩困难（图 4-30）。对于密集桩群时，应采用中央向两端施打方法，此外根据桩及基础设计高程，打桩宜先打深的后打浅的，还可根据桩规格先打大的，后打小的，先打长的，后打短的，从而避免后施工的桩对先施工的桩产生挤压而发生桩位偏移。

(2) 打桩前应戴桩帽，同时使桩位准确。

(3) 开始打时应轻打，后随桩打入逐渐增加锤击次数。
(4) 做好打桩记录及做好贯入度的记录。
(5) 一根桩应一次完成，接桩时应接头牢固，纵轴线在一条直线上。
(6) 观察地面变化情况并在打完桩后检查桩位及桩顶的位置与标高。
(7) 打桩过程中遇到以下情况应立即停止：
①贯入度突然发生急剧变化；②桩身突然倾斜、移位；③桩下沉，桩锤有严重回弹现象；④桩顶破碎或桩身开裂、变形；⑤桩侧面有严重隆起现象；⑥其他不正常现象。

3) 打桩中出现的问题及其处理措施

(1) 贯入深度突然减小：一般是桩入硬土或桩尖遇石块障碍物，应查明原因并用射水配合打桩或用能量大的锤锤击。

(2) 桩身突然急剧下沉：一般是桩身破裂。

(3) 桩身倾斜：桩尖不对称或遇障碍物，应纠正。

(4) 桩不下沉，桩身抖动，锤回跳：桩尖遇障碍物或桩身弯曲或接桩后自由度过大，可能偏移桩位；分别采用加铁靴、射水法、桩身自由度大加夹杆等法。

(5) 桩身涌起：遇软土层，用复打法。

(6) 断桩：河床上的部分加套筒，河床下的部分补新桩于旁。

2. 振动法

既可打桩又可拔桩，特别适用于桥梁管柱基础。

(1) 定义：用振动打桩机将桩打入土中的施工方法。

(2) 原理：由"振动打桩机"使桩产生上下方向的振动，在去除桩与周围土层间的摩擦力的同时使桩尖地基松动，从而使桩贯入或拔起。

(3) 设备：振动打桩机（图4-31）。

(4) 适宜：砂土、软塑土的黏土、中密及软碎石土。

(5) 特点：噪声小、施工速度大、移位操作方便，但需要电源功率大。

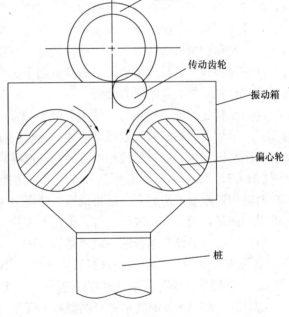

图 4-31 振动打桩机

3. 射水法 P—H

用300～500kPa的压力水射冲桩四周土使其振动，后桩受自重作用而下沉，其一般与锤击及振动联合使用。

4. 压入法

用液压千斤顶或桩头加重物以加施顶进力将桩压入土层中的方法，适宜软土地基（图4-32）。

静力压桩机有机械式与液压式之分，根据顶压桩的部位又分为在桩顶顶压的顶压式压

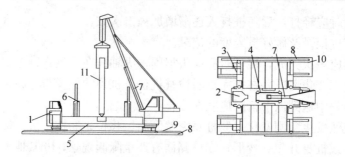

图 4-32 液压式静力压桩机

1—操纵室；2—电气控制台；3—液压系统；4—导向架；5—配重；
6—夹持装置；7—吊桩把杆；8—支腿平台；9—横向行走与回转装置；
10—纵向行走装置；11—桩

桩机以及在桩身抱压的抱压式压桩机。目前使用的多为液压式静力压桩机，压力可达到 6000kN 甚至更大，图 4-32 所示是一种抱压式的液压式静力压桩机。

静力压桩机应根据土质情况配足额定重量。施工中桩帽、桩身和送桩的中心线应重合，压同一根（节）桩应缩短停顿时间，以便于桩的压入。长桩的静力压入一般也是分节进行，逐段接长。当第一节桩压入土中，其上端距地面 1m 左右时，将第二节桩接上，继续压入。对每一根桩的压入，各工序应连续。其接桩处理与锤击法类似。

压桩时桩身发生较大的位移，桩身突然下沉或倾斜，桩顶混凝土破坏或压桩阻力剧变时，则应暂停压桩，及时研究处理。

静力压桩法的施工特点为：施工时产生的噪声和振动较小；桩头不易损坏；桩在贯入时相当于给桩作静载试验，故可准确地知道桩的承载力；压入法不仅可用于竖直桩，而且也可用于斜桩和水平桩；但机械的拼装、移动等均需要较多的时间。

【例 4-2】 某桥施工中采用沉入桩施工时选择了液压锤进行。由于黏性土较多、连续沉桩时桩周围形成了滑润套，使桩周围的摩阻力大为减小，不过暂停一定时间后，桩周围的摩阻力恢复，增大。再进行复打，做到严实稳固。请单选如下题目：

（1）锤击沉桩设备选择的一般思路为（B）。
  A. 选择锤型→选择桩架→选择锤重　　B. 选择锤型→选择锤重→选择桩架
  C. 选择锤重→选择桩架→选择锤型　　D. 选择桩架→选择锤型→选择锤重

（2）沉入混凝土桩时要求桩身的混凝土强度达 100% 并具有（C）的龄期。
  A. 10d　　B. 20d　　C. 28d　　D. 30d

（3）在黏性土中连续沉桩时，由于土的渗透系数小，会使桩周围的摩阻力（D）。
  A. 不变　　B. 略有增大　　C. 略有减小　　D. 大为减小

（4）在锤击沉桩设备选择时，选择（D）可保证锤对锤击力的控制，噪声小，且不会污染空气。
  A. 坠锤　　B. 镇压锤　　C. 柴油锤　　D. 液压锤

（5）沉入土中的桩，将使桩周围（B）倍桩径范围内的土受到很大的重塑作用，因此在黏性土层中沉桩，当桩距较小时更应注意顺序问题。
  A. 1～3　　B. 3～5　　C. 5～6　　D. 6～8

(6) 在一个墩、台桩基础,同一水平面内桩接头数不得超过桩基总数的(C)。
A. 1/2　　　　　　B. 1/3　　　　　　C. 1/4　　　　　　D. 2/5

六、水中桩基础施工

(一) 概述

一般来说水中桩基础施工需:①浮运沉桩的有关设备;②水中基础施工设备:a. 定位船、吊船;b. 备有混凝土加工厂或吊桩的组合船。

(二) 浅水中桩基础的施工要求

①修筑围堰。②抽水后挖基坑或水中吸泥挖坑后再抽水。③借围堰支撑或万能杆件拼接临时打桩脚手架和临时施工便桥。

(三) 深水中桩基础施工——关键要围堰或有水中支架

1. 围堰法——围图(即钢板桩、围堰桩基础)

(1) 在导向船上拼围图,拖到墩位后,将围图下沉接高并进行抛锚定位。

(2) 在围图内插打定位桩,将围图固定在定位桩上。

(3) 在围图上搭工作台,安置钻孔机械或打桩设备。

(4) 围图内插打钢板桩,组成防水围。

(5) 完成全部基桩施工。

(6) 用吸泥机吸泥,开挖基坑。

(7) 灌注水下混凝土封底。

(8) 待混凝土强度达到后抽水修筑承台和墩身到水面以上。

(9) 拆围图,拆钢板桩。

2. 吊箱法和套箱法(图 4-33)

1) 吊箱法

(1) 悬吊在水中的箱形围堰,基桩施工时用作导向定位,基桩完成后,封底抽水,灌注混凝土承台。

(2) 组成:①围笼;②侧面围堰板;③底盘——用槽钢作纵横梁,后铺木板作封底混凝土板,并留有导向孔以控制桩位。

(3) 施工方法:

①在岸上或驳船上拼围堰,浮运到墩台,下沉到设计标高。

②插打围堰外的定位桩,并固定吊箱围堰在定位桩上。

③进行基桩施工。

④填塞底板缝隙,灌注水下混凝土。

⑤抽水浮桩顶钢筋伸入承台,铺设承台钢筋,灌注承台及墩身混凝土。

⑥拆除吊箱围堰连接螺栓外框,吊击。吊箱上部灌注混凝土,见图 4-33(e)(f)。

2) 套箱法

(1) 先打桩,完成全部基桩后修高桩承台基础的方法。

(2) 可用钢套箱和钢筋混凝土套箱。箱底有基桩孔。

(3) 基桩完成后吊放套箱围堰,将基桩顶端套入套箱围堰内,并将套箱固定在定位桩上,然后浇水下混凝土封底,待达到强度后抽水,继续施工承台与墩身结构。

3. 沉井结合法

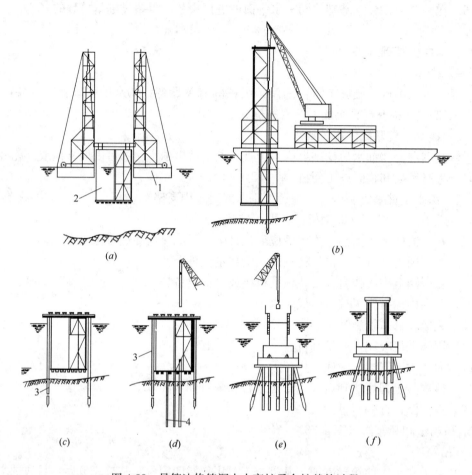

图 4-33 吊箱法修筑深水中高桩承台桩基的过程
(a) 吊箱围堰浮运及下沉；(b) 插打吊箱定位桩；(c) 将吊箱固定于定位桩上；(d) 插打基桩；(e) 吊出吊箱上部后，连续灌注墩身混凝土；(f) 桥墩全部竣工
1—驳船；2—吊箱；3—吊箱定位桩；4—基桩

(1) 适宜：①水底河床基岩裸露或卵石、漂石，采用钢板桩围堰无法插打时。②水深流急的河道上为使钻孔灌注桩在静水中施工。

(2) 沉井可为桩基础的一部分，又可为基础施工设施。

（四）深水中钻孔桩施工

1. 施工方法——搭设支架法、船上法、钢板桩围堰法、沉井法

(1) 搭设支架法——在水中设一个工作平台为钻孔平台，来安钻机，吊钢筋笼，灌注水下混凝土，并作为承台和墩身的模板支撑，完成整个水中的桥墩施工。一般在墩台处打入露出水面约0.5cm的木桩（或钢筋混凝土桩）作为支架桩，并用钢或木构件将支架桩连接，且在其上设置纵、横梁，再铺上木板即成水上平台（图4-34）。

水上工作平台和便桥实际使用的主要材料为：

①8m长、直径为22cm的圆木108根。

②4m长、15cm×15cm的方木191根。

第三节 桩基础施工

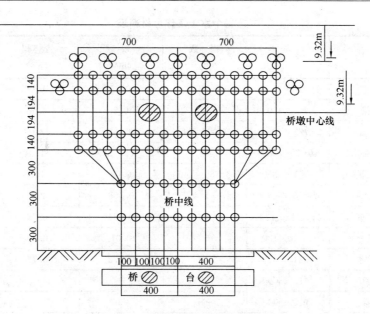

图 4-34 水上工作台及便桥桩位平面图示意

③详见表 4-2、表 4-3。

便桥每孔材料表   表 4-2

序号	名 称	规 格	根 数（根）	单根体积（m^3）	总体积（m^3）	备 注
1	木桩	$\phi 18 \times 700$	$4 \times 2 = 16$	0.178	2.85	
2	盖梁	$\phi 20 \times 400$	4	0.2	0.60	
3	纵梁	$\phi 22 \times 320$	28	0.157	4.40	
4	下层卧木	$d=20/\times 450$	40	0.172	6.88	
5	面层板	$5 \times 10 \times 350$	80	0.02	1.6	（半圆木间距 300cm）23.98m^3
6	夹木	$d=18/2 \times 450$	16	0.09	1.74	
7	拉杆桩	$14 \times 14 \times 120$	40	0.024	0.96	
8	拉杆板	$5 \times 10 \times 180$	24	0.01	0.24	
9	护轮木	15815×320	16	0.072	1.16	
10	抢铁锤	—			—	
11	爬钉	$\phi 12 \times 300$	—	—	—	
12	螺栓	$\phi 12 \times 500$	112			

（2）船上钻孔法——用船只拼装钻孔机械，作施工作业平台。

2. 混凝土灌注——因其在水中浇筑，要采用辅助方法

（1）水中桩身木板设置：一般用护筒作为模板。在护筒内抽水后用砖砌筑成为钻孔的内护筒或用钢筋混凝土浇筑成为钻孔的内护筒或用钢板制成内护筒。

（2）混凝土拌合站设置：①在船上设混凝土拌合站；②在岸上设拌合站后，经便桥上运过去；③泵送混凝土。

每个水上工作台材料表 表4-3

序号	名称	规格	根数（根）	单根体积（m³）	总体积（m³）	备注
1	木桩	φ18×800	52	0.32	16.64	
2	盖梁	φ20×450	13	0.2	2.6	
3	纵梁	φ22×320	14×4=56	0.188	12.03	
4	下层卧木	d=20/×450	64	0.172	11.01	
5	面层板	5×10×350	4×60=240	0.02	4.8	
6	夹木	d=18/2×450	13+12=25	0.108	2.7	材料为59.5m³
7	拉杆桩	14×14×120	30	0.024	0.72	
8	拉杆板	5×10×180	60	0.01	0.60	
9	护轮木	15815×320	10	0.072	0.72	
10	爬钉	φ12×300	—			
11	螺栓	φ12×500				
12	保护桩	φ18×800	24	0.32	7.68	

3. 斜桩施工——采用反循环钻机钻斜孔，当然应采用斜钻架

4. 长桩施工——与一般钻孔桩同，但有以下几点注意事项：

(1) 采用正、反循环钻机钻孔，并选用较好的钻头形式。

(2) 施工时需自己配制钻杆。因钻杆钻时自由度大，要考虑上部受拉，下部受压，同时兼有受弯、受扭作用，因此钻杆要用牢固的材料制成或对钻杆进行加固。

(3) 要验算泥浆泵的流量和泵压。

(4) 水下混凝土量大，要精心组织，连续施工，不能中断。

(五) 基桩施工质量检验

1. 概述

(1) 桩基施工完毕后应对桩基进行检测。

(2) 检测包括：①桩基施工记录检查；②桩基施工质量检查。

2. 桩基施工记录检查——记录是否齐全、数据核查

3. 桩基施工质量检查

(1) 平台位置：误差在5mm以内。

(2) 倾斜度小于$L/100$。

(3) 桩径孔大小、孔深、钢筋笼顶面与底面标高检查。

(4) 桩身强度与单桩承载能力检查：

①试块；②钻芯取样；③试验：静载、动测。目前一般采用小变形（$l<40m$）及大变形（$l>40m$）测试。

七、钻孔埋置施工

(一) 定义

先钻孔后再插入预制钢筋混凝土、预应力混凝土桩或钢桩。

(二) 适用

硬层或深置于硬层内的桩基础。

（三）要求

钻孔直径宜大于预制桩直径。

（四）工艺

（1）沉埋：在孔壁插入压浆管四根，伸至孔底。

（2）清孔：通过桩底板预留的压浆管压注清水，直到井口溢出清水为止。

（3）桩周压浆：在孔壁间隙中的四根压浆钢管压注掺有粉煤灰或缓凝减水剂的膨胀性水注砂浆。压入高度应在墩台局部冲刷线以上不小于1m处。

（4）桩底压浆：桩周压浆、养护3～5d后，抽干桩内积水，通过桩底上预留的压浆孔向桩底压浆，提高桩尖的承载力。

八、灌注桩后压浆施工

（一）目的

进行钻孔桩补强和加固处理。

（二）定义

成桩时在桩底或桩侧设置压浆管路和压浆装置，待桩身混凝土达到一定强度后利用高压泵将水泥砂浆压入桩底和桩侧（图4-35），对孔底沉渣和桩侧泥皮进行固化。

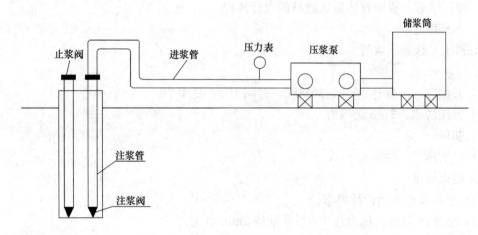

图4-35 后压浆施工装置示意图

（三）作用

消除传统灌注桩工艺中固有的缺陷，改变土体性能和桩土间的边界条件，提高桩的承载力和质量，减少沉降量。

（四）适用

各种地质条件下的泥浆护壁钻、冲孔灌注桩；也适用于干作业钻，挖孔灌注桩，对于大直径、超大型桩，效果尤为显著。

（五）分类

1. 按挤身压浆位置分

（1）桩端压浆：在成桩后，通过预埋在桩身的压浆管，用一定的压力将浆注入端土层。

（2）桩侧：成桩后，将浆以一定的压力强行注入桩侧的土层中，以充填桩身与周围土体间的粘结力，提高桩侧摩阻力。

(3) 桩端、桩侧联合压浆。

2. 按压浆管埋设分

(1) 桩身预埋压浆管。施工灌注桩首先将压浆管放置好，待浇筑桩身混凝土时浇筑在桩身中。

(2) 钻孔埋设压浆管。一般在桩承载力不能满足要求和进行桩基事故处理时所采用的方法。

3. 按压浆工艺分

(1) 开式压浆：指浆液通过压浆管直接压入桩端土层、岩体中。

(2) 闭式压浆：是指将预制的有良好弹性的腔体（又称承压室、预压室等）或压力注浆室，随钢筋笼放入孔底，或桩后在压力作用下，把浆液注入腔体内。

(六) 施工装置

(1) 地面压浆装置：由储浆筒、高压压浆泵、观测仪表及进水管组成。

(2) 地下压浆装置：由压(注)浆管和桩端压浆装置(如注浆阀)组成。具体装组有：①高压压浆泵；②压浆管；③桩端压浆装置。

(七) 工艺

1. 埋压浆管，要求直达桩底或桩侧设计高程

2. 浇混凝土

3. 预压水疏通压浆管

4. 压浆

1) 开始时：强度达 75%，20MPa，时间 10d，夏季 7d

2) 预注法水：2~3 级压力

3) 初压

4) 二次压

5) 结束标准

(1) 总量及压力达设计要求。

(2) 总量达 70%，压力达 150% 并维持 5min 以上。

(3) 总量达 70%，且桩顶及地面出现明显上抬。

6). 参数确定

(1) 浆液配比及浓度

①水泥浆：应具有良好的和易性，搅拌后水泥浆液要经过筛网过滤，滤去杂物和未搅拌开的水泥块，然后使用。

②稀浆：水灰比为：0.8∶1，用于加固预定范围周边地带。

中等浆液：0.6∶1 起到充填、压实、挤密作用。

浓浆比为：0.4∶1，对于已经注入浆液有脱水作用。

(2) 压浆量

压浆量可按下式计算：

$$G_c = \alpha_p d$$

式中 G_c——单桩压浆量（t）；
α_p——压浆系数，取值范围如表 4-4 所示；
d——桩径（m）。

压 浆 系 数　　　　　　　　　表 4-4

持力层	黏性土、黏土	粉砂	细砂	中砂	粗砂	砾砂	碎石土
取值范围	2.1～2.5	2.5～3.2	2.4～2.7	2.3～2.7	3.1～3.8	3.1～3.8	2.3～2.8

（3）压浆速度：不大于 75L/min
（4）持续时间：每根桩不大于 2h
（5）终止压力：风岩、非饱和黏土、粉土为 5～10MPa，饱和黏土为 1.5～6MPa。软土取低值，实土取高值
（6）桩体上抬量：不大于 3mm
（7）注意事项
①压力下降，流量增大，应停压。
②冒浆、跑浆，应进行封堵。
③泵压力表指针越来越高，应停压。
④堵管：需先减压，后从另一压浆口压浆。
（8）压浆的技术特点
灌注桩后压浆技术具有如下特点：①施工设备简单，操作简便，可靠性好，附加费用低；②适应性强，在各种桩基中均可使用；③有利于持力层的灵活选择；④能大幅度地提高桩基承载力，从而缩短桩长或减少桩基数量，技术经济效益十分显著；⑤施工时的主要技术控制参数易于观测，有利于保证施工质量；⑥可利用压浆管作超声波检测，能及时反馈桩基混凝土的施工质量状况。

九、桩基施工及质量验收要点
《城市桥梁工程施工与质量验收规范》CJJ 2—2008 对桩基施工验收规定的条文引用
10.3 灌注桩
10.3.2 钻孔施工应符合下列规定：
1. 钻孔时，孔内水位宜高出护筒底脚 0.5m 以上或地下水位以上 1.5～2m。
2. 钻孔时，起落钻头速度应均匀，不得过猛或骤然变速。孔内出土，不得堆积在钻孔周围。
3. 钻孔应一次成孔，不得中途停顿。钻孔达到设计深度后，应对孔位、孔径、孔深和孔形等进行检查。
4. 钻孔中出现异常情况，应进行处理。
10.3.3 清孔应符合下列规定：
1. 钻孔至设计标高后，应对孔径、孔深进行检查，确认合格后即进行清孔。
2. 清孔时，必须保持孔内水头，防止坍孔。
3. 清孔后应对泥浆试样进行性能指标试验。
4. 清孔后的沉液厚度应符合设计要求。设计未规定时，摩擦桩的沉渣厚度不应大于 300mm；端承桩的沉渣厚度不应大于 100mm。

10.3.4 吊装钢筋笼应符合下列规定：

1. 钢筋笼宜整体吊装入孔。需分段入孔时，上下两段应保持顺直。接头应符合本规范第 6 章的有关规定。

2. 应在骨架外侧设置控制保护层厚度的垫块，其间距竖向宜为 2m，径向圆周不得少于 4 处，钢筋笼入孔后，应牢固定位。

3. 在骨架上应设置吊环。为防止骨架起吊变形，可采取临时加固措施，入孔时拆除。

4. 钢筋笼吊放入孔应对中、慢放，防止碰撞孔壁。下放时应随时观察孔内水位变化，发现异常应立即停放，检查原因。

10.3.5 灌注水下混凝土应符合下列规定：

1. 灌注水下混凝土之前，应再次检查孔内泥浆性能指标和孔底沉渣厚度。如超过规定，应进行第二次清孔，符合要求后方可灌注水下混凝土。

2. 水下混凝土的原材料及配合比除应满足本规范第 7.2、7.3 节的要求以外，尚应符合下列规定：

1）水泥的初凝时间不宜小于 2.5h。

2）粗骨料优先选用卵石，如采用碎石宜增加混凝土配合比的含砂率。粗骨料的最大粒径不得大于导管内径的 1/8～1/6 和钢筋最小净距的 1/4，同时不得大于 40mm。

3）细骨料宜采用中砂。

4）混凝土配合比的含砂率宜采用 0.4～0.5，水胶比宜采用 0.5～0.6。经试验，可掺入部分粉煤灰（水泥与掺合料总量不宜小于 $350kg/m^3$，水泥用量不得小于 $300kg/m^3$）。

5）水下混凝土拌合物应具有足够的流动性和良好的和易性。

6）灌注时坍落度宜为 180～220mm。

7）混凝土的配置强度应比设计强度提高 10%～20%。

3. 浇筑水下混凝土的导管应符合下列规定：

1）导管内壁应光滑圆顺，直径宜为 20～30cm，节长宜为 2m。

2）导管不得漏水，使用前应试拼、试压，试压的压力宜为孔底静水压力的 1.5 倍。

3）导管轴线偏差不宜超过孔深的 0.5%，且不宜大于 10cm。

4）导管采用法兰盘接头时宜加锥形活套；采用螺旋丝扣型接头时必须有防止松脱装置。

4. 水下混凝土施工应符合下列要求：

1）在灌注水下混凝土前，宜向孔底射水（或射风）翻动沉淀物 3～5min。

2）混凝土应连续灌注，中途停顿时间不应大于 30min。

3）在灌注过程中，导管的埋置深度宜控制在 2～6m。

4）灌注混凝土应采取防止钢筋骨架上浮的措施。

5）灌注的桩顶标高应比设计高出 0.5～1m。

6）使用全护筒灌注水下混凝土时，护筒底端应埋入混凝土内不小于 1.5m，随导管提升逐步上拔护筒。

施工中应对成孔、清渣、放置钢筋笼、灌注混凝土等进行全过程检查，人工挖孔桩尚应复验孔底持力层土（岩）性。嵌岩桩必须有桩端持力层的岩性报告。施工结束后，应检查混凝土强度，并应作桩体质量及承载力的检验。

按照《建筑桩基检测技术规范》JGJ 106—2003 的有关规定，桩体质量及承载力的检验主要包括：单桩竖向抗压静载试验、单桩水平静载试验、钻芯法、低应变法、高应变法、声波透射法等，施工过程中应根据设计要求委托具备资质的桩基检测单位进行桩身完整性及桩基承载力检测。

10.7.3 沉入桩质量检验应符合下列规定：

1. 预制桩质量检验应符合本规范第10.7.1条的规定，且应符合下列要求：

主 控 项 目

1）桩表面不得出现孔洞、露筋和受力裂缝。

检查数量：全数检查。

检验方法：观察。

一 般 项 目

2）钢筋混凝土和预应力混凝土桩的预制允许偏差应符合表10.7.3-1的规定。

钢筋混凝土和预应力混凝土桩的预制允许偏差　　　表 10.7.3-1

项 目		允许偏差（mm）	检验频率		检查方法
			范围	点数	
实心桩	横截面边长	±5	每批抽查10%	3	用钢尺量相邻两边
	长度	±50		2	用钢尺量
	桩尖对中轴线的倾斜	10		1	用钢尺量
	桩轴线的弯曲矢高	≤0.1%桩长，且不大于20	全数	1	沿构件全长拉线，用钢尺量
	桩顶平面对桩纵轴的倾斜	≤1%桩径（边长），且不大于3	每批抽查10%	1	用垂直和钢尺量
	接桩的接头平面与桩轴平面垂直度	0.5%	每批抽查20%	4	用钢尺量
空心桩	内径	不小于设计	每批抽查10%	2	用钢尺量
	壁 厚	$\begin{matrix}0\\-3\end{matrix}$		2	用钢尺量
	桩轴线的弯曲矢高	0.2%	全数	1	沿管节全长拉线，用钢尺量

3）桩身表面无蜂窝、麻面和超过0.15mm的收缩裂缝。小于0.15mm的横向裂缝长度，方桩不得大于边长或短边长的1/3，管桩或多边形桩不得大于直径或对角线的1/3；小于0.15mm的纵向裂缝长度，方桩不得大于边长或短边长的1.5倍，管桩或多边形桩不得大于直径或对角线的1.5倍。

检查数量：全数检查。

检验方法：观察、用读数放大镜量测。

2. 沉桩质量检验应符合下列要求：

主 控 项 目

1）沉入桩的入土深度、最终贯入度或停打标准应符合设计要求。

检查数量：全数检查。
检验方法：观察、测量、检查沉桩记录。

一 般 项 目

2）沉桩允许偏差应符合表10.7.3-2的规定。

沉 桩 允 许 偏 差   表10.7.3-2

项 目			允许偏差（mm）	检验频率		检查方法
				范围	点数	
桩位	群桩	中间桩	≤$d/2$，且不大于250	每排桩	20%	用经纬仪测量
		外缘桩	$d/4$			
	排架桩	顺桥方向	40			
		垂直桥方向	50			
桩间高程			不高于设计高程	每根桩	全数	用水准仪测量
斜桩倾斜度			$\pm 15\% \tan\theta$			用垂线和钢尺量尚未沉入部分
直桩垂直度			1%			

注：1. d 为桩的直径或短边尺寸（mm）；
　　2. θ 为斜桩设计纵轴线与铅垂线间的夹角（°）。

3）接桩焊缝外观质量应符合表10.7.3-3的规定。

接桩外观允许偏差   表10.7.3-3

项 目		允许偏差（mm）	检验频率		检查方法
			范围	点数	
咬边深度（焊缝）		0.5	每条焊缝	1	用焊缝量规、钢尺量
加强层高度（焊缝）		+3 0			
加强层宽度（焊缝）		3			
钢管桩上下错台	公称直径≥700mm	2			用钢板尺和塞尺量
	公称直径<700mm	—			

10.7.4 混凝土灌注桩质量检验应符合下列规定：

主 控 项 目

1. 钻孔达到设计深度后，必须核实地质情况，确认符合设计要求。
检查数量：全数检查。
检验方法：观察、检查施工记录。

2. 孔径、孔深应符合设计要求。
检查数量：全数检查。
检验方法：观察、检查施工记录。

3. 混凝土抗压强度应符合设计要求。

检查数量：每批在浇筑地点制作混凝土试件不得少于 2 组。

检验方法：检查试验报告。

4. 桩身不得出现断桩、缩径。

检查数量：全数检查。

检验方法：检查桩基有无损检测报告。

一 般 项 目

5. 钢筋笼制作和安装质量检验应符合本规范第 10.7.1 条的规定，且钢筋笼底端高程偏差不得大于±50mm。

检查数量：全数检查。

检验方法：用水准仪测量。

6. 混凝土灌注桩允许偏差应符合表 10.7.4 的规定。

混凝土灌注桩允许偏差 表 10.7.4

项目		允许偏差（mm）	检验频率		检查方法
			范围	点数	
桩位	群桩	100	每根桩	1	用全站仪检查
	排架桩	50		1	
沉渣厚度	摩擦桩	符合设计要求		1	沉淀盒或标准测锤，查灌注前记录
	支承桩	不大于设计要求		1	
垂直度	钻孔桩	≤1%桩长，且不大于 500		1	用测壁仪或钻杆垂线和钢尺量
	挖孔桩	≤0.5%桩长，且不大于 200		1	

注：此表适用于钻孔和挖孔。

第四节　单桩承载力的确定

一、概述

（一）桩基础设计

（1）从单桩入手，确定单桩承载力。

（2）根据桩基础的结构和构造形式进行桩基分析设计。

（3）验算桩基承载力和变形。

（二）单桩承载力

在桩基础设计中，一旦确定了桩的类型，接下来就需要确定桩的长度、截面尺寸和数量，这就需要先确定单根桩的承载力并进行验算。

单桩在荷载作用下，地基土及桩本身的强度和稳定性均得到保证，变形在容许范围内，以保证结构物的正常使用可能承受的最大荷载。

（三）桩受到的力

根据《公路桥涵地基与基础设计规范》JTG D 63—2007 第 5.3.1 条桩的计算的规定：承台底面以上的荷载全部由桩承受。而作用在承台底面中心处的力由轴向力、横轴向力、弯矩组成。

二、单桩轴向容许承载力的确定

（一）单桩轴向容许承载力的确定

（1）定义：单桩在外荷载作用下，桩土共同作用，桩本身和地基土的强度、稳定性得到保证，且变形在容许范围内所能承受的最大荷载。

（2）容许承载力＝轴向极限承载力÷安全系数。

（二）确定单桩轴向容许承载力的方法

1. 按支承力确定

1）用静载试验法确定（图 4-36）

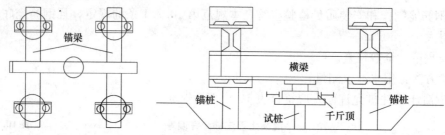

图 4-36　锚桩法试验装置

（1）定义

在已打好的桩顶逐级施加轴向荷载，直到桩顶达到破坏状态为止，并在试验过程中记录各级荷载情况下不同时间的桩顶沉降，分析沉降与荷载时间的关系，后确定单桩轴向容许承载力的方法。

（2）试验法的有关要求

①桩量：大于基桩总数的 2%，且大于 2 根。

②施桩材料尺寸、入土深度与设计桩相同。

（3）试验设备

①锚桩：根数为 4~6 根，间距不小于试桩桩径的 3 倍，其作用为安放锚梁和横梁。

②加荷装置——锚梁、横梁、油压千斤顶。

③测施表——百分表。

（4）测施方法

①所加荷载可分级，每级荷载为预估破坏荷载（1/15~1/10）。

②记录沉降量：第一个小时内在 15、25、30、45、60min 时分别记录一次，以后每一个小时内，每 30min 记录一次，直到沉降结束为止。沉降稳定标准：砂土为 30min 内小于 0.1mm，黏土为 60min 内小于 0.1mm。

③每次沉降稳定后方可加下一级荷载，直到桩达到破坏状态方可终止试验。

④桩破坏状态标准：

ⓐ桩的沉降量突然增大，总沉降量大于 40mm，且本级荷载下沉量为前一级荷载下，下沉量的 5 倍以上。ⓑ在某级荷载下，24h 内沉降速率不能达到稳定。ⓒ持力层土质坚硬，沉降量很小时，最大加载量不小于设计要求两倍。

（5）极限荷载与轴向承载力设计

①极限荷载为破坏荷载的前一级荷载，一般用试桩曲线来定极限荷载。

②单桩轴向承载力=极限荷载/安全系数=$P_i/K=P_j/2$。

③试桩曲线：

a. P-S 曲线（图 4-37）：以曲线出现明显下弯转点所对应的作用荷载作为极限荷载。

b. S-$\log t$ 法（沉降速率法）：以桩破坏以前的每一级下沉量（S）与时间（t）的对数呈线性关系，用公式 $S=m\log t$ 绘制 S-$\log t$ 线直线变为折线的那一级荷载，定为该桩的破坏荷载，其前一级荷载为极限荷载。

【**例 4-3**】 一打桩为钢筋混凝土方桩，截面为 45cm×45cm，静载试验得到"荷载——沉降"关系记录如表 4-5 所示，请确定该桩的轴向容许承载力？

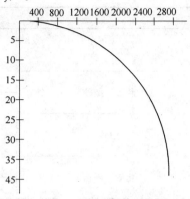

图 4-37 P-S 曲线图

荷载——沉降关系记录　　　　　　　　　　　　　　　表 4-5

垂直荷载 (kN)	0	200	400	600	800	1000	1200	1400	1600	1800	2000	2200	2400	2600	2800	3000	3200	3400
桩沉降量 (m)	0	0.15	0.33	0.67	0.95	1.52	1.78	2.73	3.28	4.17	3.35	7.42	10.25	13.6	17.44	21.42	27.85	47.5

这时桩的极限荷载为 3200kN，而桩的允许承载力为 3200/2=1600kN。

2. 公式法，即按设计规范经验公式确定单桩容许承载力

1）摩擦桩

单桩容许承载力 $[P]$=桩极限摩阻力 $P_{s\mu}$＋桩底极限承载力 P_w/安全系数

钻（挖）孔灌注桩单向轴向受压容许承载力：

$$[R_a] = \frac{1}{2}u\sum_{i=1}^{n}q_{ik}l_j + A_p q_r \tag{4-1}$$

式中　l_i——低桩承台底面以下桩所穿过的各层土的厚度（m），对高桩承台为局部冲刷线以下，桩所穿过的各土层的厚度（m）

$$L=\Sigma l_i$$

u——桩周长，按成桩直径计算。若无实测资料，成桩按表 4-6 确定。

n——桩所穿过的土层数。

q_{ik}——与 l_j 对应的多土层和桩壁的极限摩阻力（kPa），可查表 4-7 得到。

成桩直径计算表　　　　　　　　　　　　　　　表 4-6

旋转钻	冲击钻	冲抓钻
钻头直径+（3～5cm）	钻头直径+（5～10cm）	钻头直径+（10～20cm）

钻孔桩桩侧土的摩阻力标准值 q_{ik}　　　　　　　　　　表 4-7

土　类		q_{ik} (kPa)
中密炉渣、粉煤灰		40～60
黏性土	流塑 $I_L>1$	20～30
	软塑 $0.75<I_L≤1$	30～50
	可塑、硬塑 $0<I_L≤0.75$	50～80
	坚硬 $I_L≤0$	80～120

第四章 桩 基 础

续表

土 类		q_{ik} (kPa)
粉 土	中密	30～55
	密实	55～80
粉砂、细砂	中密	35～55
	密实	55～70
中砂	中密	45～60
	密实	60～80
粗砂、砾砂	中密	60～90
	密实	90～140
圆砾、角砾	中密	120～150
	密实	150～180
碎石、卵石	中密	160～220
	密实	220～400
漂石、块石	—	400～600

注：挖孔桩的摩阻力标准值可参照本表采用。

基底系数 m_0 值　　表 4-8

t/d	0.1～0.3
m_0	0.7～1.0

注：1. t、d 为桩端沉渣厚度和桩的直径。
2. $d \leqslant 1.5$m 时，$t \leqslant 300$mm；$d > 1.5$m 时，$t \leqslant 500$mm，且 $0.1 < t/d < 0.3$。

修正系数 λ 值　　表 4-9

桩端土情况 \ t/d	4～20	20～25	>25
透水性土	0.70	0.70～0.85	0.85
不透水性土	0.65	0.65～0.72	0.72

A_p——桩底横截面面积，用设计直径（钻头直径）计算。但当用换浆法施工（即成孔后，钻头在孔底继续旋转换浆）时，则按成孔直径计算（m）。

q_r——桩尖处土的极限承载力（kPa），按下列公式确定：

$$q_r = 2m_0\lambda[[f_{a_0}] + K_2\gamma_2(h-3)] \tag{4-2}$$

$[f_{a_0}]$——桩尖处土的容许承载力，查地基承载力表，即根据土质的液性指数 I_L 及形状查表 3-4～表 3-10 得到。

h——桩尖的埋置深度（m），对有冲刷的基桩，由一般冲刷线起算，无冲刷处由天然地面算起，h 的数值超过 40m 时，按 $h=40$m 计算。

K_2——地基承载力的深度修正系数，可按桩尖处持力层土类查表 3-11 确定。

γ_2——桩尖以上的重度，如在水面以下，且持力层不透水，则不论桩尖以上土的透水性如何，一律用饱和重度，如持力层透水，一律用浮重度，当桩尖以上土由多层土组成时，应用换算重度。

m_0——基底系数，按表 4-8 选用，表中 t、d 为桩底沉淀土厚度与桩直径，设计时宜限制 $t/d \leqslant 0.4$，不得已才采用 $0.4 < t/d \leqslant 0.6$。

λ——桩入土深度影响的修正系数，见表 4-9，表中土分别应按桩底土层确定。

注：外荷载应以最大冲刷线下桩重的一半值计。

2) 打入桩

$$[R_a] = \frac{1}{2}(\mu \sum_{j=1}^{n} \alpha_j q_{ik} l_i + \alpha_r A_p q_{rk}) \tag{4-3}$$

式中　$[R_a]$——单桩轴向受压承载力容许值（kN），桩身自重与置换土重（当自重计入浮力时，置换土中也计入浮力）的差值作为荷载考虑；

　　　μ——周长（m）；

　　　n——土层数；

　　　l_i——承台底面或局部冲刷线以下各土层的厚度（m）；

　　　q_{ik}——与 l_i 对应的各土层和柱壁间的极限摩阻力，按表 4-10 采用；

　　　q_{rk}——桩尖处土的极限承载力，按表 4-11 采用；

　　　α_j——分别振动打入桩对 τ_i 和 δ_R 的影响系数，按表 4-12 采用锤击沉桩，直径均取 1.0m。

3) 柱桩（支承桩）

$$[p] = (C_1 A + C_2 \mu h) Ra \tag{4-4}$$

式中　$[p]$——单桩轴向受压容许承载力（kN）；

　　　Ra——天然湿度岩石单轴极限抗压强度，试件直径 7~10cm，高度与直径相等；

　　　h——桩嵌入基岩深度，不包括风化层（m）；

　　　μ——桩嵌入基岩部分横截面周长，对钻孔桩和管柱按设计直径；

　　　A——桩底横截面面积，对钻孔桩和管柱按设计直径；

　　　C_1、C_2——根据清空情况、岩石破碎程度等因素按表 4-13 确定。

沉桩桩侧土的极限摩阻力 q_{ik}　　　　　　表 4-10

土类	状态	τ_1 (kPa)	土类	状态	τ_j (kPa)
黏性土	$1 \leqslant I_L \leqslant 1.5$	15~30	粉细砂	稍松	20~35
	$0.75 \leqslant I_L < 1$	30~45		中密	35~65
	$0.5 \leqslant I_L < 0.75$	45~60		密实	65~80
	$0.25 \leqslant I_L < 0.5$	60~75	中砂	中密	55~75
	$0 \leqslant I_L < 0.25$	75~85		密实	75~90
	$I_L < 0$	85~95	粗砂	中密	70~90
				密实	90~105

注：表中土的液性指数 I_L，系按 76g 平衡锥测定的数值计算的。

沉桩桩端处土的承载力标准值 q_{rk}　　　　　　表 4-11

土类	状态	桩端承载力标准值 q_{ik} (kPa)
黏性土	$I_L \geqslant 1$	1000
	$1 > I_L \geqslant 0.65$	1600
	$0.65 > I_L \geqslant 0.35$	2200
	$0.35 > I_L$	3000

续表

土类	状态	桩端承载力标准值 q_{ik}（kPa）		
		桩尖进入持力层的相对深度		
		$1>\dfrac{h_c}{d}$	$4>\dfrac{h_c}{d}$	$\dfrac{h_c}{d}\geq 4$
粉土	中密	1700	2000	2300
	密实	2500	3000	3500
粉砂	中密	2500	3000	3500
	密实	5000	6000	7000
细砂	中密	3000	3500	4000
	密实	5500	6500	7500
中、粗砂	中密	3500	4000	4500
	密实	6000	7000	8000
圆砾石	中密	4000	4500	5000
	密实	7000	8000	9000

注：表中 h_c 为桩端进入持力层的深度（不包括桩靴）；d 为桩的直径或边长。

系数 α_j、α_r 的值　　　　　　　　　　　　　表 4-12

系数 α_j、α_r 桩径或边长 d（m）	土类			
	黏土	粉质黏土	粉土	砂土
$0.8\geq d$	0.6	0.7	0.9	1.1
$2.0\geq d>0.8$	0.6	0.7	0.9	1.0
$d>2.0$	0.5	0.6	0.7	0.9

系数 C_1、C_2 的值　　　　　　　　　　　　　表 4-13

岩石层情况	C_1	C_2
完整、较完整	0.6	0.05
较破碎	0.5	0.04
破碎、极破碎	0.4	0.03

注：1. 当入土深度小于或等于 0.5m 时，C_1 乘以 0.75 的折减系数，$C_2=0$。
2. 对于钻孔桩，系数 C_1、C_2 的值应降低 20% 采用。
桩端沉渣厚度 t 应满足以下要求：$d\leq 1.5$m 时，$t\leq 50$mm；$d>1.5$m 时，$t\leq 100$mm。
3. 对于中风化层作为持力层的情况，C_1、C_2 应分别乘以 0.75 的折减系数。

4）示例

【例 4-4】 某水中桩基础，采用直径为 55cm 的钢筋混凝土桩，锤击沉桩，桩穿过土层的情况如图 4-38 所示，按土的阻力求其单桩轴向容许承载力。

解： 基桩为锤击沉桩：属于摩擦桩，可按打入公式计算其轴向受压容许承载力。其中 $\alpha_i=\alpha=1$，$[p]=1/2(\mu\Sigma l_i\tau_i+A\delta R)$

(1) 这时桩身长 $\mu=\pi d=1.73$，桩的横截面积 $A=(3.14\times 0.55^2)/4=0.237\text{m}^2$。

(2) 桩穿过各土层的厚度为 $l_1 = -0.2 - (-17.5) = 17.3$m，$l_2 = -1.75 - (-20.5) = 3$m。

(3) 桩侧极限摩擦阻力由土的液性指数 I_L 查表 4-10 得：

当 $I_L = 1.1$ 时 $\tau_1 = 30 - (30-15)/5 \times 4 = 30 - 12 = 18$kPa，取 $\tau_1 = 15$ 或 $15 \sim 30$。

当 $I_L = 0.3$ 时 $\tau_2 = 10 + (75-60)/25 \times 5 = 60 + 3 = 63$kPa，取 $\tau_2 = 75$。

(4) 桩尖极限承载力由黏土 $I_L < 0.35$ 查表 4-5 得 $\sigma_R = 3000$kPa。

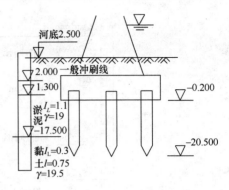

图 4-38 某水中桩穿过土层情况

所以 $[p] = 1/2 \times [1.73 \times (17.3 \times 18 + 3 \times 13) + 0.237 \times 3000] = 1130.09$kPa

【例 4-5】 若上题其他条件不变，基桩改为就地钻孔灌注桩。采用钻头 0.8m 的旋转钻孔，试按土的阻力确定单桩轴向承载力。

解：$[p] = 1/2u\Sigma l_i \tau_i + \lambda m_0 A[(\delta_0) + k_2 \gamma_2 (h-3)]$，此时 $\mu=$ 桩周长，按成孔计。

因为是旋转钻，所以 $\mu = (0.8 + 0.03) \times 3.14 = 2.16$m；$A = \pi d^2/4 = 3.14 \times 0.8^2/4 = 0.5$m²

桩穿过土层厚度 $L_1 = 17.3$m，$L_2 = 3$m；桩侧土的极限摩阻力为：

当 $I_L \geq 1$ 时，$\tau_1 = 20$kPa，

当 $I_L > 0.3$ 时，$\tau_2 = 50$kPa。

桩尖处的极限承载力计算是根据 $I_L = 0.3$，$l = 0.75$，查表得 $[\delta_0] = (310 + 270)/2 = 290$kPa。

又查表 3-11 得 $k_1 = 0$，$k_2 = 2.5$，桩尖以上多土层厚度（表层土从一般冲刷线算起）$h_1 = 2 - (-20.5) = 22.5$m

持力层为硬塑黏土，可视为不透水，故 $\gamma = (19 \times 19.5 + 19.5 \times 3)/(19.5 + 3) = 19.1$

限制 $t/d \leq 0.3$，清底系数按一般要求，即 $m_0 = 0.65$，因为 $t/d = 0.3$，λ 的值由 $l/d = 28.1$ 查表 4-9 得

$\lambda = 0.7$，于是 $[p] = 0.5 \times [2.61 \times (17.3 \times 2) + (3 \times 50)] + 0.5 \times [2 \times 0.6 \times 0.7 \times (290 + 2.5 \times 19.1)] = 1185$kPa

从一般冲刷线算起 $h = 2 - (-20.5) = 22.5$m

所以 $[p] = 1/2 \times [2.16 \times (346 + 150)] + 0.5 \times 2 \times 0.65 \times 0.7 \times [290 + 19.1 \times (20.5 - 3)] = 1202.89$kPa

【例 4-6】 某桥墩基础采用钻孔灌注桩，设计直径 1.0m，桩长 20m，桩穿过土层的情况如图 4-39 所示，按土的阻力求单桩轴向受压容许承载力。

解：单桩轴向受压容许承载力的计算公式为：

$$[R_a] = \frac{1}{2}u\sum_{i=1}^{n}q_{ik}l_i + A_p m_0 \lambda [[f_{a0}] + K_2\gamma_2(h-3)]$$

式中：

桩身周长：$u = \pi \times 1.0 = 3.14$m

桩端截面积：$A_p = \frac{1}{4}\pi \times (1.0)^2 = 0.79$m²

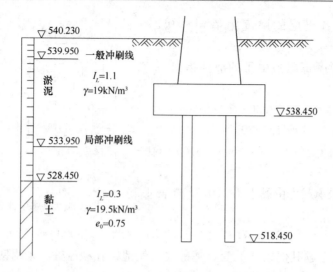

图 4-39 例 4-6 图（高程单位：m）

各土层与桩侧的摩阻力可由表 4-7 查得：

淤泥土 $I_L=1.1>1$，取 $q_{1k}=25$kPa；黏土 $I_L=0.3$，取 $q_{2k}=68$kPa

最大冲刷线以下各土层厚度为：

$$l_1=533.95-528.45=5.5\text{m},\ l_2=528.45-518.45=10\text{m}$$

根据表 4-8 可取清孔系数 $m_0=0.8$

由 $t/d=(533.95-528.45)/1.0=15.5$，且桩底土不透水，查表 4-9 可得修正系数 $\lambda=0.65$。

桩底为黏土，$I_L=063$，$e=0.75$，查表 3-9 可得 $[f_{a_0}]=305$kPa；查表 3-11 可得 $k_2=2.5$；桩端埋深由一般冲刷线算起，$h=539.45-518.45=21.5$m；则单桩轴向受压容许承载力为：

$$[R_a]=\frac{1}{2}\times 3.14\times(5.5\times 25+10\times 68)+0.79\times 0.8\times 0.65$$
$$\times\left[305+2.5\times\frac{11.5\times 19+10\times 19.5}{11.5+10}\times(21.5-3)\right]$$
$$=1774.18\text{kPa}$$

【例 4-7】 如图 4-40 所示，某桥墩基础采用钻孔灌注桩，设计直径为 1.0m，桩身重度为 25kN/m³。河底土质为密实细砂土，土的饱和重度为 $\gamma_{sat}=21.6$kN/m³。按作用短期效应组合（可变作用的频遇值系数均取 1.0）计算得到单桩桩顶所受轴向压力为 $p=2120.66$kN，求桩长。

解：由于地基土层单一，所以可按单桩轴向受压容许承载力与单桩轴向受力相等的关系反算桩长。

设桩端埋入最大冲刷线以下深度为 l，一般冲刷线以下深度为 h，$h=l+5$。
单桩轴向受压容许承载力为：

$$[R_a]=\frac{1}{2}u\sum_{i=1}^{n}q_{ik}l_i+A_p m_0\lambda[[f_{a_0}]+K_2\gamma_2(h-3)]$$

式中：

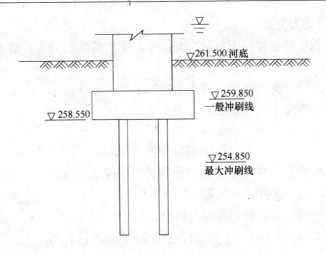

图 4-40 例 4-7 图（高程单位：m）

桩身周长：$u=\pi\times1.0=3.14\mathrm{m}$

桩端截面积：$A_\mathrm{p}=\frac{1}{4}\pi\times(1.0)^2=0.79\mathrm{m}^2$

土侧与桩侧的摩阻力按表 4-7 取 $q_{1k}=63\mathrm{kPa}$

根据表 4-8 可取清孔系数 $m_0=0.8$

桩底为密实细砂土，查表 3-6 可得 $[f_{a_0}]=300\mathrm{kPa}$；查表 3-11 可得 $k_2=4.0$。

因为持力层（细砂）透水，所以桩侧土的重度 γ_2 应取浮重度，即 $\gamma_2=21.6-10=11.6\mathrm{kN/m^3}$；先假定 $t/d=4\sim20\mathrm{m}$，即 $t=4\sim20\mathrm{m}$，又因桩底土透水，所以由表 4-9 可得修正系数 $\lambda=0.7$。则单桩轴向受压容许承载力为：

$$[R_\mathrm{a}]=\frac{1}{2}\times3.14\times63\times t+0.79\times0.8\times0.7\times[300+4\times11.6\times(t+5-3)]$$

$$=119.44t+173.77$$

单桩轴向受力计算：

桩顶轴向受力 $P=2120.66\mathrm{kN}$。

根据相关规范规定，应按作用短期效应组合计算，且桩身自重与置换土重的差值作为荷载考虑。据《公路桥涵地基与基础设计规范》JTG D 63—2007 第 5.3.3 条的解释：采用将桩自重标准值与置换土重标准值之差作为超静考虑是为了保证安全

所以，单桩轴向受力为：

$$N=2120.66+(258.55-254.85+t)\times\frac{\pi\times1.0^2}{4}\times$$

$$[(25-10)-(21.6-10)]=2.67t+2134.89$$

令 $N=[R_\mathrm{a}]$，即 $2.67t+2134.89=119.44t+173.77$

所以 $116.77t=2006.12$，所以 $t=17.18\mathrm{m}$，取 $17.5\mathrm{m}$。

则桩底高程为：

最大冲刷线处高程－桩底高程＝254.85－17.5＝237.35m

这时桩身长应为：

承台底标高－桩底高程＝258.55－237.35＝21.2m

5) 打桩公式（动力公式）

(1) 贯入度：每次锤击桩的下沉量。其值小，土对桩的阻力大，桩的承载力大。

(2) 最后贯入度：

①定义：桩达到设计深度时最后锤击十次的平均下沉量。

②作用：在一定程度上反映桩的承载力大小。

(3) 动力公式：

①计算式
$$QH = Re + Qh + aQh \tag{4-5}$$

②关系：表示桩的最后贯入度与桩的承载力的关系，当 $e > [e]$，说明桩的承载力未达到设计要求；$e \leqslant [e]$，说明桩的承载力可行了。

③原理：以打桩时能量的转换原理为依据。

④运用式：
$$[p] = 1/m - nA/2 + \sqrt{(nA/2)^2 + nAE/e \times (Q + k^2 q)/(Q + q)} \tag{4-6}$$
$$[e] = nAE/m[p](m[p] + nA) \cdot (Q + k^2 q)/(Q + q)$$

式中　$[p]$——单桩轴向容许承载力(kN)；

　　　　m——安全系数，临时为1.5，永久为2；

　　　　A——桩的截面积(cm^2)；

　　　　n——参数，可查表4-14得到；

　　　　e——最后贯入度(对落锤、单动气锤取最后5次锤击的平均值)；

　　　　E——一次锤击能，可查表4-15得到；

　　　　Q——锤重量(kN)；

　　　　q——桩重(包括桩帽、送桩等的重量)；

　　　　k——恢复系数，有木锤垫时 $k_2 = 0.2$ (即回弹系数)；

　　　　H——锤落距(cm)。

n 值　　　　　　　　表4-14

情　况		n (kN/cm²)
钢筋混凝土或预应力混凝土桩	有硬木桩垫	0.15
	有硬木桩垫加麻袋垫层	0.10
钢　桩	无桩垫	0.50

E 值　　　　　　　　表4-15

锤　形	E	备　注
坠锤或单动气锤	QH	H 为锤芯落高 (cm)；h 为柴油锤芯由于气垫作用的第一次回跳高度 (cm)；用尺量得
筒式柴油锤	$0.9QH$	
导杆式柴油锤	$0.4QH$	
柴油锤，但不供燃料，仅作控制性单次锤击	$Q(H-h)$	

⑤复打：

定义：打完后隔几天再锤击。

结果：贯入度有变化，$e_复 > e_复前$，$e_复$ 才能反映实际土的阻力，往往以 $e_复$ 为准。

3. 按桩身材料强度确定（即极限状态）

第四节 单桩承载力的确定

1) 概述

(1) 在轴向压力作用下,单桩受力为轴向受压杆件。

(2) 若桩除受到轴向压力外还有水平力及弯矩作用,则单桩为偏心受压杆件。

(3) 用极限方法求桩的承载力时:①验算桩身截面强度;②验算桩身压屈稳定。

2) 轴向受压时

(1) 配有普通箍筋的混凝土桩在轴心受压时的验算

$$[p] = \phi \gamma_b [1/\gamma_c R_a \cdot A + 1/\gamma_s \cdot R_g' A_g'] \tag{4-7}$$

式中 $[p]$——计算纵向力,又称临界荷载;

ϕ——桩的纵向弯曲系数,可查结构设计原理书中有关表格;仅对高桩承台桩考虑;

R_a——混凝土抗压设计强度,强度等级查结构设计原理与有关表可得;

A——桩的截面积,纵向筋大于3%时 $A_h = A - A_g'$;

A_g'——纵向筋面积;

γ_b——构件工作条件系数为0.95;

γ_c——混凝土安全系数为1.25;

γ_s——钢筋安全系数为1.25。

有关 $[p]$ 要注意荷载组合。

【例4-8】 有一个截面为 $25cm \times 25cm$ 的桩,计算长度 $L_0 = 6.5m$,混凝土为C30,钢筋为HRB400,4根 $\phi 25$,结构重要系数为0.95,求该桩所能承受的最大轴向力?

解: ①纵向筋配筋率:$\rho = A_g'/A = 1964/(250 \times 250) = 3.14\% > 3\%$,则

$$A_h = A - A_g' = 250 \times 250 - 1964 = 60536 mm^2$$

②又因为 $l_0/b = 6500/250 = 26$,钢筋混凝土轴心受压构件稳定系数表得 $\phi = 0.6$

所以 $[p] = 0.6 \times 0.95 \times (60536 \times 17.5/1.25 + 1964 \times 340/1.25)$

$= 0.57 \times (1059.38 + 667.76/1.25)$

$= 0.57 \times 1381.664 = 787.55 kN$

(2) 在用螺旋式或焊接环式间接钢筋时,其截面强度验算

$$[p] = \gamma_b (1/\gamma_c \cdot A_{he} + 1/\gamma_s \cdot R_g' A_g' + 2/\gamma_s R_g A_g) \tag{4-8}$$

式中 A_{he}——桩的核心截面积,其值 $= d_{he} \cdot d_{he}$;

d_{he}——桩的核心直径,其值 $= d -$ 两边保护层;

R_g——螺旋箍筋柱的间接钢筋抗拉设计强度;

A_g——螺旋箍筋柱的间接钢筋换算截面积;

$$A_{jg} = \pi d_{he} a_j / s$$

a_j——单根间接按钢筋截面积;

s——桩轴线方向间接按钢筋的间距。

3) 偏心受压情况

(1) 受到的力有轴向力、水平力、弯矩。

(2) 先计算偏心距,$e_0 = M_d/N_d$

(3) 求出偏心距增大系数 η (这时 $0 < \eta < 3$),$\eta = 1 + \dfrac{1}{1400 l_0/h_0} \left(\dfrac{l_0}{h}\right)^2 \xi_1 \xi_2$

式中　　$\xi_1 = 0.2 + 2.7 l_0/h_0 \leqslant 1.0$

$$\xi_2 = 1.15 - 0.01 l_0/h_0 \leqslant 1.0$$

l_0——构件计算长度；

M_d——相应于轴向力 N_d 的弯矩组合设计值；

h_0——截面有效高度，对圆形截面 $h_0 = \gamma + \gamma_0$；

h——截面高度，对于圆形截面 $h = 2$ 倍的截面半径；

ξ_1——荷载偏心率对截面曲率的影响系数；

ξ_2——构件长细比对截面曲率的影响系数。

(4) 强度计算式按

$$\gamma_0 N_d \leqslant N_u = Ar^2 f_{cd} + C\rho r^2 f'_{sd} \tag{4-9}$$

$$\gamma_0 N_d (\eta e_0) \leqslant M_u = Br^3 f_{cd} + D\rho g r^3 f'_{sd}$$

式中：　　ρ——纵向钢筋配筋率；

g——钢筋半径相对系数，即纵向钢筋所在圆周的半径 r_s 与圆截面半径 r 之比，$g = r_s/r$；

A、B、C、D——圆形截面偏心受压构件正截面抗压承载力计算系数，可查《公路钢筋混凝土及预应力混凝土桥涵设计规范》JTG D 62—2004 中的计算用表取值。

(5) 最大裂缝宽度验算

裂缝宽度计算式 $S_{fmax} C_1 C_2 C_3 \cdot \delta_g / E_g \left(\dfrac{30+d}{0.28+10\mu} \right)$ (4-10)

R.C 构件在Ⅰ类和Ⅱ类环境下裂缝宽度不大于 0.2mm，Ⅲ类及Ⅳ类环境下裂缝宽度不大于 0.15mm。

式中　C_1——钢筋表面系数，光圆钢筋 $C_1 = 1.4$，螺纹钢筋 $C_1 = 1.0$；

C_2——荷载作用系数，短期荷载 $C_2 = 1.0$，长期荷载 $C_2 = 1 + 0.5 N_0/N$，而

N_0——长期荷载内力，N——全部使用荷载作用下的内力；

C_3——构件形式系数，受弯构件 $C_3 = 1.0 \sim 1.15$；

δ_g——使用荷载作用下的应力；

E_g——钢筋弹性模量；

d——纵向受拉钢筋的直径；

μ——配筋率，$\begin{cases} \mu > 0.02 \text{ 时取 } 0.02; \\ \mu < 0.006 \text{ 时取 } 0.006; \\ 0.006 < \mu < 0.02 \text{ 按 } \mu \text{ 的实际值计}. \end{cases}$

三、单桩横向容许承载力的确定——即水平力作用

(一) 在水平力作用下，桩的破坏机理和特点

1. 在水平力作用下

(1) 桩身产生横向位移或挠曲，并与桩侧土协调变形；

(2) 桩身对土产生侧向压应力，同时侧土反作用于桩，产生侧向土抗力。

2. 在水平力作用下，桩的工作性状：

1) 刚性桩——桩的相对刚度较大

(1) 定义：桩径较大，入土深度较小（或周围土较软），即桩的刚度远大于土层的刚度。

$$桩入土深度 h \leqslant 2.5/\alpha, 而 \alpha = \sqrt[5]{\frac{mb_1}{EI}} \tag{4-11}$$

(2) 桩身挠曲变形不显示：见图 4-41 (a)，如同刚体一样绕桩轴某一点转动。

(3) 水平力由桩侧土的强度与稳定性决定。

2) 弹性桩——桩的相对刚度较小，桩入土深度 $h < 2.5/\alpha$

(1) 定义：桩径较小，入土深度较大（或周围土较坚实）。

(2) 桩身挠曲变形大：见图 4-41 (b)，成波状曲线，即：侧向位移随入土深度增大而逐渐减小，到一定深度后，几乎不受影响，形成一端嵌固的地基梁。

(3) 水平力由桩身材料的抗弯强度决定（或侧向变形条件决定）。

（二）单桩在水平力作用下的确定方法（图 4-42）

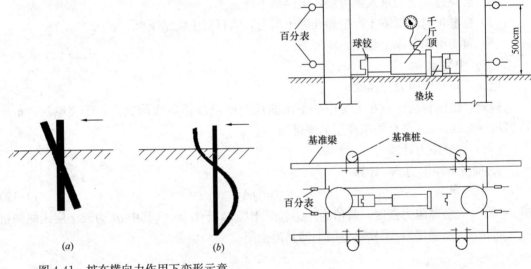

图 4-41 桩在横向力作用下变形示意
(a) 刚性桩；(b) 弹性桩

图 4-42 桩水平静载试验装置示意

单桩水平荷载试验

常用可靠方法，因在现场确定水平力及地基土抗力系数是最符合实际情况的。

1) 试验装置：千斤顶、计分表（图 4-42）。

2) 试验方法：

(1) 试验是采用千斤顶施加水平荷载，其施力点位置宜放在实际受力点位置。在千斤顶与试桩接触处宜安置一个球形铰座，以保证千斤顶作用力能水平通过桩身轴线。桩的水平位移宜采用大量程百分表量测。

固定百分表的基桩宜打设在试桩侧面靠位移的反方向，与试桩净距不小于 1 倍试桩直径。试验的基本原理同垂直静载试验，只是力的作用方向不同。通过试验求得极限承载力，用极限承载力除以安全系数（一般取 2）即得桩的水平容许承载力。

(2) 分析计算法

按弹性地基梁埋设建立，计算桩在横向荷载作用下，桩身内力与变位及桩身对土的作用力，验算桩身材料和桩侧土的强度与稳定性以及桩顶或墩台位移等，从而可评定桩的横向容许承载力。

四、负摩阻力问题

（一）定义

（1）正摩阻力：在轴向力作用下，桩向下移动，土对桩产生的向上的作用力。

（2）负摩阻力：在轴向力作用下，桩向下移动，土对桩产生的向下的作用力。

（二）负摩阻力作用

①变成施加在桩上的外荷载；②桩承载能力降低；③桩基沉降加大。

（三）负摩阻力发生在桥头、路堤高填土的桥台桩基础

（四）负摩阻力产生的原因

（1）桩附近地面由于堆载而沉降。

（2）土层中地下水位下降使土固结下沉。

（3）桩穿过填土层进入持力层，土固结下沉。

（4）打群桩时，周围土产生超孔隙土压力，墩打后土固结下沉。

（5）黄土湿陷，冻土融化，地面下沉。

（五）中性点

定义：正负摩阻力变换处。

确定：①估算法：桩在土层中的下沉曲线与桩身位移曲线的交点；②文献法：$h_1 = 0.77h_2 \sim 0.8h_2$（$h_2$ 是软弱压缩层的厚度）。

（六）负摩阻力计算

1. 桩身负摩阻力 N_F 计算

$$N_F = fA_{hf} \tag{4-12}$$

式中 f——负摩阻力强度，其值为：①软黏土层，$f=1/2q_u$（其中 q_u 为软土层无侧限抗压强度）；②软弱土层上的其他土层；

$$f = \beta\gamma'Z$$

β——系数，取值见表 4-16；

系 数 β 表 4-16

土类	β	土类	β
饱和软土	0.15～0.25	砂土	0.35～0.5
黏土、粉土	0.25～0.4	湿陷性黄土	0.2～0.31

γ'——土的有效重度；

Z——计算点深度；

A_{hf}——产生负摩阻力的深度 h_1 范围内的桩身表面积。

2. 计算单桩承载力

$$P + N_F \leqslant P = \frac{P_F + P_B}{2} \tag{4-13}$$

式中 P_F——桩侧极限正摩阻力（kN）；

P_B——桩底极限阻力（kN）；

P——桩顶轴向荷载（kN）；

N_F——桩身负摩阻力。

【例 4-9】 如图 4-43 所示，灌注桩径 1.0m，桩底沉淀层厚 $t\leqslant 0.3m$，地基土层上部为黏质粉土，饱和重度为 $\gamma_{sat}=18.6kN/m^3$，孔隙比 $e=0.9$，液性指数 $I_L=0.8$；下层为粉质黏土，$\gamma_{sat}=19.6kN/m^3$，孔隙比 $e=0.8$，液性指数 $I_L=0.5$。

试按土的阻力求单桩轴向受压容许承载力。

解：桩身截面积 $A_p=1/4\pi d^2=0.79m^2$

第一层土为黏质粉土，$e=0.9$，$I_L=0.8$，可查表 4-7 得 $q_{ik}=30kPa$

第二层土为粉质黏土，$e=0.8$，$I_L=0.5$，可查表 4-7 得 $q_{ik}=50kPa$

该墩在水中，应为高桩承台，因此根据高桩承台从局部冲刷线起算桩长，$l_1=178.5-176.5=2m$；$l_2=176.5-166.5=10m$

又因为 $t\leqslant 0.3m$，查表得 $m_0=0.7$；而 $l/d=(2+10)/1.0=12$。因为 $I_L\geqslant 0.5$，所以桩底透水，查表 4-9

可得 $\lambda=0.7$

桩底为粉质黏土，$I_L=0.5$，$e=0.8$，查表 3-9 得 $[f_{a0}]=240kPa$

再查表 3-11 可得 $k_1=0$，$k_2=1.5$

根据规定桩端埋深应由一般冲刷线起算，所以 $h=180-166.5=13.5m$

则单桩轴向受压容许承载力为：

$$[R_a]=1/2\mu\Sigma l_i q_{ik}+A_P m_0 \cdot \lambda\{[f_{a0}]+k_2\gamma_2(h-3)\}$$
$$=1/2\times 3.14\times(2\times 30+10\times 50)+0.79\times 0.7$$
$$\times 0.7\times\left[240+1.5\times\left(\frac{2\times 18.6+10\times 19.6}{2+10}\right)\times(13.5-3)\right]$$
$$=1051.09kN$$

习题 1：将【例 4-9】中的基桩改为 40cm×40cm 的钢筋混凝土预制方桩，其他条件不变，试按土的阻力求单桩轴向受压容许承载力。

习题 2：某桥墩基础如图 4-44 所示，采用钻孔灌注桩，设计直径 1.0m，桩身重度为 $25kN/m^3$，桩底沉垫层厚度 $t\leqslant 0.3m$。河底土质为黏性土，饱和重度 $\gamma_{sat}=19.5kN/m^3$，

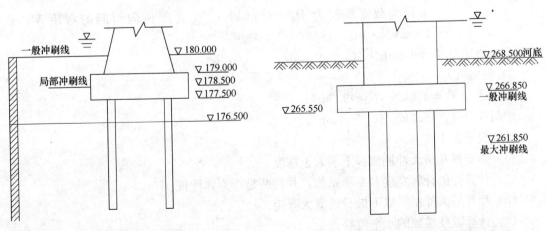

图 4-43 桩基础示意图（高程单位：m）　　图 4-44 某桥墩基础示意图（高程单位：m）

孔隙比 $e=0.7$，液性指数 $I_L=0.4$。按作用短期效应组合（可变作用的频遇值系数均取 1.0）计算得到单桩桩顶所受轴向压力为 $P=1988.68\text{kN}$。试确定桩在最大冲刷线以下的入土深度。

习题 3：某桥梁为双柱式桥墩，如图 4-45 所示，其中墩柱直径为 1.0m，基桩直径为 1.3m，采用钻孔灌注桩，要求桩底沉垫层厚度 $t \leqslant 0.3\text{m}$，桩柱重度为 25kN/m^3，桩柱混凝土等级为 C25，混凝土的弹性模量 $E_e=2.8\times10^4\text{MPa}$。地基土为粉质黏土，饱和重度 $\gamma_{sat}=18.8\text{kN/m}^3$，孔隙比 $e=0.8$，液性指数 $I_L=0.5$。

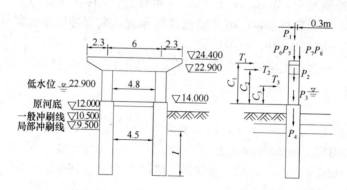

图 4-45　某桥梁双柱式桥墩图示（尺寸单位：m，高程单位：m）

每根桩承受的作用效应标准值（低水位时不计水的浮力）为：

1) 结构重力

梁跨结构重 $P_1=1136.6\text{kN}$，盖梁重 $P_2=188.8\text{kN}$，墩柱重 $P_3=174.8\text{kN}$，横系梁重 $P_4=25.6\text{kN}$，桩每米自重 $q=\dfrac{\pi\times(1.3)^2}{4}\times 25=33.2\text{kN}$（不计浮力）。

2) 汽车和人群荷载支座反力

两跨荷载时：汽车荷载支座反力 $P_5=376.8\text{kN}$；人群荷载支座反力 $P_6=90.0\text{kN}$。

一跨荷载时：汽车荷载支座反力 $P_7=296.6\text{kN}$；P_7 在顺桥向引起的弯矩 $M_1=89.0\text{kN}\cdot\text{m}$；

人群荷载支座反力 $P_8=45.0\text{kN}$；P_8 在顺桥向引起的弯矩 $M_2=13.5\text{kN}\cdot\text{m}$。

汽车制动力 $T_1=11.3\text{kN}$（$C_1=10.4\text{m}$）。

3) 纵向风力

盖梁部分 $T_2=4.6\text{kN}$（$C_2=9.6\text{m}$）；

墩身部分 $T_3=5.2\text{kN}$（$C_3=4.5\text{m}$）。

计算要求如下：

(1) 确定桩在最大冲刷线以下的入土深度。
(2) 计算桩的计算宽度和变形系数，并判断是否为弹性桩。
(3) 计算最大冲刷线以下桩身的最大弯矩。
(4) 计算墩柱桩顶的水平位移。

第五节 基础内力和位移计算

一、概述
（一）力传递

桩基础上受到的内力有 V、H、M。它们通过承台传给桩，再由桩传给地基。

（二）桩在 H 作用下求桩内力与位移的方法

弹性地基梁法，往往用数值解法。

(1) 数值解法：求弹性地基梁弹性微分方程的方法。

(2) 数值解法有：m 法、k 法、c 值法。《公路桥涵地基与地基设计规范》JTG D 63—2007 中采用 m 法。

二、基本概念
（一）土的弹性土抗力及其分布规律

1. 桩在 V、H、M 作用下会产生位移（竖向位移、水平位移与转角）

2. 竖向位移使桩产生侧土摩阻力+桩底土抗力，水平位移及转角使桩产生土抗力（图 4-46）

3. 土抗力（δ_{ZX}）

(1) 产生原因：桩在 V、H、M 作用下产生的水平位移和转角造成。

(2) 定义：深度为 Z 处的横向土抗力（用 δ_{ZX} 表示）。

(3) 作用：①抵抗外力（V、H、M）；②稳定桩基础的作用。

(4) 大小：①决定于土的性质、桩的刚度、入土深度、截面形状、桩距、荷载等因素。②计算式：

$$\delta_{ZX}=C_{X}Z \tag{4-14}$$

4. 地基系数 C

(1) 实质：单位面积土在弹性限度内产生单位变形时所需加的力。

(2) 分布规律：图 4-46 的几种形式。

(3) 计算方法：①m 法——假设 C 随深度成正比例增长，$C=mZ$（图 4-46a）。

②k 法——假设 C 随深度呈折线变化（图 4-46b），在第一段挠曲零点以上 C 是随深度而增加，第一挠曲零点以下 C 不随深度变化，是个常数。

③c 值法——假设 C 随深度成抛物线规律增加，$C=cZ^{0.5}$（图 4-46c）。

5.《公路桥涵地基与基础设计规范》JTG D 63—2007 采用 m 法计算地基土的比例系数

(1) m 值可根据试验实测决定。

(2) 无实测数据时：

①非岩石类土的 m 值（见表 4-17）。

②岩石类地基系数 C_0，见表 4-18。

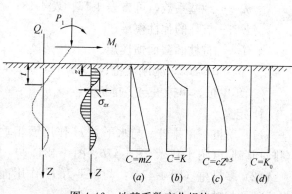

图 4-46 地基系数变化规律

③m 为水平比例系数，m_0 为竖向比例系数

非岩石类土的 m 值和 m_0 值　　　　　　　　　　　　　表 4-17

土的名称	m 和 m_0 (kN/m⁴)	土的名称	m 和 m_0 (kN/m⁴)
流塑性黏土（$I_L>1.0$）、软塑黏性（$1.0 \geqslant I_L>0.75$）、淤泥	3000~5000	坚硬、半坚硬黏性土（$I_L \leqslant 0$），粗砂，密实粉土	20000~30000
可塑黏性土（$0.75 \geqslant I_L>0.25$）、粉砂、稍密粉土	5000~10000	砾砂、角砾、圆砾、碎石、卵石	30000~80000
硬塑黏性土（$0.25 \geqslant I_L>0$）、细砂、中砂、中密粉土	10000~20000	密实卵石夹粗砂，密实漂、卵石	80000~120000

注：1. 本表用于基础在地面处位移最大值不应超过 6mm 的情况，当位移较大时，应适当降低。
    2. 当基础侧面设有斜坡或台阶，且其坡度（横：竖）或台阶总宽与深度之比大于 1：20 时，表中 m 值应减小 50% 取用。

岩石地基抗力系数 C_0　　　　　　　　　　　　　　　　表 4-18

编　号	f_{rk} (kPa)	C_0 (kN/m⁴)
1	1000	300000
2	$\geqslant 25000$	15000000

注：f_{rk} 为岩石单轴饱和抗压强度标准值。对于无法进行饱和的试样，可采用天然含水率单轴抗压强度标准值；当 $1000\text{kPa} < f_{rk} < 25000\text{kPa}$ 时，可用直线内插法确定 C_0。

(3) 基础侧面地面或最大冲刷线下 $h_m = 2(d+1)m$ 时，深度范围内有两层土时，应换算成一个 m 值。

6. 基础变形系统 α（m⁻¹）

1) 定义：

(1) 刚性构件：在水平力作用下，桩本身不发生挠曲变形，只发生转动与位移。

(2) （柔性）弹性构件：在水平力作用下，桩本身发生挠曲变形，只发生转动与位移。

2) 计算式：

$$\alpha = \sqrt[5]{\frac{mb_1}{EI}} \tag{4-15}$$

式中　b_1——桩的计算宽度；
　　　m——地基系数，可查表 4-17、表 4-18；
　　　E——桩柱的弹性模量；
　　　I——桩柱的截面惯性矩。

3) 例：$\alpha \leqslant 2.5$，为刚性桩；$\alpha > 2.5$，为弹性桩。

（二）单桩、单排桩与多排桩

1. 定义

(1) 单桩、单排桩：与水平力 H 作用面相垂直的平面上由单根或多根桩组成的单排（排桩基础）（图 4-47a、图 4-47b、图 4-48）。

(2) 多排桩（图 4-47c）：与水平力 H 作用面垂直的平面上由一根以上的不是单排桩组成的桩基础。

第五节 基础内力和位移计算

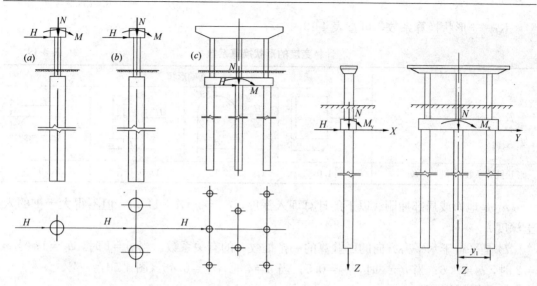

图 4-47 单桩、单排桩及多排桩　　　　图 4-48 单排桩的计算

2. 外力承担情况

1) 单桩或垂直于单排桩（图 4-49、图 4-47a、图 4-47b）承担上部荷载。

(1) 在 N、H、M 作用中心时平均分担在各桩上，公式

$$P_i = N/m, \quad Q_i = M/n, \quad M_i = M/N \tag{4-16}$$

(2) N 横桥向有 e 时　　　$P_i = N/n \pm M_i y_i / \Sigma y_i$ (4-17)

2) 垂直于验算方向的多排桩（图 4-47c）用位移法计算。

3. 桩的计算宽度

1) 桩的计算宽度是由试验室研究分析出来的，原因是桩在 H 作用下：

(1) 桩身宽度范围内的桩侧土受挤压。

(2) 桩身宽度范围以外的一定范围内土体都受挤压。

2) 桩的计算宽度：

计算宽度：

单桩宽度：

$$d \geqslant 1.0 \text{ 时}, b_1 = K \cdot K_f(d+1) \leqslant 2d \tag{4-18}$$
$$d < 1.0 \text{ 时}, b_1 = K \cdot K_f(1.5d + 0.5) \tag{4-19}$$

式中　K——平行于水平力方向的桩间的互相影响系数（见图 4-49）。

单排桩或 $L_1 \geqslant 0.6h_1$ 的多排桩，

$$K = 1.0 \tag{4-20}$$

$L_1 < 0.6h_1$ 的多排桩，

$$K = b_2 + (1-b_2)/0.6h \cdot L_1/h_1 \tag{4-21}$$

在桩基础平面布置中，若平行于水平力作用方向的各排桩数不等，且相邻桩中心距等于或大于 $d+1$ 时，可按桩数最多的一排计算其相互影响系数 K 值，并且各桩可采用同一 K 值。

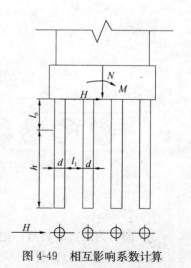

图 4-49 相互影响系数计算

K_f——形状换算系数,可查表 4-19。

计算宽度的形状换算系数　　表 4-19

名　称	符　号	基础形状			
		矩形	圆形		
形状换算系数	K_f	1.0	0.9	$1-0.1\dfrac{d}{B}$	0.9

h_1 是地面或局部冲刷线以下的计算埋入深度,$h_1=3(d+1)$ m,但不得大于桩的入土深度 h。

b_2 是平行于水平力方向的所验算的一排桩数 n 的有关系数。当 $n=1$ 时,$b_2=1$;当 $n=2$ 时,$b_2=0.6$;当 $n=3$ 时,$b_2=0.5$;当 $n=4$ 时,$b_2=0.45$(图 4-50)。

3) 单排桩总宽:

$$nb_1 < (B'+1) \tag{4-22}$$

当 $nb_1 > (B'+1)$ 时,取 $B'+1$ 　　(4-23)

B' 为边桩外侧边缘之间的距离。

三、用 m 法计算弹性单排桩基的桩内力与位移

(一) m 法的基本规定

(1) 土抗力与该点的水平位移成正比,即:$\sigma_{ZX}=CX_Z$ 　　(4-24)

(2) 地基系数 C 随深度成正比增加,即:$C=mZ$ 　　(4-25)

(3) 计算公式推导不考虑桩与土之间的摩擦力和粘结力。

(4) 桩与侧土在受力前后始终密贴。

(5) 桩为一弹性构件。

(二) m 法计算

1. 坐标体系(图 4-51)

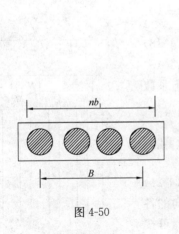

图 4-50

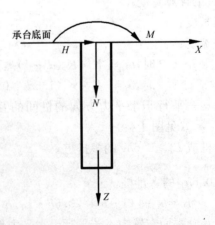

图 4-51　坐标体系

① x 向右为正;② 转角:逆时针为正;③ M:左侧纤维受拉为正。

2. 桩的挠曲微分方程

第五节 基础内力和位移计算

$$\alpha^4 \cdot X_Z/\alpha \cdot Z^4 + \alpha^5 \cdot Z \cdot X_Z = 0 \quad (4\text{-}26)$$

式中 α——桩的变形系数，其值 $\alpha = \sqrt[5]{mb_1/EI}$。

3. 当地面处（$Z=0$），桩水平位移（X_0）、转角（φ_0）、弯矩（M_0）和剪力（Q_0）时则可求得桩的挠曲微分方程的解，即桩身任一截面的 $X_Z, \phi_Z, M_Z, Q_Z, \sigma_{ZX}$ 的表达式

(1) 水平位移公式 $X_Z = X_0 A_1 + \phi_0/\alpha \cdot B_1 + M_0/EI\alpha^2 \cdot C_1 + Q_0/\alpha^3 EI \cdot D_1$ (4-27)

(2) 转角公式 $\phi_Z/\alpha = X_0 A_2 + \phi_0/\alpha \cdot B_2 + M_0/EI\alpha^2 \cdot C_2 + Q_0/\alpha^3 EI \cdot D_2$ (4-28)

(3) 弯矩公式 $M_Z/\alpha^2 EI = X_0 A_3 + \phi_0/\alpha \cdot B_3 + M_0/EI\alpha^2 \cdot C_3 + Q_0/EI\alpha^3 \cdot D_3$ (4-29)

(4) 剪力公式 $Q_Z/EI\alpha^3 = X_0 A_4 + \phi_0/\alpha \cdot B_4 + M_0/EI\alpha^2 \cdot C_4 + Q_0/\alpha^3 EI \cdot D_4$ (4-30)

(5) 土抗力公式 $\sigma_{ZX} = mZ(X_0 A_1 + \phi_0/\alpha \cdot B_1 + M_0/EI\alpha^2 \cdot C_1 + Q_0/EI\alpha^3 \cdot D_1)$ (4-31)

上述公式中均含有 X_0、ϕ_0、M_0、Q_0 四个参数，而 M_0、Q_0 可由已知桩顶受力确定，而 X_0、ϕ_0 应根据桩的边界条件来确定，即：

①当是摩擦桩、端承桩时

$$X_0 = Q_0/\alpha^3 EI \cdot A_{x0} + M_0/EI\alpha^2 \cdot B_{x0} \quad (4\text{-}32)$$

$$\phi_0 = -(Q_0/\alpha^2 EI \cdot A_{\phi 0} + M_0/EI\alpha \cdot B_{\phi 0}) \quad (4\text{-}33)$$

式中 $A_{x0} = (B_3 D_4 - B_4 D_3)/(A_3 D_4 - A_4 B_3)$

$B_{x0} = (B_3 C_4 - B_4 C_3)/(A_3 B_4 - A_4 B_3)$

$A_{\phi 0} = (A_3 D_4 - A_4 D_3)/(A_3 B_4 - A_4 B_3)$

$B_{\phi 0} = (A_3 C_4 - A_4 C_3)/(A_3 B_4 - A_4 B_3)$

这些 A_{x0}、B_{x0}、$A_{\phi 0}$、$B_{\phi 0}$ 均为 αZ 的函数，可查《公路桥涵地基与基础设计规范》JTG D63—2007 或本书后面附表取值

②嵌岩桩 ϕ_0、X_0 计算

$$X_0 = Q_0/\alpha^3 EI \cdot A_{x0}^0 + M_0/EI\alpha^2 \cdot B_{x0}^0 \quad (4\text{-}34)$$

$$\phi_0 = -(Q_0/\alpha^2 EI \cdot A_{\phi 0}^0 + M_0/EI\alpha^2 \cdot B_{\phi 0}^0) \quad (4\text{-}35)$$

式中 $A_{x0}^0 = (B_2 D_1 - B_1 D_2)/(A_2 B_1 - A_1 B_2)$

$B_{x0}^0 = (B_2 C_1 - B_1 C_2)/(A_2 B_1 - A_1 B_2)$

$A_{\phi 0}^0 = (A_2 D_1 - A_1 D_2)/(A_2 B_1 - A_1 B_2)$

$B_{\phi 0}^0 = (A_2 C_1 - A_1 C_2)/(A_2 B_1 - A_1 B_2)$

这些 A_{x0}^0、B_{x0}^0、$A_{\phi 0}^0$、$B_{\phi 0}^0$ 也都是 αZ 的函数，可从《公路桥涵地基与基础设计规范》JTG D63—2007 或附表中查得。

在求得 X_0、ϕ_0 及确定 M_0、Q_0 后即可代入式（4-27）～式（4-31）求出地面下任一深处的内力、位移、土抗力值。

（三）用无量纲法求桩身在地面以下任一深度处的内力与位移值

1. 无量纲法

用无量纲系数（A_x、B_x、A_ϕ、B_ϕ）代入式（4-27）～式（4-31）进行求解。

2. 当 $\alpha h \geq 2.5$ 摩擦桩、$\alpha h \geq 3.5$ 柱桩时，用无量纲法求桩身地面以下深度处内力与位移的公式为：

横移：$X_Z = Q_0/\alpha^3 EI \cdot A_x + M_0/EI\alpha^2 \cdot B_x$ (4-36)

转角：$\phi_0 = Q_0/\alpha^2 EI \cdot A_\phi + M_0/EI\alpha \cdot B_\phi$ (4-37)

弯矩：$M_Z = Q_0/\alpha \cdot A_m + M_0 B_m$ (4-38)

剪力：$Q_Z = Q_0 \cdot A_Q + \alpha \cdot M_0 \cdot B_Q$ (4-39)

土抗力：$\sigma_{ZX} = \alpha Q_0/b_1 \cdot \overline{Z} \cdot A_x + \alpha^2 M_0/b_1 \cdot \overline{Z} \cdot B_x$

式中 A_m、B_m 可从附表 5 及附表 6 查得。

3. 当 $\alpha_h > 2.5$ 嵌岩柱时：

横移：$X_Z = Q_0/\alpha^3 EI \cdot A_x^0 + M_0/EI\alpha^2 \cdot B_x^0$ (4-40)

转角：$\phi_Z = Q_0/\alpha^2 EI \cdot A_\phi^0 + M_0/EI\alpha \cdot B_\phi^0$ (4-41)

弯矩：$M_Z = \dfrac{Q_0}{\alpha} \cdot A_m^0 + M_0 \cdot B_m^0$ (4-42)

剪力：$Q_Z = Q_0 \cdot A_Q^0 + \alpha \cdot M_0^0 B_Q$ (4-43)

4. 桩身最大弯矩位置 Z_{Mmax} 和最大弯矩 M_{max} 值确定

(1) 桩身最大弯矩位置 Z_{Mmax} 求解方法目的是进行配筋设计和检验桩的截面强度。

① 方法 A：画图法。

可将各深度 Z 处的 M_z 值用公式求出，并绘制"$Z-M$"图。

② 方法 B：用数值法解之。

(2) 桩在地面或局部冲刷线处的横向荷载：

$$M_0 = M_i + Q_i l_0 \quad (4\text{-}44)$$

$$Q_0 = Q_i \quad (4\text{-}45)$$

式中 M_i、Q_i——作用于桩顶上的横向荷载。

l_0——桩顶到地面或局部冲刷线的长度。

(3) 最大冲击线以下深度 Z 处桩截面上的 M_z 及水平土压应力 σ_{ZX}。

$$M_X = Q_0/\alpha \cdot A_m + M_0 B_m \quad (4\text{-}46)$$

$$\sigma_{ZX} = \alpha Q_0/\alpha \cdot Z \cdot A_X + \alpha^2 M_0/b1 \cdot Z \cdot B_X \quad (4\text{-}47)$$

(4) 桩身最大弯矩 M_{max} 值的计算。

$$M_{max} = M_0 \cdot K_m \text{ 或 } M_{max} = Q_0/\alpha \cdot K_Q \quad (4\text{-}48)$$

式中 $K_m = A_m K_Q + B_m$；$K_Q = A_m + B_m C_Q$

查凌治平著《基础工程》或本书附表 13 中可查得 K_m 与 K_Q 值。

(四) 用无量纲法求桩身在地面以上或局部冲刷线以上长度为 L_0 时桩顶的水平位移 X_i 和 ϕ_i

如图 4-52 所示，设桩露出地面或局部冲刷线以上 L_0，且桩顶为自由端，其上作用着 Q 与 M 时，桩顶应变为

(1) 水平位移值：$X_1 = X_0 - \phi_0 L_0 + X_Q + Q_m$ (4-49)

(2) 转角值：$\phi_1 = \phi_0 + \phi_Q + \phi_m$ (4-50)

式中 X_0——桩在地面处的水平位移，其值为：

$$X_0 = [Q/\alpha^3 EI \cdot A_x + (M + QL_0/\alpha^2 EI \cdot B_x)] \quad (4\text{-}51)$$

ϕ_0——桩在地面处转角 ϕ_0 所引起的在桩顶的位移 $\phi_0 t_0$，其中 ϕ_0 为：

$$\phi_0 = -\left(Q/\alpha^2 EI \cdot A_\phi + \dfrac{M + QL_0}{\alpha EI} \cdot B_\phi\right) \quad (4\text{-}52)$$

X_Q——水平力 Q 作用下产生的水平位移，其值为：

$$X_Q = \dfrac{QL_0^3}{3EI} \quad (4\text{-}53)$$

X_m——M 作用下产生的水平位移，其值为：

第五节 基础内力和位移计算

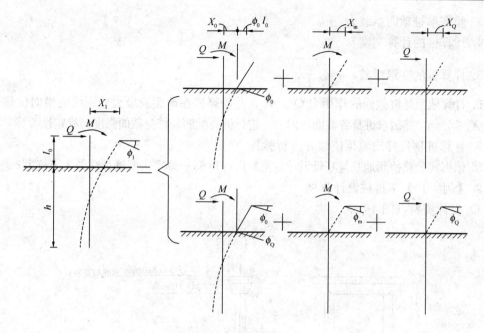

图 4-52 桩顶位移计算

$$X_m = \frac{ML_0^2}{2EI} \tag{4-54}$$

①对于露出地面桩位等截面桩时

$$X_1 = \frac{Q}{\alpha EI} A_{X_1} + \frac{M}{\alpha EI} B_{X_1} \tag{4-55}$$

$$\phi_1 = -(Q/\alpha^2 EI \cdot A_{\phi 1} + M/\alpha EI \cdot B_{\phi 1}) \tag{4-56}$$

$$\phi_Q = -\frac{QL_0^2}{2EI} \tag{4-57}$$

$$\phi_m = -\frac{ML_0}{EI} \tag{4-58}$$

A_{X1}、B_{X1} 可以查浚治平的《基础工程》附表 14-16 或姜仁安的《基础工程》附表 14-16，$A_{\phi 1}$ 及 $B_{\phi 1}$ 亦可查本书后面的附表。

②对于露出地面部桩是变截面时

其上部截面抗弯刚度为 $E_1 I_1$（d 为直径，高度为 h_1），下部截面抗弯刚度为 $E_2 I_2$（d 为直径，高度为 h_2）。

设 $n = E_1 I_1 / EI$，则

$$X_Q = Q/E_1 I_1 [1/3(nh_2^3 + h_1^3) + nh_1 h_2(h_1 + h_2)] \tag{4-59}$$

$$X_m = M/2E_1 I_1 [h_1^2 + nh_2(2h_1 + h_2)] \tag{4-60}$$

$$\phi_Q = -Q/2E_1 I_1 [h_2^2 + nh_2(2h_1 + h_2)] \tag{4-61}$$

$$Q_m = -M/E_1 I_1 (h_1 + nh_2) \tag{4-62}$$

（五）计算步骤

1. 计算各桩桩顶所承受的荷载 P_i、Q_i、M_i。

2. 确定桩在最大冲刷线下的入土深度（桩长确定）。一般情况可根据持力层位置、荷载大小、施工条件等初步确定，通过验算再予以修正；也可根据已知条件用单桩容许承载力公式计算桩长。

3. 验算单桩轴向承载力
4. 计算桩的计算宽度 b_1
5. 计算桩的变形系数，$\alpha = \sqrt[5]{\dfrac{mb_1}{EI}}$
6. 计算地面处桩截面的作用力 Q_0、M_0，并验算桩在地面或最大冲刷线的横向位移 X_0，要求 $X_0 \leqslant 6\text{mm}$，然后求桩身各截面的内力，进行桩身配筋、桩身截面强度与稳定性验算
7. 计算桩顶位移或墩顶位移并进行验算
8. 依据《公路桥涵地基与基础设计规范》JTG D 63—2007 来明确计算最大土抗力 $\sigma_{zx\max}$
9. 【例 4-10】单排桩设计算例
1）设计资料（图 4-53）

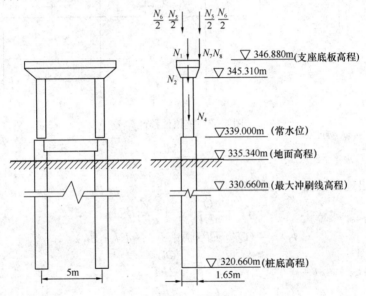

图 4-53 单排桩设计算例图示

（1）结构形式及设计等级

上部为 30m 的预应力钢筋混凝土梁，桥墩为单排双柱式，桥面净空为 7m+2×1.5m。基础采用冲抓锥钻孔灌注桩，且为摩擦桩。

墩帽顶高程为 346.880m，桩顶高程为 339.000m，墩柱顶高程为 345.310m。

墩柱直径为 1.5m，桩直径为 1.65m。

桩身采用 C25 混凝土，混凝土受压弹性模量 $E_c = 2.8 \times 10^4 \text{MPa}$，桩身重度为 25kN/m³。

设计等级为公路—Ⅱ级，人群荷载为 3kN/m³，结构安全设计等级为二级。

（2）地质与水文资料

地基土为密实细砂夹砾石，地基土比例系数 $m = 13000 \text{kN/m}^4$，地基土与桩侧的摩阻力为 70kPa，地基土内摩擦角 $\phi = 40°$，黏聚力 $c = 0$，由静载试验测得地基土容许承载力 $[f_{a0}] = 380\text{kPa}$，土的浮重度 $\gamma' = 11.80\text{kN/m}^3$。

地面高程为 335.340m，常水位高程为 339.000m，最大冲刷线高程为 330.660m，一般冲刷线高程也为 335.340m。

(3) 每一根桩承受的作用效应标准值
①结构重力
两跨上部结构自重反力 $N_1=1376.00\text{kN}$；
盖梁自重反力 $N_2=286.50\text{kN}$；
系梁自重反力 $N_3=96.40\text{kN}$；
一根墩柱自重力 $N_4=337.31\text{kN}$；

桩每米自重 $q=\dfrac{\pi\times 1.65^2}{4}\times(25-10)=32.10\text{kN}$（已扣除浮力）

②汽车和人群荷载支座反力
两跨布载时：汽车荷载支座反力 $N_5=444.89\text{kN}$；人群荷载支座反力 $N_6=135\text{kN}$；
一跨布载时：汽车荷载支座反力 $N_7=324.65\text{kN}$，N_7 在顺桥向引起的弯矩 $M_1=81.16\text{kN}\cdot\text{m}$；
人群荷载支座反力 $N_8=67.5\text{kN}$，N_8 在顺桥向引起的弯矩 $M_2=16.88\text{kN}\cdot\text{m}$；
汽车制动力 $H=11.25\text{kN}$。

③纵向风力
盖梁部分 $W_1=3.00\text{kN}$，对桩顶力臂 7.06m；
墩身部分 $W_2=2.70\text{kN}$，对桩顶力臂 3.15m。

2）桩长的计算
由于地基土层单一，可按单桩轴向受压容许承载力经验公式初步反算桩长。
设桩埋入最大冲刷线以下深度为 l，一般冲刷线以下深度为 h，则 $h=l+4.68$。
单桩轴向受压容许承载力：

$$[R_a]=\frac{1}{2}u\sum_{i=1}^{n}q_{ik}l_i+A_p m_0\lambda[[f_{a0}]+K_2\gamma_2(h-3)]$$

式中

桩身周长：$u=\pi\times 1.65=5.18\text{m}$；

桩端截面积：$A_p=\dfrac{1}{4}\pi\times(1.65)^2=2.14\text{m}^2$；

地基土与桩侧的摩阻力 $q_{ik}=70\text{kPa}$；

修正系数 λ 取 0.7，清孔系数 m_0 取 0.9；

$[f_{a0}]=380\text{kPa}$，$K_2=4.0$，$\gamma_2=11.8\text{kN/m}^3$（砂土透水，考虑浮力作用）；

代入单桩轴向受压容许承载力公式得：

$[R_a]=\dfrac{1}{2}\times 5.18\times 70\times l+2.14\times 0.7\times 0.9\times[380+4\times 11.8\times(l+4.68-3)]$
$=244.94l+619.22$

计算单桩的竖向受力：
桩顶轴向受力 $P=2120.66\text{kN}$。

根据规范规定：按作用短期效应组合计算，且可变作用的频遇值系数均取 1.0；桩身自重与置换土重的差值作为荷载考虑。
汽车和人群荷载按两跨布载时的支座反力计算为最不利。
则单桩的竖向受力为：

$$N = N_1 + N_2 + N_3 + N_4 + N_5 + N_6 + q \times (339.00 - 330.66 + t) - A_p l \gamma'$$
$$= 1376.00 + 286.50 + 96.40 + 337.31 + 444.89 + 135 + 32.1 \times$$
$$(339.00 - 330.66 + l) - 2.14 \times l \times 11.8$$
$$= 2943.81 + 6.85l$$

令
$$N = [R_a]$$

解得：
$$l = 9.76 \text{m}$$

取 $l = 10\text{m}$，则桩底高程为 320.660m，同时桩的轴向承载力满足要求。

3）桩的计算宽度和桩的变形系数计算

（1）桩的计算宽度 b_1

因 $d = 1.65\text{m} > 1.0\text{m}$，对单排桩 $k = 1.0$，圆形桩 $k_f = 0.9$。

所以，$b_1 = k_f (d+1) = 0.9 \times (1.65+1) = 2.385\text{m}$

（2）计算桩的变形系数 α

$$I = \frac{\pi \times 1.65^4}{64} = 0.364 \text{m}^4$$

$$E = 0.8 E_c$$

$$\alpha = \sqrt[5]{\frac{mb_1}{EI}} = \sqrt[5]{\frac{1300 \times 2.385}{0.8 \times 2.8 \times 10^7 \times 0.364}} = 0.328 \text{m}^{-1}$$

$$\alpha h = 0.328 \times 10 = 3.28 > 2.5$$

所以按弹性桩计算。

4）计算墩帽顶上受力 P_i、Q_i、M_i 及桩在最大冲刷线处受力 P_0、Q_0、M_0。
按承载能力极限状态作为效应基本组合计算。

（1）墩帽顶上受力

$P_i = 1.2 \times 1376.00 + 1.4 \times 324.65 + 0.8 \times 1.4 \times 67.5 = 2181.31 \text{kN}$

$Q_i = 1.4 \times 11.25 = 15.75 \text{kN}$

$M_i = 1.4 \times 81.16 + 0.8 \times 1.4 \times 16.88 = 132.53 \text{kN} \cdot \text{m}$

（2）最大冲刷线处受力

$P_0 = 2181.3 + 1.2 \times (286.50 + 96.4 + 337.31 + 32.1 \times 8.34) = 3366.82 \text{kN}$

$Q_0 = 15.75 + 0.8 \times 1.1 \times (3.0 + 2.70) = 20.77 \text{kN}$

$M_0 = 132.53 + 15.75 \times (346.88 - 330.66) + 0.8 \times 1.1$
$\times [3 \times (7.06 + 8.34) + 2.7 \times (3.15 + 8.34)]$
$= 455.95 \text{kN} \cdot \text{m}$

5）墩柱顶纵向水平位移验算

按承载能力极限状态作用效应基本组合进行验算，根据步骤4的计算可知：桩在最大冲刷线处受力为 $Q_0 = 20.77 \text{kN}$，$M_0 = 455.95 \text{kN} \cdot \text{m}$；墩帽顶上受力 $Q_i = 15.75 \text{kN}$，$M_i = 132.53 \text{kN} \cdot \text{m}$。

墩柱顶纵向水平位移：$x_1 = x_0 - \varphi_0 (345.31 - 330.66) + x_Q + x_m$

其中，桩在最大冲刷线处的水平位移 x_0 和转角 φ_0 为：

$$x_0 = \frac{Q_0}{\alpha^3 EI} A_x + \frac{M_0}{\alpha^2 EI} B_x$$

第五节 基础内力和位移计算

$$= \frac{20.77}{0.328^3 \times 0.8 \times 2.8 \times 10^7 \times 0.364} \times 2.601$$
$$+ \frac{455.95}{0.328^2 \times 0.8 \times 2.8 \times 10^7 \times 0.364} \times 1.692$$
$$= 1.1 \times 10^{-3} \text{m}$$

$x_0 < 6\text{mm}$，符合相关规范要求。

$$\varphi_0 = \frac{Q_0}{\alpha^2 EI} A_\varphi + \frac{M_0}{\alpha EI} B_\varphi$$
$$= \frac{20.77}{0.328^2 \times 0.8 \times 2.8 \times 10^7 \times 0.364} \times (-1.692)$$
$$+ \frac{455.95}{0.328 \times 0.8 \times 2.8 \times 10^7 \times 0.364} \times (-1.784)$$
$$= -3.4 \times 10^{-4} \text{rad}$$

又

$$I_1 = \frac{\pi \times 1.5^4}{64} = 0.2485 \text{m}^4$$
$$E_1 = E$$
$$n = \frac{E_1 I_1}{EI} = \frac{I_1}{I} = \left(\frac{1.5}{1.65}\right)^4 = 0.683$$

则

$$x_Q = \frac{Q}{E_1 I_1} \left[\frac{1}{3} (nh_2^3 + h_1^3) + nh_1 h_2 (h_1 + h_2) \right]$$
$$= \frac{15.75}{0.8 \times 2.8 \times 10^7 \times 0.364} \times \left[\frac{1}{3} \times (0.683 \times 8.34^3 + 6.31^3) \right.$$
$$\left. + 0.683 \times 8.34 \times 6.31 \times (8.34 + 6.31) \right]$$
$$= 2.1 \times 10^{-3} \text{m}$$

$$x_m = \frac{M}{2E_1 I_1} [h_1^2 + nh_2 (2h_1 + h_2)]$$
$$= \frac{132.53}{2 \times 0.8 \times 2.8 \times 10^7 \times 0.364} \times [6.31^2 + 0.683 \times 8.34 \times (2 \times 8.34 + 6.31)]$$
$$= 1.9 \times 10^{-3} \text{m}$$

所以，桩柱顶的水平位移为：

$$x_1 = (1.1 + 0.34 \times 14.85 + 2.1 + 1.9) \times 10^{-3} = 10.1 \times 10^{-3} \text{m} = 1.01 \text{cm}$$

水平位移容许值 $[\Delta] = 0.5\sqrt{30} = 2.74 \text{cm}$

可见
$$x_1 < [\Delta]$$

所以，墩柱顶的纵向水平位移符合要求。

6）桩身截面强度验算

（1）确定最大弯矩 M_{max} 及其截面位置

计算最大冲刷线以下深度 z 处的桩身截面弯矩 M_z，计算公式为：

$$M_z = \frac{Q_0}{\alpha} A_m + M_0 B_m$$

其中：A_m、B_m 可由本书附表 5 和附表 6 查得。

M_z 的计算结果见表 4-20。

最大冲刷线以下深度 z 处的桩身截面弯矩 M_z 值　　　　　表 4-20

z	αz	αl	A_m	B_m	M_z (kN·m)
0	0	3.28	0	1.00000	455.95
0.61	0.2	3.28	0.19676	0.99797	467.48
1.23	0.4	3.28	0.37583	0.98549	473.13
1.83	0.6	3.28	0.52439	0.95641	469.28
3.05	1.0	3.28	0.70233	0.84184	428.31
4.27	1.4	3.28	0.71487	0.66530	348.61
5.49	1.8	3.28	0.58366	0.46007	247.36
6.71	2.2	3.28	0.39623	0.26387	145.40
7.93	2.6	3.28	0.19127	0.11003	62.28
9.15	3.0	3.28	0.05340	0.02584	15.16

经比较可得最大弯矩为 $M_{max}=473.13$kN·m，所在截面位置为 $z=1.22$m。

（2）桩身配筋及强度验算

按最大弯矩所在截面（$z=1.22$m）的内力进行配筋和强度验算，并按承载能力极限状态作为效应基本组合计算内力。

该截面的弯矩组合设计值为 $M_d=473.13$kN·m。

该截面的轴向力组合设计值为：

$$N_d=3366.82+1.2\times32.1\times1.22-\pi\times1.65\times1.22\times70=2971.13\text{kN}$$

桩内竖向钢筋按含筋率 0.5% 配置，则：

$$A_s=\frac{\pi}{4}\times1.65^2\times0.5\%=107\times10^{-4}\text{m}^2$$

现选用 22 根 $\phi20$（HRB335）的钢筋，则：

$$A_s=108\times10^{-4}\text{m}^2$$

实际配筋率为：

$$\rho=\frac{A_s}{\pi\gamma^2}=\frac{108\times10^{-4}}{\pi\times(1.65/2)^2}=0.51\%$$

HRB335 钢筋的抗压强度设计值 $f'_{sd}=195$MPa。

桩身混凝土强度等级采用 C25，其抗压设计强度 $f_{cd}=11.5$MPa。

偏心距 $e_0=M_d/N_d=473.13/2971.13=0.160$m。

桩的计算长度 $l_0=0.7l=0.7\times18.34=12.84$m。

因长细比 $l_0/2r=12.84/1.65=7.8>4.4$，所以考虑纵向弯曲影响，考虑偏心距增大系数。

取混凝土保护层厚度为 60mm，则：

纵向钢筋所在圆周半径 $r_s=0.825-(0.06+0.025/2)=0.75$m。

圆形截面有效高度 $h_0=r+r_s=0.825+0.75=1.58$m。

圆形截面高度 $h = 2r = 1.65$m。
$$g = r_s/r = 0.753/0.825 = 0.91$$
系数 $\xi_1 = 0.2 + 2.7 \times e_0/h_0 = 0.2 + 2.7 \times 0.160/1.58 = 0.47$
$\xi_2 = 1.15 - 0.01 \times l_0/h = 1.15 - 0.01 \times 12.84/1.65 = 1.07 > 1.0$,取 $\xi_2 = 1.0$
偏心距增大系数为：
$$\eta = 1 + \frac{1}{1400 \times \frac{e_0}{h_0}} \times \left(\frac{l_0}{h}\right)^2 \times \xi_1 \times \xi_2$$
$$= 1 + \frac{1}{1400 \times \frac{0.160}{1.58}} \times \left(\frac{12.84}{1.65}\right)^2 \times 0.47 \times 1.0 = 1.2$$

则
$$\eta e_0 = 1.20 \times 0.160 = 0.192$$
当 $\xi = 0.88$ 时，查得 $A = 2.3636$，$B = 0.5073$，$C = 1.9503$，$D = 0.9161$
$$\frac{Bf_{cd} + D\rho r^2 f'_{sd}}{Af_{cd} + C\rho f'_{sd}} r = \frac{0.5073 \times 11.5 + 0.9161 \times 0.0051 \times 0.91 \times 280}{2.3636 \times 11.5 + 1.9503 \times 0.0051 \times 0.91 \times 280} \times 825$$
$$= 194\text{mm} = 0.194\text{m}$$
与 $\eta e_0 = 0.192$m 相差在 2% 以内，符合要求。
因此，截面所能承受的轴向力容许值为：
$$N_u = Ar^2 f_{cd} + C\rho r^2 f'_{sd} = 2.3636 \times (0.825)^2 \times 11.5 \times 10^3$$
$$+ 1.9503 \times 0.0051 \times (0.825)^2 \times 280 \times 10^3$$
$$= 20395.9\text{kN} > \gamma_0 N_d = 2971.13\text{kN}$$
（γ_0 为结构重要性系数，当设计安全等级为二级时，取 1.0，下同）
$$M_u = Br^3 f_{cd} + D\rho r^3 f'_{sd}$$
$$= 0.5073 \times (0.825)^3 \times 11.5 \times 10^3 + 0.9161 \times 0.0051 \times (0.825)^3 \times 280 \times 10^3$$
$$= 3947.99\text{kN} \cdot \text{m} > \gamma_0 M_d = 473.13\text{kN} \cdot \text{m}$$

计算结果表明，截面符合承载力要求。
裂缝宽度验算此处略。

第六节 桩基础整体承载力的验算

一、概述

（一）桩基础

1. 定义

由多根单桩通过承台联成一个整体（图 4-54）。

2. 承载力

（1）对柱桩及相邻桩间距较大的摩擦桩（桩轴间距大于 5~8 倍桩直径），整体承载力 = 单桩承载力之和。

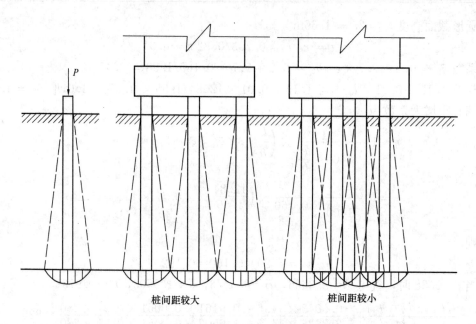

图 4-54 摩擦桩桩底平面的应力分部

(2) 相邻桩轴间距小于 5~8 倍桩直径的整体承载力小于单桩承载力之和。

（二）群桩基础

1. 定义

基桩群与承台组成联合体。

2. 承载力

1) 柱桩群桩基础

(1) 各基桩工作状态同单桩相似。

(2) 承载力等于各单桩承载力之和，沉降量等于单桩沉降量。

(3) 分配到各基桩的顶部荷载由桩身直接传到桩底。

2) 摩擦桩群桩基础（与单桩有显著区别）

(1) 在竖向荷载作用下，桩顶荷载可由：

①通过桩侧土的摩阻力传递到桩周土体：因此柱底处的压力分布比桩身截面积大（见图 4-47）。

②桩底压力的应力叠加，其最大应力大于单桩最大应力。

③与单桩相比：地基压力大，影响范围广，压缩沉降大。

(2) 承载力与各单桩承载力总和不相等

(3) 群桩效应：

定义：不同于单桩的工作效应所产生的效应。

判别：桩间中心距离不小于 6 倍桩径，可不考虑。

(4) 影响群桩基础承载力和沉降的因素

①主要因素：桩距大小。

②次要因素：桩数量。

③其他因素：土性质，桩长。

二、桩基础（群桩基础）承载力验算

（一）《公路桥涵地基与基础设计规范》JTG D 63—2007 规定

（1）桩距不小于 6 倍桩径时，不须验算群桩基础承载力，只验算单桩容许承载力。

（2）桩距小于 6 倍桩径时（图 4-55），应将桩基础视为长为 a、宽为 b（包括范围 $cdef$）的实体刚性基础，验算桩底持力层土中的容许承载力（持力层下有软弱土层时还应验算软弱下卧层的承载力）。

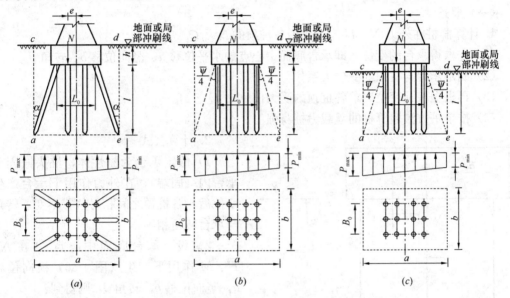

图 4-55 群桩作为整体基础计算示意图

（二）桩底持力层承载力验算

1. 计算图式（图 4-55）

2. 桩底平面土层承载力

（1）中心受压时：$P = \bar{\gamma}l + \gamma h - \dfrac{BL\gamma h}{A} + \dfrac{N}{A} \leqslant f_0$ （4-63）

（2）偏心受压时：$P_{\max} = \gamma l + \gamma h - \dfrac{BL\gamma h}{A} + \dfrac{N}{A}\left(1 + \dfrac{eA}{W}\right) \leqslant \gamma_R [f_0]$ （4-64）

式中 A——桩尖处假定的基础面积，$A = ab$

当桩斜度 $\alpha \leqslant \dfrac{\varphi}{4}$ 时：

$$a = l_0 + d + 2l_{\text{tg}}\dfrac{\varphi}{4},\ b = B_0 + d + 2l_{\text{tg}}\dfrac{\varphi}{4} \quad (4\text{-}65)$$

当桩斜度 $\alpha > \dfrac{\varphi}{4}$ 时：

$$a = l_0 + d + 2l_{\text{tg}}\dfrac{\varphi}{4},\ b = B_0 + d + 2l_{\text{tg}}\dfrac{\varphi}{4},\ \varphi = \dfrac{\varphi_1 l_1 + \varphi_2 l_2 + \cdots + \varphi_n l_n}{l}$$
（4-66）

l——桩埋入土的长度（m）；

ϕ——桩穿过土层的内摩擦角，$\phi = \Sigma \phi_i l_i / l$；

W——假想的实体基础在桩底面积的截面抵抗模量，$W=ab^2/6$；
γ_R——容许承载力提高系数，即抗力系数，可查本书相应规定；
$[\phi]$——桩尖处修正后的地基土允许承载力；
$a、b$——假想实体基础在桩底平面处的计算宽度和长度；
φ——桩直径（m）。

三、用 m 法计算多排桩基础内力与位移

（一）概述

1. 计算群桩在外力 N、H、M 作用各桩顶的 N_i、Q_i、M_i
(1) 先求得承台的变位，即承台底面中心点的水平位移 a、竖向位移 b、转角 β。
(2) 确定承台与桩顶的变位关系。
(3) 再根据桩顶变位表求各桩顶的受力值 N_i、Q_i、M_i。
(4) 按单桩方法验算桩的承载力桩身强度。

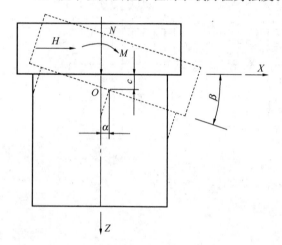

图 4-56　多排桩承台的变位

2. 计算公式

1）假定承台为刚性体，桩头嵌固于承台内（固端），在外力作用下承台产生变位后，各桩顶之间相对位置不变，转角与承台转角相等。

2）设：承台底面中心点 O 在 N、H、M 作用下产生（图4-56）横向位移 α，竖向位移 b，转角 β，则得到：

（1）任意一根桩桩顶与承台连接处，横向水平位移 $\alpha_i=\alpha$，竖向位移 $b_i=b+x_i\beta$，转角 $\phi_i=\beta_0$。

（2）第 i 根桩顶所产生的内力值为：

$$N_i = \rho pb(b+x_i\beta)$$

$$Q_i = \rho_{Ha} \cdot \alpha - \rho_{H\phi}\beta$$

$$M_i = \rho_{M\phi}\beta - \beta_{Ma}\alpha$$

而上式中：

$$\rho_{Ha} = \alpha^3 EIX_H \tag{4-67}$$

$$\rho_{Ma} = \alpha^2 EIX_M = \rho_{H\phi} \tag{4-68}$$

$$\rho_{M\phi} = \alpha EI\phi_m \tag{4-69}$$

$$\rho_{Hb} = b_i/[(l_0+q_l)/AE + 1/G_0A_0] \tag{4-70}$$

这时 X_H、X_M、ϕ_m 均为无量纲系数，可按 $\bar{l}=\alpha l, \bar{l}_0=\alpha l_0$ 查本书附表1。

（二）高桩承台的变位

1. 定义

承台高出地面的桩基础（图 4-57）。

2. 假定

承台作为脱离体。

3. 竖向对称多排桩组成承台体中心点在 N、H、M 作用下的位移

横向位移

$$a = [(\rho_{Hb} \cdot \Sigma X_i^2 + n\rho_{H\rho})H + n\rho_{H\rho}M]/$$
$$[n\rho_{Ha}(\rho_{pb}\Sigma X_i^2 + n\rho_{MP})] = n^2\rho_{Ma}^2 \quad (4\text{-}71)$$

竖向位移

$$b = N/n\rho_{pb} \quad (4\text{-}72)$$

转角

$$\beta = n(\rho_{Ha}M + \rho_{Ma}H)/n\rho_{Ha}$$
$$(\rho_{pb}\Sigma X_i^2 + \rho_{MP}) - n^2\rho_{Ma}^2 \quad (4\text{-}73)$$

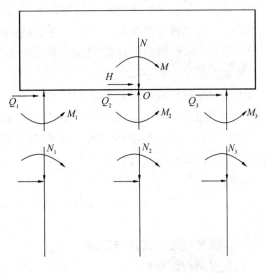

图 4-57 多排桩承台底面受力

上式中：n 是基桩总数，ρ_{pb}、ρ_{Ha}、ρ_{Ma}、ρ_{Ma} 均可按公式（4-70）计算。

4. 竖向对称多排桩在 N、H、M 作用后桩顶上受到 N_i、Q_i、M_i

计算可用式（4-67）～式（4-69），即

$$N_i = \rho_{pb}(b + X_i\beta) \quad (4\text{-}74)$$
$$Q_i = \rho_{Ha} \cdot a - \rho_{H\phi}\beta \quad (4\text{-}75)$$

或

$$N_i = N/n + X_i\beta\rho_{pb} \quad (4\text{-}76)$$
$$M_i = \rho_{M\phi}\beta - \rho_{Ma}a \quad (4\text{-}77)$$

上式中：(1) ρ_{pb}、ρ_{Ha}、$\rho_{Ma}=\rho_{H\phi}$、ρ_{Ma} 是桩顶刚度系数，可用公式（4-70）分别计算。

(2) X_i——第 i 根桩桩顶轴线在 X 方向的坐标值。

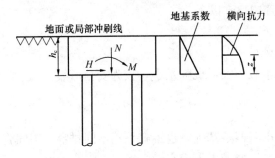

图 4-58 承台侧面土的横向抗力

（三）低桩承台的变位

1. 定义

承台位于地面或局部冲刷线以下的。

2. 假定

地基系数成线性分布（图 4-58）；不考虑台底竖向抗力；考虑承台侧面土的横向抗力。

3. 计算

(1) 在 N、H、M 作用下承台底中心 O 点处位移 a、b、β，这时可用公式（4-74）。

$$\left. \begin{array}{l} nc\rho_{pc} = N \\[4pt] \left(n\rho_{Ha} + \dfrac{mh_c^2 B_1}{2}\right)a + \left(\dfrac{mh_c^2 B_1}{6} - h\rho_{H\beta}\right)\beta = H \\[8pt] \left(\dfrac{mh_c^2 B_1}{6} - n\rho_{Ma}\right)a + \left(n\rho_{M\beta} + \rho_{pc}\Sigma x_i^2 + \dfrac{mh_c^4 B_1}{12}\right)\beta = M \end{array} \right\} \quad (4\text{-}78)$$

式中 m——承台侧面土的地基系数随深度变化的比例系数；

h_c——承台底面至地面或最大冲刷线的深度；

B_1——承台侧面的计算宽度，对底面为矩形的承台，为实际侧面宽度加 1m；

其余符号意义同前。

由式（4-78）可解得承台底面中心的变位 a、c、β，其中在计算系数 ρ_{Ha}、$\rho_{H\beta}=\rho_{Ma}$、$\rho_{M\beta}$ 时，可按 $l_0=0$ 查表。则由式（4-67）～式（4-69）可求得各桩顶受力 P_i、Q_i 及 M_i。

（2）在 N、H、M 作用下承台中桩顶受到的 N_i、H_i、M_i 值可在用公式（4-78）求得后代入式（4-67）～式（4-69）得到。

第七节 桩基础的设计

一、桩基础设计方法与步骤

（1）收集设计资料。

（2）拟出设计方案（桩基类型、桩长、桩径、桩数、桩布置、承台位置与尺寸）。

（3）进行基桩和承台、桩整体基础强度、稳定、变形检算、并符合多项要求。

二、桩基础类型的选择

（一）承台底面标高应考虑的内容

1. 季节性河流、冲刷小的河流或岸滩上墩台及旱地上其他结构物基础的承台可用低桩承台，其底面可在：①冰冻线以下大于 0.25m 处；②在河床或冲刷线以下。

2. 常年有流水，冲刷较深，水位较高的可用高桩承台，其底面应：

（1）在最低冰层地面以下大于 0.25m 处。

（2）在有其他漂流物或通航的河流中，应适当放低使基桩不直接受到撞击，否则应设防撞装置。

（3）木桩顶在承台上应位于最低水位以下 0.3m 以上。

（二）采用柱桩基础还是摩擦桩基础

1. 原则

根据地质和受力情况而定。一般说柱桩承载力大，沉降量小，较为安全可靠。

2. 一般

（1）岩石埋深较浅可用柱桩基础；

（2）岩石埋深较深或受施工条件限制应用摩擦桩基础，也不宜采用不同材料、不同直径和长度相差过大的桩，避免桩基产生不均匀沉降或损失稳定性。

3. 柱桩基础

（1）适用：岩石埋置较浅。

（2）要求：①嵌入岩石内大于 0.5m。②周围岩层产生侧向压力效应 σ_{max} ＜岩石侧向容许抗力

$$[\sigma] = \frac{1}{k} \cdot \beta \cdot R_c \text{（其中 } k \text{ 取 2）} \tag{4-79}$$

圆形截面柱嵌入岩层的

$$h_{\min} = \sqrt{\frac{M_H}{0.66\beta \cdot R_c \cdot d}} \tag{4-80}$$

式中 $h_{\min}$——桩嵌入岩层的最小深度（m）；

d——嵌入岩层的设计直径（m）；

M_H——岩层顶面处的桩身弯矩，有关计算见浚治平《基础工程》P109 的相关内容；

β——折减系数，为 0.5～1.0，节理发育取小值，节理不发育取大值；

R_c——天然湿度的岩石单轴极限抗压强度（kPa）。

(3) 优点：承载力大，沉降量小，安全可靠。

4. 摩擦桩基础

(1) 适用特点：岩石埋置较深；受到施工条件限制而不能用柱桩。

(2) 优点：避免水下作业，施工简单。

(三) 采用单排桩基还是多排桩基

1. 选用原则

根据受力情况，并结合桩长、桩数确定。

(1) 跨径不大，桥矮、单桩承载力大，需用桩数不多时常用单排桩基。

(2) 跨径大，桥高及拱桥桥台制动墩和单向推力墩常用多排桩。

2. 优缺点

(1) 多排桩稳定性好，抗弯刚度大，承受较大的水平力，水平位移小，但承台尺寸大，施工困难，影响航运。

(2) 单排桩与此相反，节约圬工，减小桩基的竖向荷载。

(四) 采用何种桩型

打入桩、钻孔桩、振动沉桩等应根据地质、上部结构要求、施工技术设备条件而定。

三、桩径、桩长的拟定

(一) 桩径拟定

根据各类桩的特点与常用尺寸表定桩径。

(二) 桩长拟定

1. 拟定关键

选择桩底持力层。

2. 设计时，先根据地质条件选择合适的桩底持力层，初步确定桩长。

(1) 一般希望将桩底置在坚实的土层或岩石上。

(2) 若无坚实土层，可选择压缩性低、强度高的土层为持力层，不能落在软土层上。

(3) 摩擦桩应试算，选用合理桩长，不宜小于 4m，且应入持力层 1m 以上。

四、确定基桩根数及其在平面的布置

(一) 估算桩根数

$$n = \mu N / [P] \tag{4-81}$$

式中 N——作用在承台底面的竖向荷载；

$[P]$——单桩容许力；

μ——偏心荷载多桩受力不均匀系数，可取 1.1～1.2，一般情况下桩基水平力由

基础材料强度控制。

(二) 桩间距

桩间距规定：

1) 钻（挖）孔灌注桩中心距大于 2.5 倍的成孔直径。

2) 柱桩中心距大于 2 倍的成孔直径（矩形桩为长边）。

3) 打入桩中心距一般为大于桩径（或边长）的 3 倍。

4) 斜桩中心距：①在桩底处，大于 3 倍的桩距；②在承台底面处，大于 1.5 倍的桩径。

5) 振动沉桩在桩底处中心距，大于 4 倍桩径。

6) 管柱桩中心距：①管柱外径的 2~3 倍——摩擦桩；②管柱外径的 2 倍——柱桩。

7) 边桩外侧到承台边缘的距离：

(1) 桩径不大于 1m，应大于 0.5 倍桩径，且应大于 0.25m。

(2) 桩径大于 1m，应大于 0.3 倍桩径，且应大于 0.5m。

(三) 桩底平面布置

1. 桩的平面布置形式

①行列式（图 4-59a）；②梅花式（图 4-59b）。

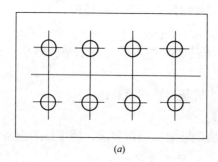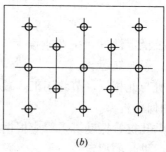

图 4-59 桩的平面布置形式
(a) 行列式；(b) 梅花式

2. 桩的平面布置要求

(1) 桩群横截面的重心与荷载的合力作用点重合或接近。①桥墩桩基基础中基桩对称布置；②桥台桩基基础在纵桥向用非对称布置。这样各桩受力均匀，能发挥每根桩的承载力。

(2) 作用于桩基的 M 较大，应将桩布置在离承台形心较远处，采用外密内疏的布置方式。

(3) 桩柱式墩台应尽量使墩柱轴线与基桩轴线重合。

(4) 盖梁式承台的桩柱布置应使盖梁发生正负弯矩接近相等，以减小承台的弯曲应力。

五、桩基础设计方案验算

(一) 单根桩的验算

(1) 由地基土支承力确定和验算单桩轴向承载力。

(2) 按桩身材料强度来检验单桩承载力，计算时把桩当作压弯构件。

(3) 单桩横向承载检验。

(4) 单桩水平位移检验。

(5) 弹性桩单桩侧土的水平向土抗力强度检验。

(二) 群桩基础承载力和沉降量检验

摩擦桩群桩基础中心距小于 6 倍桩径时需要检算群桩的基础承载力。

(三) 承台强度检验

应进行局部受压抗冲剪、抗弯、抗剪强度验算。

六、群桩基础设计计算示例（多排桩）

【例 4-11】

(一) 设计资料

1. 水文与地质资料

河床土质为粉砂，内摩擦角 $\phi=24°$；地基土的比例系数 $m=4000\text{kN/m}^4$。

2. 荷载

上部为等跨径 30m 的钢筋混凝土预应力梁桥，荷载为纵向控制设计。

作用在承台底面中心的设计荷载为恒载加一孔活载（控制桩截面强度荷载）时：

$$\Sigma N = 11291.69\text{kN}$$
$$\Sigma H = 836.23\text{kN}$$
$$\Sigma M = 7782.9\text{kN·m}$$

3. 桩基础

桩基础采用钻孔灌注桩上高桩承台，根据施工条件，拟采用桩径 $d=1.2\text{m}$ 的摩擦桩，以冲抓锤施工。

所需桩的根数可根据承台底面上的竖向荷载和单桩容许承载力进行估算（见式(4-1)），经初步计算拟采用 6 根灌注桩，局部冲刷线以上自由度 $l_0=12.81\text{m}$，入土深度 $h=25.19\text{m}$，桩距的选择需考虑桩与桩侧土的共同作用条件和施工的需要，钻（挖）孔灌注桩的摩擦桩的中心距一般不得小于 2.5 倍的成孔直径，这里取最小桩中心距 $L_中=3.3\text{m}$。

混凝土弹性模量 $E_h=2.7\times10^7\text{kN/m}^2$，混凝土重度为 15.0kN/m^3（已扣除浮力）。

具体桩位布置如图 4-5 所示。

(二) 计算

1. 桩的计算宽度 b_1

$$b_1 = K_f \cdot K_0 \cdot K \cdot d = 0.9(d+1) \cdot K$$

其中：
$$K = b' + (1-b')/0.6 \cdot L_1/h_1$$
$$h_1 = 3(d+1) = 3\times(1.2+1) = 6.6\text{m}$$
$$L_1 = 3.3 - d = 2.1 < 0.6h_1 = 3.96\text{m}$$

因为 $n=3$，所以 $b'=0.5$

则
$$K = 0.5 + (1-0.5)/0.6 \times 2.1/6.6 = 0.765$$
$$b_1 = 0.9 \times (1.2+1) \times 0.765 = 1.515\text{m}$$

2. 桩的变形系数 α

$$I = \pi d^4/64 = 3.14 \times 1.2^4/64 = 0.102\text{m}^4$$
$$EI = 0.67E_h I = 0.67 \times 2.7 \times 10^7 \times 0.102 = 1.854 \times 10^6 \text{kN·m}^2$$

第四章 桩基础

所以
$$\alpha = \sqrt[5]{\frac{mb_1}{EI}} = \sqrt[5]{\frac{4000 \times 1.515}{1.845 \times 10^6}} = 0.319 \text{m}^{-1}$$

桩在最大冲刷线以下深度 $h = 25.19\text{m}$,故计算长度为 $\bar{h} = \alpha h = 0.319 \times 25.19 = 8.036\text{m} > 2.5\text{m}$,按弹性桩计算。

3. 桩顶刚度系数 ρ_1、ρ_2、ρ_3、ρ_4 值计算
$$\rho_1 = 1/[(l_0 + \xi h)E_h A + 1/C_0 A_0]$$

$l_0 = 12.81\text{m}$,$h = 25.19\text{m}$

摩擦桩:$\xi = 1/2 A = 1/4\pi d^2 = 1/4 \times 3.14 \times 1.2^2 = 1.131\text{m}^2$

$C_0 = m_0 h = 4000 \times 25.19 = 100760 \text{kN/m}^3$

$d_0 = h\tan\phi/4 + d = 2 \times 25.19 \times \tan 24/4 + 1.2 = 6.495\text{m}$

因为 $6.495 > L_{中} = 3.3\text{m}$ 所以取 $d_0 = 3.3\text{m}$

$A_0 = \pi/4 d_0^2 = 1/4 \times 3.14 \times 3.3^2 = 8.549\text{m}^2$

所以 $\rho_1 = [(12.81 + 1/2 \times 25.19)/(1.131 \times 2.7 \times 10^7) + 1/100760 \times 8.549]^{-1}$
$= 5.0179 \times 10^5 = 0.272 EI$

已知 $\bar{h} = \alpha h = 0.319 \times 25.19 = 8.036\text{m} > 4\text{m}$,取 $\bar{h} = 4.0\text{m}$ 计算。
$$l_0' = \alpha l_0 = 0.319 \times 12.81 = 4.086\text{m}$$

查表得: $X_Q = 0.05989$;$X_m = 0.17312$;$\phi_m = 0.67433$

所以 $\rho_2 = \alpha^3 EI X_Q = 0.319^3 \times 0.05989 EI = 0.0019 EI$
$\rho_3 = \alpha^2 EI X_m = 0.319^2 \times 0.17312 EI = 0.0176 EI$
$\rho_4 = \alpha EI \phi_m = 0.319 \times 0.67433 EI = 0.2151 EI$

4. 计算承台底面原点 O 处的位移 a_0、b_0、β_0
$$b_0 = P/n\rho_1 = 11291.69/6 \times 0.272 EI = 6918.93/EI$$
$$a_0 = \left[(n\rho_4 + \rho_1 \sum_{i=1}^{n} X_i^2)H + n\rho_3 M\right]/n\rho_2(n\rho_4 + \rho_1 \sum_{i=1}^{n} X_i^2) - n^2\rho_3^2$$

式中 $n\rho_4 + \rho_1 \sum_{i=1}^{n} X_i^2 = 6 \times 0.2151 EI + 0.272 EI \times 4 \times 3.3^2 = 13.1389 EI$

$n\rho_2 = 6 \times 0.0019 EI = 0.0114 EI$

$n\rho_3 = 6 \times 0.00176 EI = 0.1056 EI$

$n^2 \rho_3^2 = 0.0112 (EI)^2$

$a_0 = (13.1389 EI \times 836.23 + 0.1056 EI \times 7782.9)/$
$(0.0114 EI \times 13.1389 EI - 0.0112 (EI)^2)$
$= 85212.31/EI$

$$\beta_0 = (n\rho_3 H + n\rho_2 M)/\left[n\rho_2(n\rho_4 + \rho_1 \sum_{i=1}^{n} X_i^2) - n^2\rho_3^2\right]$$
$= (0.1056 EI \times 836.23 + 0.0114 EI \times 7782.9)/$
$(0.0114 EI \times 13.1389 EI - 0.0112 (EI)^2)$

5. 计算作用在每根桩顶上的作用力 P_i、Q_i、M_i

第 3 排和第 1 排桩的桩顶竖向力分别为:
$$P_i = \rho_1(b_0 + X_i \beta_0)$$

$$=0.272EI \times (6918.93/EI \pm 3.3 \times 1277.43/EI)$$
$$=3028.57 \text{kN} \text{ 或 } 735.33 \text{kN}$$

第 2 排桩的桩顶竖向力为：
$$P_i = \rho_1 \cdot b_0 = 0.272EI \times 6918.93/EI = 1881.95 \text{kN}$$

各桩桩顶的水平力为：
$$Q_i = \rho_2 \alpha_0 - \rho_3 \beta_0$$
$$=0.0019EI \times 85212.31/EI - 0.0176EI \times 1277.43/EI$$
$$=139.42 \text{kN}$$

弯矩为：
$$M_i = \rho_4 \beta_0 - \rho_3 \alpha_0$$
$$=0.2151EI \times 1277.43/EI / 0.0176EI \times 85212.31/EI$$
$$=-1224.96 \text{kN} \cdot \text{m}$$

校核
$$nQ_i = 6 \times 139.42 = 836.52 \text{kN} \approx H = 836.23 \text{kN}$$
$$\sum_{i=1}^{n} X_i P_i + nM_i = 2 \times 3.3 \times (3028.57 - 735.33) + 6 \times (-1224.96)$$
$$=7785.62 \text{kN} \cdot \text{m}$$
$$\sum_{i=1}^{n} nP_i = 2 \times (3028.57 + 735.33 + 1881.95) = 11291.7 \text{kN} \approx 11291.69 \text{kN}$$

即各桩顶的竖向力、水平力和弯矩之和与外荷载基本一致，表明计算无误。

6. 计算最大冲刷线处桩身弯矩 M_0、水平力 Q_0 及轴力 P_0
$$M_0 = M_i + Q_i l_0$$
$$=-12224.96 + 139.42 \times 12.81$$
$$=561.01 \text{kN} \cdot \text{m}$$
$$Q_0 = 139.42 \text{kN}$$
$$P_0 = 3028.57 + 1.131 \times 12.81 \times 15$$
$$=3245.89 \text{kN}$$

求得 M_0、Q_0、P_0 后就可按前述单桩计算方法进行计算和验算，然后进行群桩基础承载力和沉降验算（需要时）。

习　　题

一、单项选择题

1. 围堰内坡脚与基坑距离应小于（　　）m。
   A. 0.5　　　　　　B. 1.0　　　　　　C. 1.5　　　　　　D. 2.0
2. 钻孔灌注桩施工的主要工艺流程是（　　）。
   A. 桩的预制、吊插桩、沉桩接桩
   B. 平整场地，定桩放线，浇筑底节沉桩，拆模挖土
   C. 平整场地，测量定桩位，埋设护筒，配置泥浆，安装钻孔灌注桩，钻孔，清孔，

安装筋笼，灌注水下桩，养护

    D. 沉桩接桩，吊装就位，浇筑水下混凝土，养护

3. 钻孔灌注桩施工中采用正确循环回转法成孔时，泥浆起着（　　）的作用。

    A. 固定桩位，引导钻锥方向

    B. 保护孔口，以免孔口坍塌

    C. 保护孔壁免于坍塌，使钻渣处于悬浮状态，便于排渣

    D. 隔离地面水和保持孔内水位高出施工水位

4. 钻孔灌注桩施工时，用水泵将泥浆以高压抽入空心钻杆中，从钻杆底部射出，底部钻锥在回转时将土壤搅松成钻渣并被泥浆浮悬，随泥浆上升而溢出，流至井外的泥浆池，泥浆经过净化，再循环使用。这种施工方法称为（　　）。

    A. 潜水钻机成孔　　　　　　　　B. 冲抓锥成孔

    C. 反循环回转成孔　　　　　　　D. 正循环回转成孔

5. 摩擦灌注桩的沉渣厚度不大于（　　）mm。

    A. $0.5d$　　　　B. 500　　　　C. 100　　　　D. $A+B$

6. 水下混凝土灌注时，首灌混凝土量应使导管一次埋入混凝土面（　　）m 以下。

    A. 0.5　　　　B. 0.8　　　　C. 1.0　　　　D. 1.5

7. 预制的混凝土强度达设计强度的（　　）时方可起吊。

    A. 70%　　　　B. 75%　　　　C. 100%

8. 人工挖孔桩应逐渐进行终孔验收，终孔验收的重点是（　　）。

    A. 挖坑深度　　　B. 孔底形状与直径　　　C. 持力层的岩石特性

二、多项选择题

1. 在现场填筑围堰的施工要求是（　　）。

    A. 围堰填筑应自上游开始至下游合拢

    B. 堰内平面尺寸应满足施工的要求

    C. 围堰高度应高出施工期间可能出现的最高水位 0.5~0.7m

    D. 围堰地下河床的淤泥、石块、杂物应清除干净

    E. 围堰要求防水严密

2. 在基坑挖到设计基底高程后或在特殊地基上已按设计要求加固处理后，必须按规定进行基底检验方可进行基础施工，其验收内容有（　　）。

    A. 基底的施工机械

    B. 基底的平面尺寸、位置、中心线位置

    C. 基底的材料供应

    D. 基底地质情况及地基承载力

    E. 基底处理和排水、原状土被扰乱情况及岩石风化程度

3. 钻孔灌注桩施工中常见的钻孔事故有（　　）。

    A. 坍孔　　　　B. 钻孔偏移　　　　C. 断桩　　　　D. 卡钻、掉钻

    E. 扩孔、缩孔

4. 影响桩侧摩阻力的主要因素是（　　）。

    A. 土的类别　　　B. 土的性状　　　C. 桩的刚度

第七节 桩基础的设计

D. 土的应力　　　　E. 桩的施工方法

5. 桩侧摩阻力沿桩身均匀分布的桩是（　　）。

A. 打入桩　　　B. 钻孔灌注桩　　　C. 柱桩

6. 在水平力作用下（　　）桩身挠度曲线是呈波状的。

A. 刚性桩　　　　B. 弹性桩

三、简答题

1. 何谓桩基？其作用是什么？适用什么情况？
2. 桩和桩基的分类。
3. 柱桩和摩擦桩的受力情况有什么不同？你认为多种条件具备时哪种桩应优先选用？

四、填空题

1. 钻孔灌注桩的施工顺序有_____。
2. 护筒的作用是_____。浆在钻孔中的作用是_____。
3. 试述钻孔过程中的注意事项。
4. 钻孔灌注桩在钻孔过程中遇到坍孔应采取_____措施。
5. 打入桩靠桩锤的冲击能量将桩打入土中，桩锤有_____、_____、_____、_____几种，桩帽的作用是_____。
6. 试述桩基础施工质量检验的内容。

五、计算题

1. 某一桩基础工程，每根基桩顶（齐地面）的轴向荷载 $P=1500\text{kN}$，地基土第一层为塑形黏土，厚2m，天然含水量 $W=28.9\%$，$W_L=36\%$，$W_p=18\%$，$\gamma=19\text{kN/m}^2$，第二层为中密中砂，$\gamma=20\text{kN/m}^2$，砂层厚数十米，地下水在地面下20m，现采用钢筋混凝土方桩（45cm×45cm），请确定其入土深度？

2. 若上题改用钻孔灌注桩（回旋钻施工），设计桩径为1m，请确定其入土深度？

知识目标：
◆ 了解沉井概念、类型、构造。
◆ 了解沉井的设计计算内容。

能力目标：
◆ 熟悉沉井的施工步骤及要点。
◆ 掌握沉井施工中出现的问题及处理方法。

第五章 沉 井 基 础

第一节 概 述

一、定义

沉井是钢筋混凝土制的无底无盖的井筒结构物（图5-1），以在井孔内不断挖土，并借自重克服外壁与土的摩擦力而不断下沉至计算标高，且经过封底、填心后，使其成为桥梁墩台或其他结构物的基础（图5-2）。

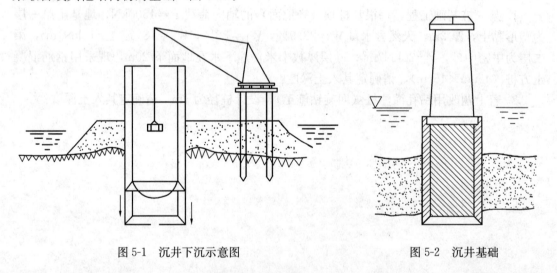

图 5-1 沉井下沉示意图　　　　　　图 5-2 沉井基础

二、适用范围

（1）上部荷载较大，而表层地基上的容许承载力不足，扩大基础开挖量大及支撑困难，但在一定深度下有较好的持力层，用沉井则经济上较为合理。

（2）山区河流中，虽土质较好，但冲刷大，或河中有较大卵石不便桩基础施工时。

（3）岩石表面较平坦且覆盖层薄，而河水较深，采用扩大基础施工围堰有困难时。

三、特点

（1）沉井的整体性强、稳定性好，有较大的承载面积，能承受较大荷载。

(2) 沉井作为坑壁围护结构，起挡水、挡土作用，施工中不需要复杂机械设备，施工技术也比较简单。

四、不适用范围

(1) 土层中有孤石、大树干、沉积物或被淹没的旧建筑物时。
(2) 饱和细砂、粉砂、亚砂土层或因挖土排水易发生流砂的情况。

第二节 沉井类型与构造

一、类型

(一) 按使用材料分

(1) 混凝土沉井：一般做成圆形，适用于下沉深度在 4～7m 的软土层中。
(2) 钢筋混凝土沉井：可做成的平面尺寸很大，适用于下沉深度在 10m 以上的土层中。
(3) 竹筋混凝土沉井：以竹代替钢筋。
(4) 钢沉井：多用于水中施工。

(二) 按沉井主平面形状分

一般与桥墩、台底部形状相适应。
(1) 圆形：如图 5-3 (a) 所示，形状对称、挖土易、下沉中不易倾斜。
(2) 端圆形：如图 5-3 (b) 所示，立模不便，下沉与受力状态较好。
(3) 正方形：如图 5-3 (a) 所示，模板制作较简单，但边角位置处的土不易挖除，下沉过程中易产生倾斜。
(4) 多空矩形：如图 5-3 (c) 所示模板制作较简单，但边角位置处的土不易挖除，下沉过程中易产生倾斜。
(5) 双孔矩形：如图 5-3 (b) 所示，模板制作较简单，但边角位置处的土不易挖除，下沉过程中易产生倾斜。

(三) 按沉井立面形状分

(1) 竖直式：如图 5-4 (a) 所示。
(2) 台阶式：如图 5-4 (b)、图 5-4 (c) 所示。
(3) 倾斜式：如图 5-4 (d) 所示。

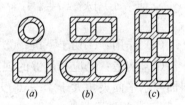

图 5-3 沉井平面形状
(a) 单孔沉井；(b) 双孔沉井；
(c) 多孔沉井

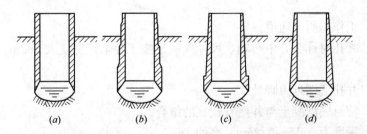

图 5-4 沉井立面形状
(a) 外壁竖直无台阶式；(b)、(c) 台阶式；(d) 外壁倾斜式

二、构造

见图 5-5。

(一) 井壁

(1) 作用：①挡土、隔水；②用来自自身重量克服与井壁之间摩擦力；③沉到设计标高并经填心后作为墩台基础。

(2) 要求：①要有足够的承载力和厚度；②在井壁内配以竖向和水平向的受力筋；③井壁厚为 0.8~1.2m，混凝土强度等级大于 C15。

(二) 刃脚

(1) 定义：沉井井壁下端形如刀刃状的部分。

(2) 位置：在井壁下端（图 5-6）。

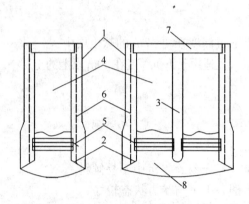

图 5-5 沉井结构示意图
1—井壁；2—刃脚；3—隔墙；4—井孔；5—凹槽；
6—射水管；7—盖板；8—封底

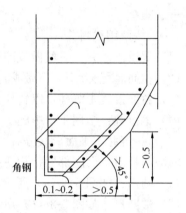

图 5-6 刃脚构造（尺寸单位：m）

(3) 作用：①切土下沉；②支承作用。

(4) 构造：①应有足够的强度，因此应以 C20 以上的钢筋混凝土制成；②刃脚内侧斜面与水平面夹角大于 45°；③刃脚底以型钢加强。

(三) 隔墙

(1) 作用：加强沉井刚度。

(2) 结构：①弧度小于井壁；②间隔小于 5~6m；③底面高出刃脚底面 0.5m 以上。

(四) 井孔

(1) 作用：工作场所与通道。

(2) 结构：井孔对称于井中心轴，尺寸应满足施工要求，宽度大于 3m。

(五) 凹槽

(1) 位置：井孔下端近刃脚处。

(2) 作用：使封底混凝土与井壁有较好的结合。

(3) 结构：深度为 0.15~0.25m，高约 1m。

(六) 射水管

作用：控制水压和水管，可调整下沉方向。

结构：均匀布置。

(七) 封底与盖板

(1) 封底：作用：承受地基和水反力。

混凝土顶面应高出刃脚根部大于 0.5m，厚度大于井孔最小边长 1.5 倍。

混凝土用 C20。

(2) 盖板：厚为 1.5~2m，充填混凝土大于 C15。

第三节 沉 井 施 工

沉井施工方法应根据墩、台基础所在位置的水文地质情况确定，一般为旱地施工、水中筑岛施工和浮运施工。

一、旱地上沉井的施工

墩、台基础位于干旱滩地时，沉井可就地制作，施工时就地下沉，施工顺序如图 5-7 所示。

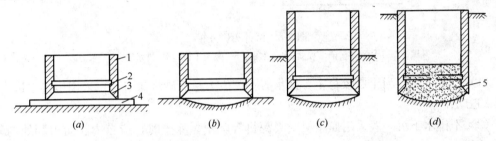

图 5-7 沉井施工顺序图

(a) 制作第一节沉井；(b) 抽垫木、挖土下沉；(c) 沉井接高下沉；(d) 封底

1—井壁；2—凹槽；3—刃脚；4—承垫木；5—素混凝土封底

1. 定位放样、平整场地

根据设计图纸，进行定位放样以后，如基础所在位置的地基承载力满足设计要求，可就地整平夯实，如地基承载力不够，可先采取加固措施，以防止沉井在浇筑时和养护期间出现不均匀沉降。一般平整场地并压实后，在其上铺垫 0.3~0.5m 的砂垫层。

2. 浇筑底节沉井

由于沉井自重大，刃脚踏面尺寸较小，因此铺砂垫层以后，应在刃脚处对称地铺满垫木，垫木之间用砂填平，然后放出刃脚踏面大样。装踏面底模，安放刃脚角钢，立内模，绑扎钢筋，立外模，最后浇筑底节沉井混凝土（图 5-8）。

内隔墙与井壁连接处垫木应连成整体，底模应支承在垫木上，以防不均匀沉降，外模与混凝土贴接一侧应平直、光滑。

混凝土浇筑前，应检查校对模板各部分尺寸和钢筋的布置是否符合设计要求，灌注混凝土时应连续，并均匀振捣。

3. 拆模板和抽除垫木

混凝土强度达到设计强度的 70% 时，方可拆除模板，混凝土达到设计强度后，才能抽出垫木。抽除垫木时，应分区、依次、对称、同步地向沉井外抽出，随抽随用砂土回填振实。抽垫木时应防止沉井偏斜。定位支点处的支垫，应按设计要求的顺序尽快地抽出。

4. 挖土下沉

沉井下施工可分为排水下沉和不排水下沉两种。

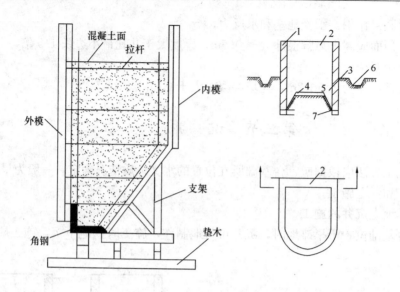

图 5-8 沉井刃脚立模
1—井壁；2—隔墙；3—隔墙梗肋；4—木板；5—黏土土模；6—排水坑；7—水泥砂浆

(1) 排水下沉：当土层较稳定，抽水时不产生大量流砂现象时，可采用边排水边人工挖土的方法。

(2) 不排水下沉一般采用抓土机或吸泥机等除土。除土时，应自中间向刃脚处均匀、对称地除去。对于用排水法下沉的底节沉井，设计支撑位置处的土，应在分层除土中最后同时除去。

(3) 下沉时随时注意正位，保持竖直下沉，并做好下沉观测记录。合理安排沉井除土后的外弃地点，避免对沉井引起偏压。

下沉至设计高程以上 2m 左右时，应适当放慢下沉速度，控制井内除土位置，以使沉井平稳下沉，正确就位。

5. 沉井接高

底节沉井顶面下沉至距地面还剩 1~2m 时，可进行沉井接高，注意接高前：①不得将刃脚掏空，避免沉井倾斜。②接高加重应均匀、对称地进行，接高各节竖向中轴线应与前一节的中轴线相重合。③顶面凿毛，立模，浇筑混凝土，待达到设计强度后，拆模，继续除土下沉。④如果最后一节沉井顶面低于地面或水面，需在沉井顶部设置防水或防土围堰，围堰底部与井顶应连接牢固，防止沉井下沉时围堰与井脱离。

6. 基底检验与处理

(1) 目的：沉井沉至设计高程后，应检验基底的地质情况是否与设计相符。排水下沉时，可直接检验、处理；不排水下沉时，应由潜水员进行水下检查、处理，必要时取样鉴定。

(2) 沉井基底的要求：沉井的基底面应平整，无浮泥。基底为岩层时，岩面残留物应清除干净，岩层基底倾斜时，应做成阶梯形。基底为砂质或黏性土时，应铺以碎石或砾石垫层并铺至刃脚尖以上 20cm 处，排水下沉的沉井，刃脚周边下面以碎石或砾石填平夯实。井壁隔墙及刃脚与封底混凝土接触面处的泥污应予以清除。

7. 封底、井孔填充和浇筑盖板

沉井下沉至设计高程，进行沉降观测并满足设计要求后，应及时封底。对于排水下沉的沉井，清基时，如渗水量上升速度小于或等于 6mm/min，可按普通混凝土的浇筑方法进行封底；若渗水量大于上述规定，则采用水下混凝土进行封底。井孔填充按设计规定处理，不排水封底的沉井，应在封底混凝土强度满足设计要求时，方可抽干水，然后进行井孔填充。对于填砂石或井孔中不填料的沉井，应在井顶浇筑钢筋混凝土盖板，盖板达到设计强度后，方可砌筑墩、台。

二、水中沉井的施工

1. 筑岛法

适用：当水深在 3~4m 以内，流速较小时，可用筑岛法施工，如图 5-9 所示。

筑岛材料采用透水性好、易于压实的砂性土或碎石土等，且不应含有影响岛体受力及抽垫下沉的块体，不得用黏土、淤泥、泥炭和黄土类填筑。筑岛尺寸应满足沉井支座及抽垫等施工要求。无围堰筑岛，宜在沉井周围设置大于 2m 宽的护道；有围堰筑岛，护道宽度大于 1.5m。

在斜坡上筑岛时，应有防滑措施；在淤泥软土上筑岛时，应将软土挖除换填或采取其他加固措施。

2. 浮运沉井施工

当水深较大，围堰筑岛施工困难较多时，可采用浮运沉井施工。沉井在岸边浇筑后，利用滑道滑入水中，然后用绳索引到设计墩位。浮运沉井可利用空腔式钢丝网水泥薄壁沉井、钢筋混凝土薄壁沉井、钢壳沉井、装配式钢筋混凝土薄壁沉井，以及带临时境地的沉

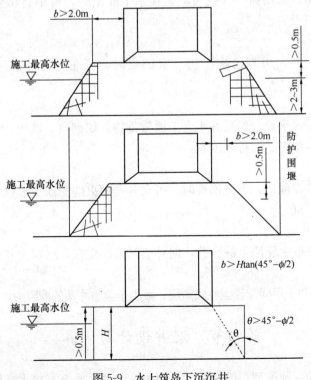

图 5-9　水上筑岛下沉沉井

井和带气筒的沉井。根据河岸地形、设备条件,进行技术经济比较,确定沉井结构。制作场地及下水方案。在浮船上或支架平台上制作沉井时,浮船、支架平台的承载力应满足设计要求。

三、下沉中遇到的问题及处理方法

沉井在下沉过程中,常会遇到下列问题。

1. 沉井产生倾斜、位移及扭转

当沉井入土深度未超过其平面最小尺寸的1.5~2倍时,最容易出现偏斜,产生偏斜的主要原因有:沉井一侧的土被水冲空;刃脚下的土层软硬不均;除土不均匀,井内地面高差过大;井内产生流砂或刃脚下掏空过多,沉井突然下沉;沉井下沉遇障碍物时,未及时发现及处理;未按规定操作程序对称抽除垫木或未及时填砂夯实。

纠正倾斜时,可采用在刃脚较高的一侧除土,在刃脚较低一侧加撑支垫;还可以采取不对称压重;以及在偏高侧,向井施以水平拉力等方法。

纠正位移时,可先除土,使沉井底面中心向墩位设计中心倾斜,然后再对侧除土,使沉井回复竖直,如此反复进行,使沉井逐步移近设计中心。

纠正扭转时,可在一对角线两角除土,在另外两角填土,借助于刃脚下不相等的土压力所形成的扭矩,使沉井在下沉过程中逐步纠正其扭转角度。

2. 沉井下沉困难

由于井壁摩擦阻力过大,如用抓土斗或吸泥机在水下除土时,可用高压射水松动及冲散土层,以便将土抓(或吸)出。

1) 高压射水法

在坚硬的土层中,如用抓土斗或吸泥机在水下除土时,可用高压射水松动及冲散土层,以便将土抓(或吸)出。

2) 抽水下沉法

不排水下沉的沉井,刃脚已掏空仍下沉困难时,可在井内抽水减少浮力,使沉井下沉。

3) 压重法

可在沉井顶面铺设平台,然后在平台上放置重物,如钢轨、铁块、砂袋或块石。除纠正偏斜外,压重时应均匀、对称地放置。

4) 炮振下沉

沉井下沉至一定深度后,下沉困难时,可在井孔中央的泥面上放置炸药起爆,使刃脚已悬空时沉井受振下沉。

5) 空气幕下沉

通过预埋在沉井壁中管路上的小孔,向外喷射压缩空气,以减少井壁的摩阻力。

6) 泥浆润滑套

在沉井外壁周围与土层间设置泥浆隔离层,减少土壤与井壁的摩阻力,以利于沉井下沉。

第四节 沉井设计与计算

沉井是深基础的一种类型,但在施工过程中,沉井是挡土、挡水结构物,施工完毕后是结构物的基础,因而应按基础的要求进行各项验算,还要对沉井本身进行结构设计和计算。即沉井的设计与计算包括沉井基础与沉井结构两方面的设计与计算。

一、沉井主要尺寸的拟定

（一）高度

沉井的高度需根据上部结构、水文地质条件及各土层的承载力确定,沉井底面一般置于最低水位以下,如底面高于最低水位且不受冲刷时,应低于地面至少 0.2m,在通行河流上应考虑船只的航行安全。

（二）平面尺寸

沉井的平面形状常决定于墩（台）底部的形状。对矩形或圆端形墩,可采用相应形状的沉井,采用矩形沉井时,为保证下沉的稳定性,沉井的长边与短边之比不宜大于 3。当墩的长宽比较为接近时,可采用方形或圆形沉井。沉井顶面尺寸为墩（台）身底部尺寸加襟边宽度。襟边宽度不宜小于 0.2m,也不宜小于沉井全高的 1/50,浮运沉井不小于 0.4m。如沉井顶面需设置围堰,其襟边宽度根据围堰构造还需加大。墩（台）身边缘应尽可能支承于井壁上或盖板支承面上,对井孔内不以混凝土填实的空心沉井不允许墩（台）身边缘全部置于井孔位置上。

二、沉井作为整体深基础的设计与计算

沉井基础的计算,根据它的埋置深度可用两种不同的计算方法。当沉井基础的埋置深度在最大冲刷线以下较浅、仅数米时,可以不考虑基础侧面土的横向抗力影响,而按浅基础设计与计算的规定,分别验算地基强度、沉井基础的稳定性和沉降,使它符合容许值的要求;本章主要介绍沉井基础的埋置深度较大时,由于埋置在土体内较深处,不可忽略沉井周围土体对沉井的约束作用,因此在验算地基应力、变形及沉井的稳定性时,需要考虑基础侧面土体弹性抗力的影响。这种计算方法的基本假定条件是:

(1) 地基土作为弹性变形介质,水平向的地基系数随深度成正比例增加。

(2) 不考虑基础与土之间的黏着力和摩阻力。

(3) 沉井基础的刚度与土的刚度之比可认为是无限大。

由这些假定条件可知,沉井基础在横向外力作用下只能发生转动而无挠曲变形。因此,可按刚性桩柱（刚性杆件）计算内力和土抗力,即相当于 m 法中 $\alpha h < 2.5$ 的情况。

（一）非岩石地基上沉井基础的计算

沉井基础受到水平力 H 及偏心竖向力 N 共同作用时（图 5-10）,为了讨论方便,可以把这些外力转变为中心荷载和水平力的共同作用,转变后的水平力 H 距离基底的作用高度为:

$$\lambda = \frac{Ne + Hl}{H} = \frac{\Sigma M}{H} \tag{5-1}$$

沉井由于水平力 H 的作用,将围绕位于地面下面深度 z_0 处的 A 点转动 ω 角（图5-11）,地面下深度 z 处沉井基础产生的水平位移 Δx 和土的横向水平应力 P_z 分别为:

$$\Delta x = (z_0 - z)\tan\omega \tag{5-2}$$

$$P_z = \Delta x C_z = C_z(z_0 - z)\tan\omega \tag{5-3}$$

式中　z_0——转动中心 A 距离地面的距离;

C_z——深度 z 处的水平向的地基系数，$C_z = mz$，m 是地基比例系数。

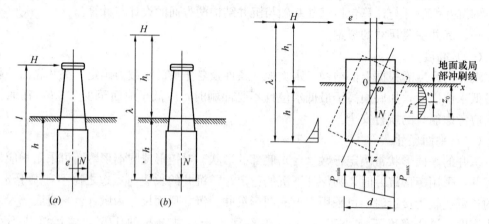

图 5-10 荷载作用情况　　图 5-11 水平及竖直荷载作用下的应力分布

由基础转动引起的基底边缘处的竖向位移为：

$$\delta_1 = \frac{d}{2}\tan\omega \tag{5-4}$$

$$P_z = C_0\delta = C_0 \frac{d}{2}\tan\omega \tag{5-5}$$

公式（5-5）中的 C_0 不小于 $10m_0h$，d 为基底宽度或直径。

以上四个公式中，有两个未知数 z_0 和 ω，可以建立两个平衡方程式求解，即：

$$\Sigma x = 0$$

$$H - \int_0^h P_z b_1 \mathrm{d}z = H - b_1 m\tan\omega \int_0^h z(z_0 - z)\mathrm{d}z = 0 \tag{5-6}$$

$$\Sigma y = 0$$

$$Hh_1 + \int_0^h P_z b_1 z \mathrm{d}z - P_{\frac{d}{2}} W_0 = 0 \tag{5-7}$$

公式（5-6）、公式（5-7）中 b_1 为基础计算宽度，可按 m 法计算，W_0 为基础底面的边缘弹性抵抗弯矩。以上两公式联立求解，得：

$$z_0 = \frac{\beta b_1 h^2(4\lambda - h) + 6dW_0}{2\beta b_1 h(3\lambda - h)} \tag{5-8}$$

$$\tan\omega = \frac{12\beta H(2h + 3h_1)}{mh(\beta b_1 h^3 + 18W_0 d)} \tag{5-9}$$

或

$$\tan\omega = \frac{6H}{Amh}$$

式中：β 为深度 h 处沉井侧面的水平向地基系数与沉井底面的竖向地基系数的比值，即 $\beta = \frac{C_h}{C_0} = \frac{mh}{C_0}$；$A = \frac{\beta b_1 h^3 + 18W_0 d}{2\beta(3\lambda - h)}$；$m$、$m_0$ 按第四章的有关规定采用。

将公式（5-8）、公式（5-9）代入公式（5-3）及公式（5-5）得：

$$P_z = \frac{6H}{Ah}z(z_0 - z) \tag{5-10}$$

$$P_{\frac{d}{2}} = \frac{3dH}{A\beta} \tag{5-11}$$

竖向荷载 N 及水平力 H 同时作用时，基底边缘处的压应力为：

$$P_{\min}^{\max} = \frac{N}{A_0} \pm \frac{3dH}{A\beta} \tag{5-12}$$

式中　A_0——基底面积。

离地面或最大冲刷线以下 z 深度处基础截面上的弯矩为：

$$M_z = H(\lambda - h + z) - \int_0^z P_z b_1(z-z_1) d_z = H(\lambda - h + z) - \frac{Hh_1 z^3}{2hA}(2z_0 - z) \tag{5-13}$$

（二）基底嵌入基岩内的计算方法

若基底嵌入基岩内，在水平力和竖向偏心荷载作用下，可以认为基底不产生水平位移，则基础的旋转中心 A 与基底中心相吻合，即 $z_0 = h$ 为已知值（图 5-12）。这样，在基底嵌入处便存在一水平阻力 H_1，由于 H_1 对基底中心轴的力臂很小，一般可忽略 H_1 对 A 点的力矩。当基础有水平力 H 作用时，地面下 z 深度处产生的水平位移 Δx 和水平土压力 P_z 分别为：

$$\Delta x = (h-z)\tan\omega \tag{5-14}$$
$$P_z = \Delta x C_z = mz(h-z)\tan\omega \tag{5-15}$$

式中　h——转动中心 A 至地面的距离；
　　　C_z——深度 z 处的水平向的地基系数。

基底边缘处的竖向应力为：

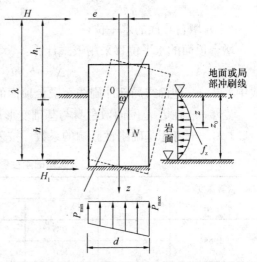

图 5-12　水平力作用下的应力分布

$$P_{\frac{d}{2}} = C_0 \tan\omega \cdot \frac{d}{2} = \frac{mhd}{2\beta}\tan\omega \tag{5-16}$$

C_0 为基底岩石的地基系数，按第四章的有关规定查用。

以上公式中只有一个未知数 ω，可建立弯矩平衡方程求解。

$$\Sigma M_A = 0$$

$$H(h+h_1) - \int_0^h P_z h_1(h-z) dz - P_{\frac{d}{2}} W_0 = 0 \tag{5-17}$$

解上式得：

$$\tan\omega = \frac{H}{mhD_0} \tag{5-18}$$

式中　$D_0 = \dfrac{b_1\beta h^3 + 6W_0 d}{12\lambda\beta}$。

将 $\tan\omega$ 代入式（5-15）与式（5-16）得：

$$P_z = (h-z)z\frac{H}{D_0 h} \tag{5-19}$$

$$P_{\frac{d}{2}} = \frac{Hd}{2\beta D_0} \tag{5-20}$$

基底边缘处的应力为：

$$P_{\min}^{\max} = \frac{N}{A_0} \pm \frac{Hd}{2\beta D_0} \quad (5-21)$$

根据 $\Sigma x = 0$，可以求出嵌入处未知的水平阻力 H_1 为：

$$H_1 = \int_0^h P_z b_1 \mathrm{d}z - H = H\left(\frac{b_1 h^2}{6D_0} - 1\right) \quad (5-22)$$

地面以下 z 深度处基础截面上的弯矩为：

$$M_z = (\lambda - h + z)H \frac{b_1 H z^3}{12 D_0 h}(2h - z) \quad (5-23)$$

（三）墩台顶面的水平位移

墩台顶面的水平位移采用下式计算：

$$\Delta = k_1 \omega z_0 + k_2 \omega l_0 + \delta_0 \quad (5-24)$$

式中 l_0——地面或局部冲刷线至墩台顶面的高度；

δ_0——在 l_0 范围内墩台身与基础变形产生的墩台顶面水平位移；

k_1、k_2——考虑基础刚性影响的系数，按表 5-1 采用。

考虑基础刚性影响的系数 k_1、k_2 表 5-1

换算深度 $\bar{h} = \alpha h$	系数	λ/h				
		1	2	3	5	∞
1.6	k_1	1.0	1.0	1.0	1.0	1.0
	k_2	1.0	1.1	1.1	1.1	1.1
1.8	k_1	1.0	1.1	1.1	1.1	1.0
	k_2	1.1	1.2	1.2	1.2	1.3
2.0	k_1	1.1	1.1	1.1	1.1	1.2
	k_2	1.2	1.3	1.4	1.4	1.4
2.2	k_1	1.1	1.2	1.2	1.2	1.2
	k_2	1.2	1.5	1.6	1.6	1.7
2.4	k_1	1.1	1.2	1.3	1.3	1.3
	k_2	1.3	1.8	1.9	1.9	2.0
2.5	k_1	1.2	1.3	1.4	1.4	1.4
	k_2	1.4	1.9	2.1	2.2	2.3

注：1. 当 $\alpha h < 1.6$ 时，k_1、$k_2 = 0$。
    2. 当仅有偏心竖向力作用时，$\lambda/h \to \infty$。

（四）验算

1. 基底应力验算

式（5-12）及式（5-21）所计算出的最大压应力不应超过沉井底面处土的容许承载力，即

$$P_{\max} = \gamma_R [f_a] \quad (5-25)$$

式中 γ_R——与地基受荷阶段和受荷情况相关的抗拉系数。

2. 横向抗力验算

由式 (5-10)、式 (5-19) 计算出的 P_z 值应小于沉井周围土的极限抗力值，否则不能考虑基础侧向土的弹性抗力。

当基础在外力作用下产生位移时，在深度 z 处基础一侧产生主动土压力，压力强度为 P_a，而被挤压一侧土就受到被动土压力，强度为 P_p，故其极限抗力用土压力表达为：

$$P_z \leqslant P_p - P_a \tag{5-26}$$

由朗金主动土压力理论得：

$$\left.\begin{array}{l} P_p = \gamma z \tan^2\left(45° + \dfrac{\varphi}{2}\right) + 2c \cdot \tan\left(45° + \dfrac{\varphi}{2}\right) \\ P_a = \gamma z \tan^2\left(45° - \dfrac{\varphi}{2}\right) - 2c \cdot \tan\left(45° - \dfrac{\varphi}{2}\right) \end{array}\right\} \tag{5-27}$$

代入式 (5-26) 整理后得：

$$P_z = \frac{4}{\cos\varphi}(\gamma z \tan\varphi + c) \tag{5-28}$$

式中 γ——土的重度；
φ——土的内摩擦角；
c——土的黏聚力。

支承在分散土地基上的深基础，最大横向抗力一般出现在 $z=h/3$ 和 $z=h$ 处，将其代入式 (5-28) 便有：

$$P_{\frac{h}{3}} = \frac{4}{\cos\varphi}(\gamma z \tan\varphi + c)\eta_1 \eta_2 \tag{5-29}$$

$$P_h = \frac{4}{\cos\varphi}(\gamma z \tan\varphi + c)\eta_1 \eta_2 \tag{5-30}$$

式中 $P_{\frac{h}{3}}$——$h/3$ 深度的土横向抗力；
P_h——h 深度的土横向抗力，h 为基础的埋置深度；
η_1——系数，对于超静定推力拱桥的墩台取 0.7，其他结构体系的墩台取 1.0；
η_2——考虑结构重力在总荷载中所占的百分比的系数，$\eta_2 = 1 - 0.8\dfrac{M_g}{M}$；
M_g——结构自重对基础底面中心产生的弯矩；
M——全部荷载对基础底面重心产生的总弯矩。

三、沉井在施工过程中的结构强度计算

沉井施工、营运过程中均受到不同外力的作用，沉井的结构强度必须满足各阶段最不利受力的要求。根据《公路桥涵地基与基础设计规范》JTG D 63—2007，应针对沉井各部分在施工过程中的最不利受力情况要求，首先拟定相应的计算图式，进行截面应力计算，然后进行必要的配筋，保证沉井结构在各个施工阶段中的强度和稳定性。

(一) 沉井自重下沉验算

沉井下沉是靠在井孔内不断取土，在沉井重力作用下克服四周井壁与土的摩阻力和刃脚底面土的阻力而实现的，所以在设计时应首先确定沉井在自身重力作用下是否有足够的重力使沉井顺利下沉。下沉系数 $k = G/R$，可取 1.15～1.25，其中 G 为沉井自重，R 为沉井底端地基总反力 R_r 与沉井侧面总摩阻力 R_f 之和；R_f 计算可假定单位面积摩阻力沿深

度呈梯形分布，距地面 5m 范围内按三角形分布，其下为常数，$R_f = u(h-2.5)q$，式中 u 为沉井下端面周长，h 为沉井入土深度，q 为井壁单位面积摩阻力加权平均值。

井壁与土体之间的摩阻力，可根据沉井所在地点土层已有测试资料来估算，也可以参考以往类似的沉井设计中的侧面摩阻力采用之。如无资料，对下沉深度在 20m 以内，最大不超过 30m 的沉井，可参照表 5-2 的数值选用。

井壁与土体间的摩阻力标准值　　　　　　　　表 5-2

土的名称	摩阻力标准值（kPa）	土的名称	摩阻力标准值（kPa）
黏性土	25～50	砾石	15～20
砂性土	12～25	软土	10～12
卵石	15～30	泥浆套	3～5

注：泥浆套为灌注在井壁外侧的浊变泥浆，是一种助沉材料。

（二）底节沉井的竖向挠曲验算

底节沉井在拆模后的下沉过程中，可视为在自重作用下将产生挠曲的一个梁，从而需要验算最危险截面上的弯矩是否符合强度要求，或根据计算弯矩布置底节沉井井壁上的水平钢筋。其支承点视具体施工而定，一般考虑区分以下两种条件。

1. 排水挖土下沉时

挖土下沉时，支撑点较易控制，沉井的支承点可设在有利的位置上，使最大弯矩值为最小。对圆端形或矩形沉井，当其长边大于短边 1.5 倍时，支点可设在长边上，支点间距可取长边的 0.7 倍，该支点也即定位垫木的位置（图 5-13）。如井壁顶部的拉应力超过混凝土的允许拉应力，井体就会产生竖向开裂，应加大底节沉井的高度或配设钢筋。

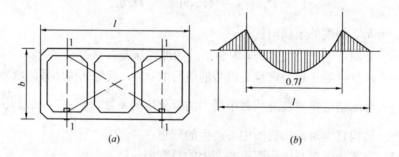

图 5-13　排水下沉的沉井
(a) 平面图；(b) 弯矩图

2. 不排水下沉时

由于水下作业，控制挖土很困难，所以验算时应考虑最不利的支承条件，由于井孔中有水，挖土可能不均匀，支点设置也难控制，沉井下沉过程中可能会出现最不利的支承情况。对矩形及圆端形沉井，支点在长边的中点上，另一种情况支点在四个角上，如图 5-14 所示；对于圆形沉井，两个支点位于直径上。排水下沉和不排水下沉都能使沉井成为一悬臂梁，在支点处，沉井顶部可能产生竖向开裂；而不排水下沉能使沉井成为一简支梁，跨中弯矩最大，可能沉井下部竖向开裂。这两种情况均应对长边跨中附近的最小截面上下缘进行验算。

若底节沉井内隔墙的跨度较大,还需验算隔墙的抗拉强度。内隔墙最不利的受力情况是下部土已挖空,第二节沉井的内墙已浇筑,但未凝固,这时,内隔墙成为两端支承在井壁上的梁,承受了本身重量以及上部第二节沉井内隔墙和模板等重量。如验算结果可能使内隔墙下部产生竖向开裂,应采取措施,或布置水平向钢筋,或在浇筑第二节沉井时内隔墙底部回填砂石并夯实,使荷载传至填土上。

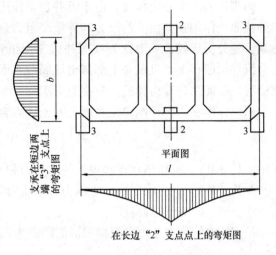

图 5-14 不排水挖土下沉的沉井

(三)沉井刃脚受力计算

沉井在下沉过程中,刃脚受力较为复杂,刃脚切入土中时受到向外弯曲应力,挖空刃脚下的土时,刃脚又受到外部土、水压力作用而向内弯曲。从结构上来分析,可认为刃脚把一部分力通过本身作为悬臂梁的作用传到刃脚根部,另一部分由本身作为一个水平的闭合框架作用所负担,因此,可以把刃脚看成在平面上是一个水平闭合框架,在竖向上是一个固定在井壁上的悬臂梁。水平外力的分配系数,可根据悬臂及水平框架两者的变位关系及其他一些假定得到,其关系式如下。

刃脚悬臂作用的分配系数为:

$$\alpha = \frac{0.1 l_1^4}{h^4 + 0.005 l_1^4} \quad (\alpha < 1.0) \tag{5-31}$$

刃脚框架作用的分配系数为:

$$\beta = \frac{h^4}{h^4 + 0.05 l_2^4} \tag{5-32}$$

式中 l_1——支承于隔墙间的井壁最大计算跨度;

l_2——支承于隔墙间的井壁最小计算跨度;

h——刃脚斜面部分的高度。

水平外力按上面两个分配系数分配,只适用于内隔墙底面高出刃脚底面不超过 0.5m,或大于 0.5m 而有竖直承托的情况。否则,全部水平力应由悬臂作用承担,即 $\alpha=1.0$。刃脚不再起水平框架作用,但仍应按构造要求布置水平钢筋,使其能承担一定的正、负弯矩。

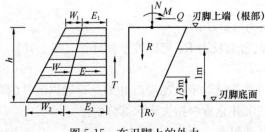

图 5-15 在刃脚上的外力

1. 刃脚竖向受力分析

刃脚竖向受力情况一般截取单位宽度井壁来分析,把刃脚视为固定在井壁上的悬臂梁,梁的跨度即为刃脚高度。由内力分析有下述两种情况。

1)刃脚向外挠曲的内力计算(图 5-15)

刃脚切入土中一定深度，由于沉井自重作用，在刃脚面上产生土的抵抗力，使得刃脚向外挠曲。作用在斜面上的反力和外壁摩阻力愈大，井壁外的土压力和水压力愈小，则愈不利。经分析比较，一般认为在沉井施工下沉过程中，刃脚内侧切入土中深度约1.0m，上节沉井均已接上，且沉井上部露出地面或水面约一节沉井高度时符合需要条件，为最不利情况，以此来计算刃脚的向外挠曲弯矩。

(1) 作用在刃脚外侧单位宽度上的土压力合力为：

$$E+W = \frac{1}{2}[(E_1+W_1)+(E_2+W_2)]h \tag{5-33}$$

式中 E_1+W_1——作用在刃脚根部的水压力和土压力强度之和；

E_2+W_2——刃脚底面的土压力和水压力强度之和；

h——刃脚高度。

$E+W$ 力的作用点距离刃脚根部的距离为：

$$t = \frac{h}{3} \cdot \frac{2(E_2+W_2)+(E_1+W_1)}{(E_2+W_2)+(E_1+W_1)} \tag{5-34}$$

可以根据朗金主动土压力计算地面以下深度 h_j 处刃脚承受的土压力为：

$$E_j = \gamma_j h_j \tan^2\left(45°-\frac{\varphi}{2}\right) \tag{5-35}$$

式中 γ_j——h_j 高度范围内土的平均重度。

水压力 W_j 为：

$$W_j = \gamma_w h_{wj} \tag{5-36}$$

式中 γ_w——水的重度；

h_{wj}——计算位置到水面的距离。

水压力应根据施工情况和土质条件计算，设计规范规定计算得到的刃脚外侧土压力、水压力值不得大于静水压力的70%，否则按静水压力的70%计算。

(2) 作用在井壁外侧单位宽度上的摩阻力 T，可按以下两式计算，取其较小值。

$$T = \mu E = \tan\varphi \cdot E = 0.5E \tag{5-37}$$

$$T = qA \tag{5-38}$$

式中 μ——摩擦系数，$\mu = \tan\varphi$；

φ——内摩擦角，一般土在水中的内摩擦角可采用 $26°30'$，$\tan 26°30' = 0.5$；

q——土与井壁间的单位摩阻力，按表5-2选用；

A——沉井侧面与土接触的单位宽度上的总面积，$A = 1 \times h = h$（h 为刃脚高度，以"m"计）；

E——作用在井壁上的每米宽度的总压力（kN/m）。

(3) 刃脚下抵抗力。刃脚下单位宽度上的竖直反力 R_V 可以按下式计算（图5-16）：

$$R_V = G - T \tag{5-39}$$

式中 G——沿沉井外壁单位周长的沉井重力，其值等于该高度沉井的总重除以沉井的周长，在不排水挖土下沉时，应在沉井总重中扣去淹水部分的浮力；

T——沿井壁单位周长上沉井侧面的总摩阻力。

R_V 的作用点可按下列方法计算（见图 5-16）：假定作用在刃脚斜面上的土反力与斜面上的法线成 β 角，β 为土反力与刃脚斜面间的外摩擦角（一般取 $\beta=30°$）。作用在刃脚斜面上的土反力分解成水平力 U 和垂直力 V_2，刃脚底面上的垂直反力为 V_1，则：

$$R_V = V_1 + V_2 \tag{5-40}$$

$$\frac{V_1}{V_2} = \frac{f \cdot a}{\frac{1}{2} f \cdot b} = \frac{2a}{b} \tag{5-41}$$

式中　a——刃脚踏面底宽（m）；
　　　b——刃脚入土斜面的水平投影（m）；
　　　f——竖直反力强度（kN/m）。

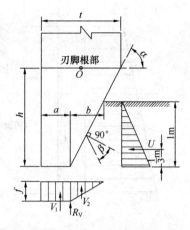

图 5-16　刃脚下 R_V 的作用点计算

由式（5-40）、式（5-41）可解得：

$$V_1 = a \frac{R_V}{a + \frac{b}{2}} = \frac{2a}{2a+b} R_V \tag{5-42}$$

$$V_2 = \frac{b}{2a+b} R_V \tag{5-43}$$

$$U = V_2 \tan(\alpha - \beta) \tag{5-44}$$

R_V 的作用点距离井壁外侧的距离为：

$$X = \frac{1}{R_V} \left[V_1 \frac{a}{2} + V_2 \left(a + \frac{b}{3}\right) \right] \tag{5-45}$$

β 为土与刃脚斜面间的外摩擦角，一般取 $30°$，刃脚斜面上水平反力 U 的作用点离刃脚底面 $1/3$m。

（4）刃脚自重。刃脚单位宽度上的自重为：

$$g = \frac{t+a}{2} h \gamma_h \tag{5-46}$$

式中　t——井壁厚度；
　　　γ_h——刃脚重度，不排水施工时应扣除浮力。

g 的作用点距离刃脚根部中心轴的距离为：

$$x_1 = \frac{t^2 + at - 2a^2}{6(t+a)} \tag{5-47}$$

（5）作用在刃脚外侧的摩阻力。其计算方法与计算井壁外侧摩阻力 T 的方法相同，但取两式中的最大值，其目的是使刃脚弯矩最大。

所有力算出后，计算各力对刃脚根部截面上的内力，即
对截面中心轴的弯矩为：

$$M = M_R + M_H + M_{E+W} + M_T + M_g \tag{5-48}$$

竖向力为：

$$N = R_V + T + g \tag{5-49}$$

剪力为：

$$Q = E + W + U \tag{5-50}$$

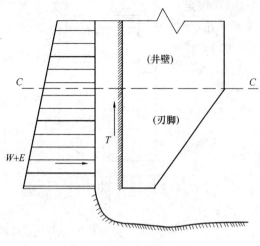

图 5-17 刃脚向内弯曲

根据 M、N、Q 计算配筋，刃脚悬臂部分无论内侧还是外侧竖向钢筋，均应伸入悬臂根部截面以上 $0.5l_1$（l_1 为支承于隔墙间的井壁最大计算跨径）。

2）刃脚向内挠曲的内力计算

当沉井沉到设计高程，刃脚下的土已挖空，这时刃脚处于向内弯曲的不利情况，如图 5-17 所示。按此情况确定刃脚外侧竖向钢筋。

作用在刃脚外侧的外力，沿沉井周边取一单位周长计算，计算步骤和刃脚向外挠曲的内力计算的情况相似。其计算方法简述如下：

(1) 计算刃脚外侧的土压力和水压力。土压力与刃脚向外挠曲的内力计算的情况相同。水压力计算，当不排水下沉时，井壁外侧水压力按 100% 计算，井内水压力一般按 50% 计算，但也可按施工中可能出现的水头差计算；当排水下沉时，在透水不良的土中，外侧水压力可按静水压力的 70% 计算。这里土压力和水压力的总和不变，"不超过 70% 的静水压力"的限制。

(2) 由于刃脚下的土已掏空，故刃脚下的垂直反力 R_V 和刃脚斜面水平反力 U（见图 5-16）均等于 0。

(3) 作用在井壁外侧的摩阻力 T 与刃脚向外挠曲的内力计算的方法相同，但取较小值。

(4) 刃脚重力 g 与刃脚向外挠曲的内力计算相同。

(5) 根据以上计算的所有外力，可以算出刃脚根部处截面上每单位周长（外侧）内的轴向力 N、水平力 Q 及对截面中心轴的弯矩 M，并据以计算刃脚外侧的竖向钢筋数量，此钢筋也应延伸至刃脚根部以上 $0.5l_1$（l_1 为沉井外壁的最大计算跨径）。

2. 刃脚水平钢筋的计算

当沉井下沉到设计高程，刃脚下的土已被掏空时，刃脚将受到最大的水平力。图 5-18 表示刃脚上沿井壁水平方向截取的单位高度水平框架，作用在这个水平框架上的外力计算与上述要求刃脚外侧钢筋的方法相同。但水平钢筋只分担作用在水平框架上的荷载，故作用在水平框架全周上的均布荷载为刃脚上的最大水平力乘以分配系数 β。

作用在矩形沉井上的最大弯矩 M、轴向力 N 及剪力 Q 可按下列近似公式计算：

$$M = \frac{q \cdot l_1^2}{16} \tag{5-51}$$

$$N = \frac{q \cdot l_1^2}{2} \tag{5-52}$$

$$Q = \frac{q \cdot l_1}{2} \tag{5-53}$$

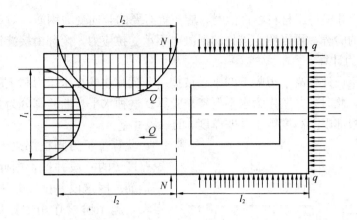

图 5-18 矩形沉井刃脚上的水平框架

式中 q——作用在刃脚框架上的水平均布荷载；

l_1——沉井外壁的最大和最小计算跨径。

根据以上计算的 M、N 和 Q，设计刃脚内的水平钢筋。为便于施工，不必按正负弯矩将钢筋弯起，可按正负弯矩的需要布置成内、外两圈。

（四）井壁受力计算

1. 井壁竖向拉应力验算

沉井在下沉的过程中，有可能遇到上部被四周土体摩擦力钳住，而刃脚下的土体已被挖空，使沉井下部处于悬吊状态的情况（一般下部土体比上部土体软的情况下出现）。井壁在自重的作用下有被拉断的可能，因此要验算井壁的竖向拉应力。拉应力的分布可假定为倒三角形，在底面最大，在刃脚底面处为零。

设沉井自重为 G_k，h 为沉井的入土深度，u 为井壁周长，q_d 为底面处井壁的摩阻力，q_x 为距离刃脚底部 x 处的摩阻力，如图 5-19 所示。

由于

$$G_k = \frac{1}{2} q_d \cdot h \cdot u$$

$$q_d = \frac{2G_k}{h \cdot u}$$

得

$$q_x = \frac{q_d}{h} x = \frac{2G_k x}{h^2 u} \quad (5-54)$$

距离刃脚底面 x 处井壁的拉力为：

$$p_x = \frac{G_k}{h} - \frac{q_x}{2} x u = \frac{G_k x}{h} - \frac{2G_k x^2}{h^2}$$

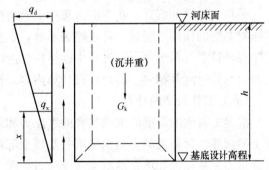

图 5-19 等截面沉井井壁竖向受拉计算图

令

$$\frac{dp_x}{dx} = 0$$

则

$$\frac{dp_x}{dx} = \frac{G_k x}{h} - \frac{2G_k x}{h^2} = 0$$

当 $x = h/2$ 时

$$p_{\max} = \frac{1}{4} G_k \quad (5-55)$$

当 p_{max} 大于井壁圬工材料容许值时，应布置必要的竖向受力钢筋，对每节井壁接缝处的竖向拉应力的验算，可以假定该处的混凝土不承受拉应力，全部由接缝钢筋承受。

2. 水平受力计算

沉井下沉至设计标高，刃脚下的土已被掏空，沉井井壁在水压力和土压力作用下井壁受最大水平力，此时把井壁作为水平框架来验算。这种水平弯曲验算分为两部分：

(1) 刃脚根部以上高度等于井壁厚度 t 的一段井壁。

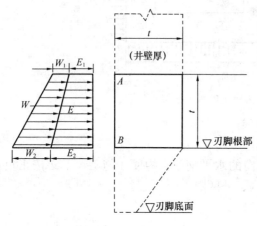

图 5-20 刃脚根部以上高度等于井壁厚度的一段井壁框架荷载分布图

验算位于刃脚根部以上其高度等于井壁厚度 t 的一段井壁，据此设置该段的水平钢筋。因这段井壁又是刃脚悬臂梁的固定端，施工阶段作用于该段的水平荷载，除本身所受的水平荷载外，还承受由刃脚传来的水平力 Q（图 5-20）。

(2) 其余段井壁。

其余各段井壁的计算，可按井壁断面的变化，将井壁分成数段，取每一段中控制设计的井壁（位于每一段最下端的单位高度）进行计算。作用在框架上的均布荷载 $q = W + E$。然后用同样的计算方法，求得水平框架内截面的作用效应，并将水平筋布置在全段上。

采用泥浆套下沉的沉井，在计算下沉过程中所受到的侧压力时，应将沉井外侧泥浆压力按 100% 计算，因为泥浆压力一定要大于水压力和土压力的总和，才能保证泥浆套不被破坏。

采用空气幕的沉井，在下沉过程中受到土侧压力，根据试验沉井的测量结果，压气时气压对井壁的作用不明显，可以略去不计，仍按普通沉井的有关规定计算。

在计算空气幕沉井下沉过程中的结构强度时，由于井壁的摩擦力在开气时减小，不开气时仍与普通沉井相同。因此，视计算内容，按最不利情况采用。

(五) 沉井封底的计算

混凝土封底的厚度应根据基底的水压力和地基土的向上反力计算确定。井孔不填充混凝土的沉井，封底混凝土须承受沉井基础全部荷载所产生的基底反力，井内如填砂时应扣除其重力。井孔内如填充混凝土（或片石混凝土），封底混凝土须承受填充混凝土前的沉井底部的静水压力。

沉井封底混凝土应按如下规定计算：

(1) 在施工抽水时，封底混凝土应承受基底水和土的向上反力，此时如因混凝土的龄期不足，应考虑降低混凝土强度。

(2) 沉井井孔用混凝土或石砌圬工填实时，封底混凝土应承受基础设计的最大基底反力，并计入井孔内填充物的重力。

(3) 封底层混凝土厚度，一般不宜小于 1.5 倍的井孔直径或短边边长。

第五节 沉井计算示例

一、设计资料

（一）上部结构

上部结构为跨径 70m 的预应力混凝土 T 形结构。

（二）下部结构

中墩为 C15 混凝土重力式桥墩，基础为钢筋混凝土沉井，尺寸如图 5-21 所示。

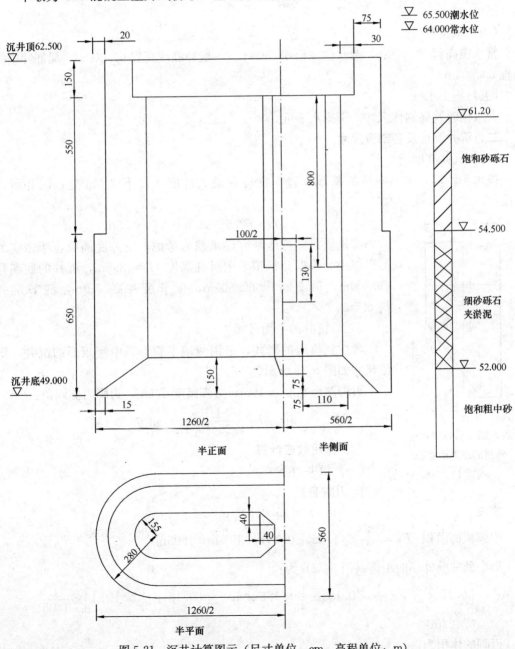

图 5-21 沉井计算图示（尺寸单位：cm，高程单位：m）

（三）地质资料

地基由上往下分别为饱和砂砾石、细砂砾石夹淤泥和饱和粗中砂，各层土的指标值如下：

（1）饱和砂砾石：密实，天然重度 20.6kN/m³，浮重度 12.0kN/m³，$\varphi=40°$，$\tau=16$kPa。

（2）细砂砾石夹淤泥：密实，天然重度 18kN/m³，浮重度 11.0kN/m³，$\varphi=30°$，$\tau=15$kPa。

（3）饱和粗中砂：稍松，天然重度 17.6kN/m³，浮重度 10.8kN/m³，$\varphi=25°$，$\tau=14$kPa。

（四）水位资料

常水位高程 64.000m，潮水位高程 65.500m。一般冲刷线高程 61.000m，局部冲刷线高程 58.000m。

（五）施工水位

常水位时筑岛制作沉井，不排水下沉。

二、沉井高度及各部分尺寸

（一）沉井高度

按水文计算，大、中桥的基础埋置深度应在最大冲刷线以下 2.0m 处，沉井所需高度：

$$H=62.5-58.0+2.0=6.5\text{m}$$

按地质条件与地基容许承载力考虑，沉井底面应位于密实的砂砾层中，根据分析拟采用沉井高度 $H=13.5$m，沉井的底高程 49.000m，顶面高程 62.500m，顶节沉井高 7.0m，底节沉井高 6.5m。

（二）沉井的平面尺寸

考虑到桥墩的形式，采用两端半圆形、中间矩形的沉井，详细尺寸如图 5-21 所示。

刃脚踏面宽度 0.15m，刃脚高度 1.5m，刃脚内侧倾角：

$$\text{artan}\theta=\frac{1.5}{1.25-0.15}=53.74°>45°$$

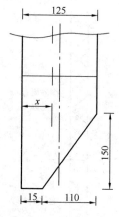

图 5-22 形心到井壁外侧的距离示意图

（尺寸单位：cm）

三、作用效应计算

（一）沉井自重

1. 刃脚自重

重度：$\gamma_1=25.00$kN/m³

刃脚截面面积：$F_1=\frac{1}{2}\times(1.25+0.15)\times1.50=1.05\text{m}^2$

形心到井壁外侧的距离（图 5-22）为：

$$x=\left[0.15\times1.5\times\frac{1}{2}\times0.15+\frac{1}{2}\times1.5\times1.1\times\left(0.15+\frac{1}{3}\times1.1\right)\right]\times\frac{1}{1.05}$$

$$=0.422\text{m}$$

刃脚的体积为：

第五节 沉井计算示例

$$V_1 = [2 \times \pi \times (2.8 - 0.422) + 7 \times 2] \times 1.05 = 30.39 \text{m}^3$$

则刃脚的自重为：$Q_1 = 30.39 \times 25.00 = 759.7 \text{kN}$

2. 底节沉井的井壁自重

重度：$\gamma_2 = 24.50 \text{kN/m}^3$

井壁截面面积：$F_2 = 1.25 \times 6.5 = 8.125 \text{m}^2$

井壁体积：$V_2 = (2 \times 2.175 \times \pi + 2 \times 7) \times 8.125 = 224.79 \text{m}^3$

则底节沉井的井壁自重为：$Q_2 = 224.79 \times 24.5 = 5507.36 \text{kN}$

3. 底节沉井的隔墙自重

自重：$\gamma_3 = 24.50 \text{kN/m}^3$

隔墙体积：

$$V_3 = \left(0.80 \times 10.5 + \frac{0.15 + 0.8}{2} \times 0.75\right) \times 3.1 + 0.4 \times 0.4 \times 2 \times 8 = 29.70 \text{m}^3$$

则底节沉井的隔墙自重为：

$$Q_3 = 29.70 \times 24.5 = 727.73 \text{kN}$$

4. 第二节沉井的井壁自重

重度：$\gamma_4 = 24.50 \text{kN/m}^3$

井壁体积：

$$V_4 = (0.15 \times 5.5) \times (2 \times \pi \times 2.075 + 7 \times 2) + (0.75 \times 1.5)$$
$$\times (2 \times \pi \times 2.225 + 7 \times 2)$$
$$= 187.62 \text{m}^3$$

则第二节沉井的井壁自重为：

$$Q_4 = 187.62 \times 24.5 = 4596.63 \text{kN}$$

5. 盖板自重

重度：$\gamma_5 = 24.50 \text{kN/m}^3$

盖板体积：$V_5 = (\pi \times 1.85^2 + 7 \times 3.7) \times 1.5 = 54.98 \text{m}^3$

则盖板自重为：$Q_5 = 54.98 \times 24.5 = 1346.97 \text{kN}$

6. 井孔填石自重

沉井自底面以上 5m 用水泥混凝土封底，以上用砂卵石填孔。

重度：$\gamma_6 = 20.00 \text{kN/m}^3$

井孔填石体积：

$$V_6 = (\pi \times 1.55^2 + 7 \times 3.1 - 0.4 \times 0.4 \times 2 - 0.8 \times 3.1) \times 7 = 185.13 \text{m}^3$$

则井孔填石自重为：$Q_6 = 185.13 \times 20.00 = 3702.60 \text{kN}$

7. 封底混凝土自重

重度：$\gamma_7 = 24.50 \text{kN/m}^3$

封底混凝土体积：

$$V_7 = (\pi \times 2.8^2 + 5.60 \times 7) \times 13.5 - (30.38 + 224.79 +$$
$$29.70 + 187.62 + 54.98 + 185.13)$$
$$= 149.11 \text{m}^3$$

则封底混凝土自重为：$Q_7 = 149.11 \times 24.5 = 3653.20 \text{kN}$

8. 沉井总重

$G = Q_1 + Q_2 + Q_3 + Q_4 + Q_5 + Q_6 + Q_7$
$= 759.7 + 5507.36 + 727.73 + 4596.63 + 1346.97 + 3702.60 + 3653.20$
$= 20294.02 \text{kN}$

9. 常水位时沉井的浮力

常水位时沉井的排水体积：

$V_8 = (\pi \times 2.8^2 + 5.60 \times 7) \times 13.5 - 0.2 \times 7 \times (2 \times \pi \times 2.6 + 2 \times 7)$
$= 819.24 \text{m}^3$

则常水位时沉井的浮力为：$G' = 819.24 \times 10.00 = 8192.4 \text{kN}$

（二）作用效应组合

为了验算地基强度，选取最不利的作用效应组合汇总于表 5-3。

最不利的作用效应组合　　　　表 5-3

力的名称	N (kN)	H (kN)	M (kN·m)
自重	20294.02	—	—
恒载	24580.41	—	—
一孔活载（竖向）	723.0	0	1504.0
制动力产生的竖向力	30.2	—	62.7
一孔活载（水平）	—	106	−14474.96
制动力（水平）	—	70	−9558.94
作用短期效应组合值	45410.73	144.2	−18575.91

四、基底应力验算

沉井最大冲刷线至井底的埋置深度为：

$$h = 58.0 - 49.0 = 9.0 \text{m} > 5 \text{m}$$

考虑井壁侧面土的弹性抗力：

$$P_{\min}^{\max} = \frac{N}{A_0} \pm \frac{3Hd}{A\beta}$$

$N = \Sigma P = 45410.73 \text{kN}$

$A_0 = \pi \times 2.8^2 + 5.60 \times 7 = 63.83 \text{m}^2$

$A = \dfrac{\beta b_1 h^3 + 18 W_0 d}{2\beta(3\lambda - h)}$

$b_1 = \left(1 - 0.1 \dfrac{a}{b}\right)(b+1) = \left(1 - 0.1 \dfrac{5.6}{12.6}\right)(12.6 + 1) = 13.00 \text{m}$

$\beta = \dfrac{C_h}{C_0} \approx 0.9 \, (h < 10\text{m 时}, C_0 = 10m_0, C_h = mh, h = 9\text{m})$

$W_0 = \dfrac{\pi d^3}{32} + \dfrac{a^2 b}{6} = \dfrac{3.1416}{32} \times 5.6^3 + \dfrac{5.6^2 \times 7}{6} = 53.83 \text{m}^3$

$\lambda = \dfrac{M}{H} = \dfrac{18575.91}{144.2} = 128.8 \text{m}$

$A = \dfrac{13 \times 0.9 \times 9^3 + 18 \times 5.6 \times 53.83}{2 \times 0.9 \times (128.8 - 9)} = 20.54 \text{m}^2$

第五节 沉井计算示例

$$P_{\min}^{\max} = \frac{N}{A_0} \pm \frac{3Hd}{A\beta} = \frac{45410.73}{63.83} \pm \frac{3 \times 144.2 \times 5.6}{20.54 \times 0.9} = 711.43 \pm 131.05 = \frac{842.48}{580.38}\text{kPa}$$

沉井底面处的地基容许承载力为：
$$[f_a] = [f_{a0}] + k_1\gamma_1(b-2) + k_2\gamma_2(h-3)$$

按地质资料，基底土属于密实的粗砂土，取：

$[f_{a0}] = 550\text{kPa}, k_1 = 4, k_2 = 6$，土的重度 $\gamma_1 = 10.8\text{kN/m}^3, \gamma_2 = 11.5\text{kN/m}^3$。

则：
$$[f_a] = [550 + 4 \times 10.8 \times (5.6-2) + 6 \times 11.5 \times (9.0-3)] \times 1.25 = 1399.4\text{kPa} > 842.48\text{kPa}$$

五、横向抗力验算

根据式（5-10），在地面下 z 深度处井壁承受的土横向抗力为：

$$P_z = \frac{6H}{Ah}z(z_0 - z)$$

$$z_0 = \frac{\beta b_1 h^2(4\lambda - h) + 6dW_0}{2\beta b_1 h(3\lambda - h)}$$

$$= \frac{0.9 \times 13.0 \times 9.0^2 \times (4 \times 128.8 - 9) + 6 \times 5.6 \times 53.83}{2 \times 0.9 \times 13.0 \times 9 \times (3 \times 128.8 - 9)}$$

$$= 6.059\text{m}$$

当 $z = \frac{h}{3} = 3\text{m}$ 时

$$P_{\frac{h}{3}} = \frac{6 \times 144.2}{20.54 \times 9} \times 3 \times (6.059 - 3) = 43.46\text{kPa}$$

当 $z = h = 9\text{m}$ 时，

$$P_h = \frac{6 \times 144.2}{20.54 \times 9} \times 9 \times (6.059 - 9) = -122.37\text{kPa}$$

根据式（5-29）、式（5-30）有：

当 $z = h/3$ 时，$P_{\frac{h}{2}} = \eta_1\eta_2 \frac{4}{\cos\varphi}\left(\frac{\gamma h}{3}\tan\varphi + c\right)$

当 $z = h$ 时，$P_h = \eta_1\eta_2 \frac{4}{\cos\varphi}(\gamma h \tan\varphi + c)$

$$\eta_1 = 1.0, \eta_2 = 1.0$$

$$1.0 \times 1.0 \times \frac{4}{\cos 40°}\left(\frac{10.8 \times 9}{3}\tan 40°\right) = 141.96\text{kPa} > 43.46\text{kPa}$$

$$1.0 \times 1.0 \times \frac{4}{\cos 40°}(11.5 \times 9.0 \times \tan 40°) = 453.48\text{kPa} > 122.37\text{kPa}$$

可见，井壁承受的侧面土的横向抗力均满足要求，计算时可以考虑沉井侧面土的横向抗力。

六、沉井在施工过程中的强度验算（不排水下沉）

（一）沉井自重下沉计算

沉井自重：
$$G = 759.71 + 5507.36 + 727.73 + 4596.63 = 11591.43\text{kN}$$

沉井浮力：
$$G' = (30.39 + 224.79 + 29.70 + 187.62) \times 10.00 = 4725 \text{kN}$$
土与井壁间的摩阻力：
$$T = (2\pi \times 2.8 + 2 \times 7) \times 6.5 \times 16 + (2\pi \times 2.8 + 2 \times 7) \times 7 \times 14 = 6258.63 \text{kPa}$$
考虑井顶围堰（高出潮水位）重力预计为600kN，则：
$$\frac{G}{T} = \frac{11591.43 - 4725}{6258.63} = 1.19$$

沉井自重大于摩阻力，在施工中，下沉如有困难，可以采取部分排水法或其他措施。

（二）刃脚挠曲

1. 刃脚向外挠曲

刃脚向外挠曲最不利的情况，经分析定为刃脚下沉到中途，刃脚切入土中1m，第二节沉井已经接上，刃脚悬臂作用的分配系数为：
$$\alpha = \frac{0.1 l_1^4}{h^4 + 0.05 l_1^4} = \frac{0.1 \times 4.65^4}{1.0^4 + 0.05 \times 4.65^4} = 1.92 > 1.0$$

所以 $\alpha = 1.0$。

1）计算各个力值
$$\tan^2\left(45° - \frac{40°}{2}\right) = 0.217$$
$$W_1 = (64 - 50.5) \times 10 = 135 \text{kN/m}^2$$
$$W_2 = (64 - 49) \times 10 = 150 \text{kN/m}^2$$
$$E_1 = 12 \times (62.5 - 50.5) \times 0.217 = 31.25 \text{kN/m}^2$$
$$E_2 = 12 \times (62.5 - 49) \times 0.217 = 35.15 \text{kN/m}^2$$

根据施工情况，从安全考虑，刃脚外侧的水压力按50%计算，作用在刃脚外侧的土压力和水压力为：
$$P_{E_1+W_1} = 135 \times 0.5 + 31.25 = 98.75 \text{kN}$$
$$P_{E_2+W_2} = 150 \times 0.5 + 35.15 = 110.15 \text{kN}$$
$$E + W = \frac{1}{2} \times (98.75 + 110.15) \times 1.5 = 156.68 \text{kN}$$

如按静水压力的70%计算为：
$$0.7 \times 10 \times 14.25 \times 1.5 = 149.63 \text{kN} < 156.68 \text{kN}$$

取 $E + W = 149.63 \text{kN}$

刃脚摩阻力：
$$T = 0.5 E = 0.5 \times \frac{1}{2} \times 1 \times (31.25 + 35.15) = 16.6 \text{kN}$$
$$T = qA = 16 \text{kN}$$

两者取大值，故摩阻力为16.6kN。

单位宽沉井自重：

$G = 1.025 \times 25 + 5.625 \times 24.50 + (1.025 \times 5.5 + 1.5 \times 0.75) \times 24.5 = 345.97 \text{kN}$（未考虑沉井浮力及隔墙重力）

刃脚斜面的竖向反力为（图 5-23）：

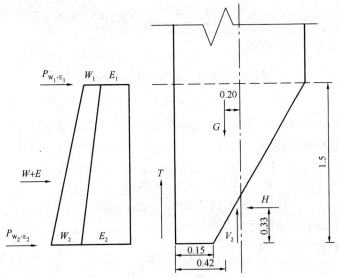

图 5-23　刃脚斜面竖向反力计算图示（尺寸单位：m）

$R_V = G - T = 394.36 - 0.5 \times (61.2 - 49.00) \times 35.15 \times 0.5 = 287.15 \text{kN}$（$T$ 按 $0.5E$ 计算）

刃脚斜面的横向力为：

$$V_2 = \frac{b}{2a+b} R_V$$

$$U = V_2 \tan(\alpha - \beta) = \frac{1.1 \times 287.15}{2 \times 0.15 + 1.1} \tan(53.74° - 40°) = 63.40 \text{kN}$$

井壁自重 G 的作用点至刃脚根部的距离：

$$x_1 = \frac{t^2 + at - 2a^2}{6(t+a)} = \frac{1.25^2 + 0.15 \times 1.25 - 2 \times 0.15^2}{6 \times (1.25 + 0.15)} = 0.20 \text{m}$$

$$V_1 = a \frac{R_V}{a + \frac{b}{2}} = \frac{2a}{2a+b} R_V = \frac{2 \times 0.15}{2 \times 0.15 + 1.1} R_V = 0.21 R_V$$

$$V_2 = R_V - 0.21 R_V = 0.79 R_V$$

R_V 的作用点到井壁外侧的距离为：

$$X = \frac{1}{R_V} \left[V_1 \frac{a}{2} + V_2 \left(a + \frac{b}{3}\right) \right] = \frac{1}{R_V} \left[0.21 R_V \frac{0.15}{2} + 0.79 R_V \left(0.15 + \frac{1.1}{3}\right) \right]$$

2) 各力对刃脚根部截面中心的弯矩计算

刃脚斜面水平反力引起的弯矩为：

$$M_U = 63.40 \times (1 - 0.33) = 42.48 \text{kN} \cdot \text{m}$$

水平水压力及土压力引起的弯矩为：

$$M_P = [(E_1 + W_1) + (E_2 + W_2)] \cdot \frac{h}{3} \cdot \frac{2(E_2 + W_2) + (E_1 + W_1)}{(E_2 + W_2) + (E_1 + W_1)}$$

$$= 149.63 \times \frac{1}{3} \times \frac{2 \times 110.15 + 98.75}{98.75 + 110.15} \times 1.5 = 114.26 \text{kN} \cdot \text{m}$$

反力 R_V 引起的弯矩为：
$$M_{R_V}=329.37\times\left(\frac{1.25}{2}-0.42\right)=67.52\text{kN}\cdot\text{m}$$

刃脚侧面摩阻力引起的弯矩为：
$$M_T=16.6\times\frac{1.25}{2}=10.38\text{kN}\cdot\text{m}$$

总弯矩为：
$$M_0=42.48+67.52+10.38-8.00-114.26=-1.88\text{kN}\cdot\text{m}$$

3) 刃脚根部处的应力验算
$$\sigma_h=\frac{N_0}{F}\pm\frac{M_0}{W}=\frac{260.9}{1.25}\pm\frac{1.88}{0.26}=\genfrac{}{}{0pt}{}{215.95}{201.49}\text{kPa}$$

$$N_0=287.15-1.05\times25=260.6\text{kN}$$

由于水平剪力很小，验算时未考虑。

2. 刃脚向内挠曲（图 5-24）

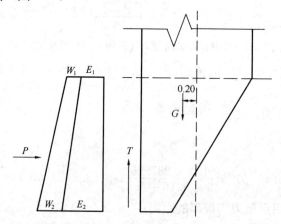

图 5-24　刃脚向内挠曲计算示意图

1) 计算各力值

(1) 水压力及土压力为：

$$W_1=(65.5-49-1.5)\times10=150\text{kN/m}^2$$

$$W_2=(65.5-49)\times10=165\text{kN/m}^2$$

$$E_1=12\times(65.5-49-1.5)\times\tan^2\left(45°-\frac{40°}{2}\right)=31.25\text{kN/m}^2$$

$$E_2=12\times(65.5-49)\times\tan^2\left(45°-\frac{40°}{2}\right)=35.154\text{kN/m}^2$$

$$P=\frac{1}{2}\times(150+165+31.25+35.154)\times1.5=286.05\text{kN}$$

P 对刃脚根部形心轴的弯矩为：
$$M_P=314.41\times\frac{1}{3}\times\frac{2\times(165+35.154)+150+31.25}{150+165+31.25+35.154}=145.39\text{kN}\cdot\text{m}$$

(2) 刃脚摩阻力产生的弯矩为：

$$T = 0.5E = 0.5 \times \frac{1}{2} \times (31.25 + 35.154) \times 1.5 = 24.90 \text{kN}$$

$$T = qA = 16 \times 1 = 16 \text{kN}$$

两者取最小值，则：

$$M_T = -16 \times \frac{1.25}{2} = 10 \text{kN} \cdot \text{m}$$

（3）刃脚自重产生的弯矩为：

$$G = 1.05 \times 25.00 = 26 \text{kN}$$

$$M_G = 26 \times 0.203 = 5.278 \text{kN} \cdot \text{m}$$

（4）所有力对刃脚根部的弯矩、轴向力、剪力为：

$$M = 145.39 - 10 + 5.278 = 130.67 \text{kN} \cdot \text{m}$$

$$N = T - G = 16 - 26 = -10 \text{kN}$$

$$Q = 286.05 \text{kN}$$

2）刃脚根部截面应力验算

（1）弯矩应力验算如下：

$$\sigma = \frac{N}{F} \pm \frac{M}{W} = \frac{-10}{1.25} \pm \frac{130.67}{0.26} = \begin{array}{c} 494.7 \\ -510.7 \end{array} \text{kPa}$$

（2）剪力验算如下：

$$\tau = \frac{286.05}{1.25} = 228.8 \text{kPa}$$

（三）沉井井壁竖向拉力验算

$$P_{\max} = \frac{1}{4}(Q_1 + Q_2 + Q_3 + Q_4) = 2897.86 \text{kN（未考虑浮力）}$$

井壁受拉面积为：

$$F_1 = 3.1416 \times (2.8^2 - 1.55^2) + 7 \times 5.6 - 2 \times 1.55 \times 7 = 34.58 \text{m}^2$$

混凝土受拉应力为：

$$\sigma_h = \frac{P_{\max}}{F_1} = \frac{2897.86}{34.58} = 83.80 \text{kPa}$$

（四）井壁横向受力计算

见图 5-25。

最不利的位置是在沉井沉至设计高程，这时刃脚根部以上一段井壁承受的外力最大。它不仅承受本身范围内的水平力，还要承受刃脚作为悬臂传来的剪力。

1. 常水位时单位宽度井壁上的水压力与土压力

单位宽度井壁上的水压力：

$$W_1 = (64.00 - 49.00 - 1.50 - 1.25) \times 10.00$$
$$= 122.5 \text{kN/m}^2$$

$$W_2 = (64.00 - 49.00 - 1.50) \times 10.00$$
$$= 135.00 \text{kN/m}^2$$

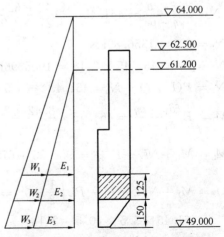

图 5-25 井壁横向受力计算示意图
（尺寸单位：cm，高程单位：m）

$$W_3 = (64.00 - 49.00) \times 10.00 = 150 \text{kN/m}^2$$

单位宽度井壁上的土压力：

$$E_1 = 12 \times (62.5 - 49 - 1.5 - 1.25) \times \tan^2\left(45° - \frac{40°}{2}\right) = 28.00 \text{kPa}$$

$$E_2 = 31.25 \text{kPa}$$

$$E_3 = 35.15 \text{kPa}$$

刃脚及刃脚根部以上 1.25m 井壁范围的外力：

$$P = \frac{1}{2} \times (28.00 + 31.25 + 122.5 + 150.00 \times 1) \times 2.75 = 461.45 \text{kN/m}^2 (\alpha = 1)$$

2. 圆端形沉井各部分受力

$L = 3.5 \text{m}$

$$r = \frac{2.8 + 1.55}{2} = 2.18 \text{m}$$

$$\xi = \frac{L\left(0.25L^3 + \frac{\pi}{2}rL^2 + 3r^2L + \frac{\pi}{2}r^2\right)}{L^2 + \pi rL + 2r^2}$$

$$= \frac{3.5 \times (0.25 \times 3.5^3 + 1.57 \times 3.5^2 \times 2.18 + 4 \times 2.18^2 \times 3.5 + 1.57 \times 2.18^2)}{3.5^2 + 3.1416 \times 2.18 \times 3.5 + 2 \times 2.18^2}$$

$$= 8.42 \text{m}^2$$

$$\eta = \frac{0.67L^3 + \pi rL^2 + 4r^2L + 1.57r^3}{L^2 + \pi rL + 2r^2}$$

$$= \frac{0.67 \times 3.5^3 + 3.1416 \times 2.18 \times 3.5^2 + 4 \times 2.18^2 \times 3.5 + 1.57 \times 2.18^3}{3.5^2 + 3.1416 \times 2.18 \times 3.5 + 2 \times 2.18^2} = 4.27 \text{m}$$

$$\rho = \frac{0.33L^3 + 1.57rL^2 + 2r^2L}{2L + \pi r} = \frac{0.33 \times 3.5^3 + 1.57 \times 2.18 \times 3.5^2 + 2 \times 2.18^2 \times 3.5}{2 \times 3.5 + 3.1416 \times 2.18}$$

$$= 6.45 \text{m}^2$$

$$\delta_1 = \frac{L^2 + \pi rL + 2r^2}{2L + \pi r} = \frac{3.5^2 + 3.1416 \times 2.18 \times 3.5 + 2 \times 2.18^2}{2 \times 3.5 + 3.1416 \times 2.18} = 2.93 \text{m}$$

$$N = P\frac{\xi - \rho}{\eta - \delta_1} = 461.45 \times \frac{8.42 - 6.45}{4.27 - 2.93} = 678.40 \text{kN}$$

$N_1 = 2N = 1356.80 \text{kN}$

$N_2 = Pr = 461.45 \times 2.18 = 1005.96 \text{kN}$

$N_3 = P(L + r) - N = 461.45 \times (3.5 + 2.18) - 678.40 = 1942.64 \text{kN}$

$$M_1 = P\frac{\xi\delta_1 - \rho\eta}{\delta_1 - \eta} = 461.45 \times \frac{8.42 \times 2.93 - 6.45 \times 4.27}{2.93 - 4.27} = 988.33 \text{kN} \cdot \text{m}$$

$$M_2 = M_1 + NL - P\frac{L^2}{2} = 988.33 + 678.40 \times 3.5 - 461.45 \times \frac{3.5^2}{2} = 536.35 \text{kN} \cdot \text{m}$$

$$M_3 = M_1 + N(L + r) - PL\left(\frac{1}{2} + r\right) = 988.33 + 678.40 \times (3.5 + 2.18) -$$

$$461.45 \times 3.5 \times (0.5 + 2.18)$$

$$= 512.96 \text{kN} \cdot \text{m}$$

$$\sigma_{\min}^{\max} = \frac{N_2}{F} \pm \frac{M_1}{W} = \frac{1005.96}{1.25 \times 1.25} \pm \frac{988.33}{\frac{1}{6} \times 1.25^3} = 643.8 \pm 3036.15 = \frac{3679.94\text{kPa}}{-640.44\text{kPa}}$$

（五）第一节沉井竖向挠曲验算

见图5-26。

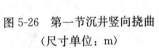

$$y_{下} = \frac{6.5 \times 1.25 \times 3.25 - \frac{1}{2} \times 1.1 \times 1.5 \times \frac{1}{3} \times 1.5}{6.5 \times 1.25 - \frac{1}{2} \times 1.1 \times 1.5}$$

$$= 3.56\text{m}$$

$y_{上} = 6.5 - 3.56 = 2.94\text{m}$

$$x_{左} = \frac{6.5 \times 1.25 \times 0.625 - \frac{1}{2} \times 1.1 \times 1.5 \times \left(\frac{2}{3} \times 1.1 + 0.15\right)}{6.5 \times 1.25 - \frac{1}{2} \times 1.1 \times 1.5}$$

$$= 0.60\text{m}$$

$x_{右} = 1.25 - 0.6 = 0.65\text{m}$

$$I_{x-x} = \frac{1}{12} \times 1.25 \times 6.5^3 + 1.25 \times 6.5 \times (3.56 - 2.94)^2 -$$
$$\frac{1}{36} \times 1.1 \times 1.5^3 - \frac{1}{2} \times 1.1 \times 1.5 \times (3.56 - 0.5)^2$$

$$= 223.91\text{m}^4$$

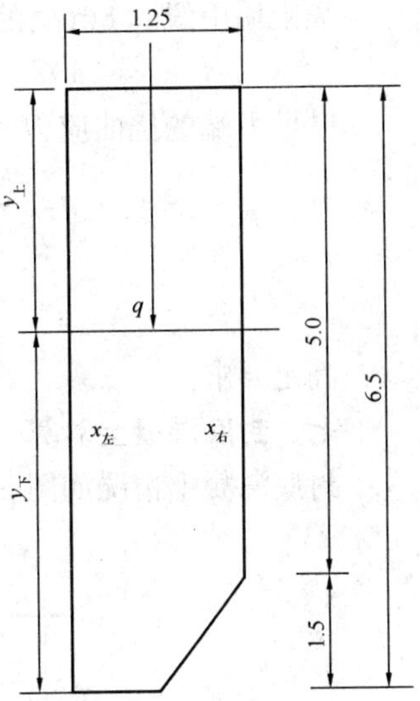

图5-26 第一节沉井竖向挠曲
（尺寸单位：m）

单位宽度井壁重力计算：

$q = 1.05 \times 25.00 + 8.125 \times 24.50 = 225.31\text{kN/m}^2$

根据圆弧重心公式得：

$$x_C = \frac{r\sin\alpha}{\alpha} = \frac{2.4\sin(90° - 22°17')}{\frac{\pi}{180°}(90° - 22°17')} = 1.88\text{m}$$

当沉井长度大于1.5m时，设两支点的距离为$0.7L$（L为长边长度），使支点和跨中的弯矩大致相等。则支点处的弯矩（图5-25）为：

$$M_{支上} = \frac{\pi}{180°}(180° - 2 \times 22°17') \times 2.4 \times 225.31 \times (1.88 - 0.91)$$

$$= 1239.87\text{kN} \cdot \text{m}$$

井壁上端的弯曲拉应力为：

$$\sigma = \frac{M_{支上} y_{上}}{2I_{x-x}} = \frac{1239.87 \times 2.94}{2 \times 23.91} = 76.23\text{kPa}$$

按最不利荷载计算，假定长边中点搁住或长边两端点搁住。

当长边中点搁住时，最危险的截面是离隔墙中点0.8m处（弯矩大且截面小），该处的弯矩为：

$$M_{中上} = \pi \times 2.4 \times 225.31 \times \left(\frac{2 \times 2.4}{\pi} + 2.7\right) + 225.31 \times 2.7^2 = 8824.84\text{kN} \cdot \text{m}$$

$$\sigma = \frac{M_{中上} \cdot y_上}{2I_{x-x}} = \frac{8824.84 \times 2.94}{2 \times 23.91} = 542.56 \text{kPa}$$

当长边两端点搁住时,沉井的支点反力为:

$$R_1 = \frac{1}{2} \times (759.71 + 5507.36 + 727.73) = 3497.40 \text{kN}$$

离隔墙中线 0.8m 处的弯矩为:

$$M_{中下} = 3497.40 \times (2.4 + 3.5 - 0.8) - 8824.84 = 9011.9 \text{kN} \cdot \text{m}$$

井壁下端的挠曲应力为:

$$\sigma = \frac{M_{中下} \cdot y_下}{2I_{x-x}} = \frac{9011.9 \times 3.56}{2 \times 23.91} = 670.90 \text{kPa}$$

$$\tau = \frac{908.07 \times 14.62}{22.45} = 591.36 \text{kPa}$$

满足要求。

七、封底混凝土验算

封底混凝土情况如图 5-27 所示。

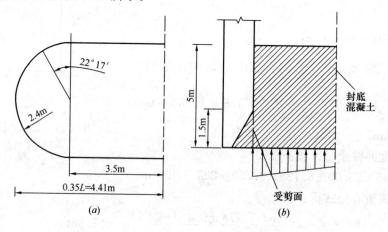

图 5-27 封底混凝土受力图

基底考虑弹性抗力的验算如下:

$$P_{\min}^{\max} = \frac{N}{A_0} \pm \frac{3Hd}{A\beta} = \frac{873.31}{556.35} \text{kPa}$$

填料和混凝土封底的重力为:3702.6 + 3653.2 = 7355.8kN
水压力为:(64.00 − 49.00) × 10 = 150kPa
混凝土封底承受的竖向反力(最不利情况)为:

$$P = 873.31 + 150 - \frac{7355.8}{\pi \times 2.8^2 + 5.6 \times 7} = 1023.31 - 115.24 = 908.07 \text{kPa}$$

弯矩验算

按四周支承的双面板计算。

计算跨度 5.6m × 4.2m(以刃脚高度一半处的跨度计算)。

知识目标：
◆ 掌握软土的种类和性质。
◆ 熟悉常见地基处理方法的基本原理和适用范围。
◆ 了解软土地基的工程特性。

能力目标：
◆ 能合理选择软土地基的处理方法并能制订相应的施工方案。

第六章 地 基 处 理

第一节 概 述

一、地基分类

天然地基：直接放置基础的天然土层。
人工地基：地质不好或软弱地基经过人工处理加固再造基础。

二、软弱地基

（一）定义

基本上未经受过地形和地质变动，未受过荷载及地震动力等物理作用的地层构成地基；或：堆积在冲积平原、沼泽地、山谷等处的冲积层；或：由填筑地、填土等形成的软的人工地基。

（二）组成

软土（淤泥及淤泥质土）、冲填土、杂填土、松散砂土及其他高压缩性土层。

三、软土

（一）定义

在静水或缓流水的环境中以细颗粒为主的近代黏性沉积土，是一种从软塑到流塑状态的饱和黏性土。或：把接近淤泥土的黏土称为软土，部分冲填土也视为软土。

（二）组成

淤泥：$e>1.5$（天然孔隙比）。

淤泥质土：$1.0<e<1.5$。

（三）物理性质

天然含水量大、饱和度高，天然孔隙比大，黏粒粉土含量高。我国软土含水量为 $35\%\sim80\%$，孔隙比为 $1\sim2$，饱和度大于 0.9，$I_L \geqslant 1$，高压缩性土类。

（四）工程特性

(1) 抗剪强度低：因 e 高，含水量大的原因，$C<20\text{kPa}$。

(2) 透水性低：渗透性系数 K_v 为 $1\times(10^8\sim10^{-10})$ m/s。

(3) 高压缩性：压缩系数 α_{1-2} 在 $0.5\sim2\text{MPa}^{-1}$。

(4) 对结构破坏的敏感性。

(5) 流变性。

(五) 承载力——容许承载力计算

1. 按《公路桥涵地基与基础设计规范》JTG D 63—2007 公式确定

$$[\delta] = 5.14/m \cdot K_p C_u + \gamma_2 h$$

式中 m——安全系数，为 1.5~2.5；

$$K_p = (1 + 0.2B/L)(1 - 0.4Q/BLC_u);$$

B——基础宽度（m）；

L——垂直于 B 的基础长度，有偏心荷载时 $B' = B - 2l_B, L' = L - 2l_L$；

l_B、l_L——为荷载在 B 方向、L 方向的偏心距；

Q——荷载的水平分力。

2. 根据土的物理性质指标确定

基础深度为 h 的软土容许承载力 $[\delta] = [\delta_0] + \gamma_2(h - 3)$

式中 $h < 3m$ 时取 $h = 3$。

软土容许承载力 $[\delta_0]$ 取值按表 6-1。

软土容许承载力 $[\delta_0]$ 的取值　　　　　　表 6-1

天然含水量（%）	36	40	45	50	55	65	75
$[\delta_0]$ （kPa）	100	90	80	70	60	50	40

(六) 沉降计算

1. 初始沉降（S_d）

(1) 产生原因：①地基土的弹性变形；②软土渗透系数低，加荷后出奇地不能排水固结，因而产生剪切变形。

(2) 计算式：$S_d = pb(1 - \mu^2)/E_d \cdot W$

式中 p——基础底面平均压力；

b——矩形基础宽度；

μ——软土泊松比（$\mu = 0.5$）；

E_d——软土弹性模量；

W——沉降影响系数。

(3) 估算式：$S_d = (0.2 \sim 0.3)S_c$。

2. 固结沉降

$$S_c = \Sigma\{1/(1 - 2\mu_i)[(1 + \mu_i)\delta_{zi}/\delta_{mi} - \mu_i](l_{1i} + l_{2i})/(1 + l_{1i})h_i\}$$

式中 h_i——土层分层厚；

l_{1i}——未受基础荷载前，软土地基第 i 层土的孔隙比；

l_{2i}——受基础荷载后，软土地基第 i 层土的稳定孔隙比；

μ_i——该土层泊松比；

δ_{mi}——地基中第 i 层软土三向平均附加应力，$\delta_{mi} = \delta_{xi} + \delta_{yi} + \delta_{zi}$。

3. 次固结沉降（S_s）

(1) 定义：软土地基因土骨架的蠕动而继续发生长期的、缓慢的压缩。

(2) 计算式

$$S_s = \Sigma C_{\alpha i}/(1+l_{2i})l_g(t_3/t_2)h_i$$

式中 $C_{\alpha i}$——第 i 层土的次固系数,为 0.005～0.03;

l_{2i}——第 i 层软土在固结压力下完成排水固结时的孔隙比;

t_3、t_2——分别为完成固结时间及计算次固结沉降时间。

四、吹填土(冲填土)
(1) 定义:江河泥沙冲吹回填淤泥形成沉积土。
(2) 组成:砂或其他粗颗粒。
(3) 特性:强度低、压缩高的未固结土。

五、杂填土
(1) 定义:因人类活动而二次堆积形成的无规则堆积物。
(2) 组成:建筑垃圾、工业废料、生活垃圾。
(3) 特性:强度低、压缩高、均匀性差、浸水湿陷性。

六、松散砂土
(1) 定义:松散砂土混合物。
(2) 特性:强度低、压缩高。

七、其他压缩性土
(1) 定义:松散、饱和粉细砂、松散亚砂土、湿陷性黄土、膨胀土、振动液化土。
(2) 特性:强度低、压缩性高。

八、地基处理的目的
(1) 改善剪切特性(防止剪切破坏、剪切变形、减轻土压力)。
(2) 改善压缩特性(防止固结沉降等)。
(3) 改善渗透性(防止漏水、截水等)。
(4) 改善动力特性(防止液化、减轻振动)。
(5) 消除不良工程特性。
(6) 地基处理方法的分类:①置换;②改良(增加密实、固结);③补强,详见表 6-2。

地基处理方法的分类 表 6-2

分 类		具体方法	适用地基土条件
置换	换土垫层法	置换出软弱土层,换填强度高的土	各种浅层的软弱土
改良	挤密压实法	1. 表层压实(碾压、振动压实)法	接近于最佳含砂率的浅层疏松黏性土、松散砂性土、湿陷性黄土及杂填土
		2. 重锤夯实法	无黏性土、杂填土、非饱和黏性土和湿陷性黄土
		3. 强夯法	碎石土、砂土、素填土、杂填土、低饱和度的粉土与黏性土及湿陷性黄土地基
		4. 砂(碎石、石灰、二灰、素土)桩挤密法	松散地基和杂填土
		5. 振冲法	砂性土和黏粒含量小于10%的粉土

续表

分类		具体方法	适用地基土条件
改良	排水固结法	1. 砂井（普通砂井、袋装砂井、塑料排水板）预压法	透水性低的软黏土，但不适合于有机质沉积物地基
		2. 堆载预压法	透水性稍好的软黏土
		3. 真空预压法	能在加固区形成稳定负压边界条件的软土
		4. 降低水位法	特别是饱和粉、细砂地基
		5. 电渗法	饱和软黏土
补强	深层搅拌法	1. 粉体喷射搅拌法	接近饱和的软黏土及其他软弱土层
		2. 水泥浆搅拌法	
		3. 高压喷射注浆法	各种软弱土层
	灌浆胶结法（注浆法）	1. 硅化法	松散砂类土、饱和软黏土及湿陷性黄土
		2. 水泥灌注法	松散砂类土、碎石土类
	其他方法	1. 加筋法	各种软弱土
		2. 热加固法	非饱和黏性土、粉砂和湿陷性黄土
		3. 冻结法	饱和砂土和软黏土的临时处理

必须指出，很多地基处理方法具有多重加固处理的功能，例如碎石桩具有置换、挤密、排水和加筋的多重功能；而石灰桩则具有挤密、吸水和置换等功能。

第二节 土改良方法之一——挤密法

一、概述

（一）定义

尽可能有效地利用原地基，采用一些手段进行改良。即：用机械（力学）、电气、化学、热等手段增加地基土的密实度。

（二）分类

1. 增加密实

1）排水

（1）固结：Ⅰ垂直排水法；Ⅱ预压法；（砂井、纸板，塑料板）Ⅲ大气压法；Ⅳ重锤夯实法。

（2）抽水（降低地下水位法）：①轻型井点；②深井点。

（3）电气，电渗法。

（4）化学，半透膜法。

2）挤实

（1）机械：①振动水冲法；②振动挤实法；③直接冲击挤实法。

（2）电气：电气冲击法。

2. 固结

1）混合注入固化剂

(1) 化学：①水泥、石灰法；②注入法；③混合法：喷射混合和搅拌混合。

(2) 电化学：电气固结法。

2) 冷却、加热：①冻结法；②烧结法。

（三）适用

不发生冲刷或冲刷深度不大的松散土地基：①厚度较大，用增加密实度的方法；②如不仅厚度大而且是饱和软黏土地基，应用固结方法。

二、砂桩挤密法（砂桩在软基中作为支撑体）

（一）定义

用振动、冲击或打入套管的方法在地基中成孔，后向孔中填入含泥量小于5%的中粗砂，并加以挤压密实形成土中柱体的方法。

（二）作用

(1) 松散砂质土层：挤密土，增加容重，减少孔隙比，提高抗剪强度，减少沉降。

(2) 松软黏土层：提高整体地基的承载力和饱和稳定性，改善地基土的力学性质。

（三）设计

1. 确定加固范围

见图6-1。

长边 $L = l_1 + 2l'$

短边 $B = b_1 + 2b'$

面积 $A = B \cdot L$

式中　l_1——基础底面长度（m）；

　　　b_1——基础底面宽度（m）；

　　　l'——砂桩长度间距（m）；

　　　b'——砂桩宽度间距（m）。

2. 加固范围内要求砂桩的总截面积

见图6-2。

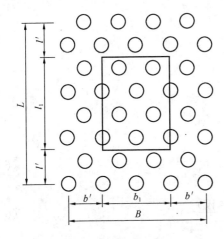

图6-1　砂桩平面布置图

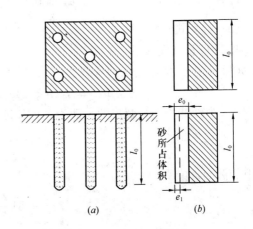

图6-2　砂桩加固前后地基的变化情况

(1) 定义：砂桩占据加固范围的面积。

(2) 计算式

$$A_1 = A - A_2 = \frac{e_0 - e_1}{1 + e_0} A \tag{6-1}$$

式中 e_1 值可根据加固后地基要求的承载力，照规范确定，对于砂土

$$e_1 = e_{\max} - D_{rl}(e_{\max} - e_{\min}) \tag{6-2}$$

对于饱和黏性土

$$e_1 = d_s[w_p - I_L(w_L - w_p)] \tag{6-3}$$

e_0 值为加固前地基上的孔隙比。

3. 砂桩数及其排列

1）需砂桩数

$$n = A_1/a \tag{6-4}$$

式中 A_1——砂桩总面积（即由上面式计算出来）；

a——一根砂桩的面积，其值 $a = \pi d^2/4$，砂桩直径 d 一般为 0.3～0.6m。

2）排列（图 6-3）

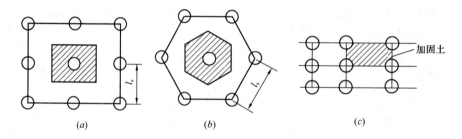

图 6-3 砂桩的布置及中距
（a）正方形；（b）等边三角形；（c）矩形

(1) 梅花形（图 6-3a）

间距：根据经验 $l = (3\sim5) d$

计算：

$$L_s = 0.952 \sqrt{\frac{1 + e_0}{e_0 - e}} \cdot d \tag{6-5}$$

(2) 行列式（图 6-3b）

4. 砂桩长及灌砂量

(1) 长度：按桩底土的承载力

$$\delta_{h+z} = \gamma_1(h+z)\alpha(\delta - \gamma_2 h) \leqslant [\delta]_{h+z}$$

式中 z 为砂桩长度，解出的 z 即为砂桩长度。

(2) 灌砂量

$$q = (a \cdot l_0)\gamma \tag{6-6}$$

式中 砂的重度

$$\gamma = 9.81 \frac{G(1+W)}{1+e} \tag{6-7}$$

G——砂的比重；

W——砂的含水量；

a——$\pi d^2/4$（d 为 0.3～0.6m）。

(四) 施工

根据成孔的机具决定。

1. 施工方式

①振动式；②锤击式。

2. 施工要点

(1) 材料要求：砂用中粗砂，也可用砂石混合料，含泥量小于5%，亦可用其他材料（石灰、碎石、二灰）做桩。

(2) 施工要求：

①填入孔内的砂粒应分层填、分层夯实；

②桩体在施工中应保证连续密实；

③为增加挤密效果，应从外圈向内圈施工；

④桩计量不到，应在原处复打或在边补桩。

3. 质量检验

(1) 要求：砂桩上下连接。砂桩：①平面位置：小于一个砂桩直径。②垂直度小于1.5%。

(2) 检验：搅入法和触深法。

三、夯实法（压实法）

(一) 定义

对砂土地基及含水量在一定范围内的软弱黏土用夯实法提高密实度和强度，减少沉降的方法。

(二) 适用

①加固杂填土；②黄土。

(三) 夯实方法

1. 机械碾压

用压路机进行。

2. 振动压实

用振动压路机。

3. 分层锤击法

用锤分层锤击。

4. 重锤夯实法

适用：砂土、稍湿的黏性土、部分杂填土、湿陷性黄土。

注意事项：①饱和度不宜太高；②夯实数小于8~12遍。

检验：静载试验。

5. 强夯法（动力固结法）

(1) 适用：杂填土、砂类土、湿陷性黄土、黏土类土。

(2) 优点：工艺简单，施工进度快，费用低，适用范围广。

(3) 检验：①地面沉降测定；②振动加速度测定；③侧向压力；④孔隙水压力测定。

四、振冲法

(一) 适用

加固黏土地基（黏粒含量小于5%~10%的土类）及砂土。

(二) 施工机械
(1) 振冲器，类似插入式混凝土振捣器。
(2) 起重机。
(3) 水泵。
(三) 特点
不同土类起的作用不同。
1. 砂性土
(1) 使砂层挤密实、孔隙比减小，提高承载力、抗震能力。
(2) 加固深度最大 20m。
(3) 桩径为 0.7~1.2m，桩距为 2~3d，d 为桩径，采用三角形或矩形排列。
(4) 加固后相对密度提高 70% 以上。
(5) 用静载试验检验。
2. 黏性土
(1) 作用：振密添加剂并形成大密实桩柱。
(2) 计算按复合地基理论进行。

五、砂井（并入改良方法之二）
(一) 适用
软黏土。
(二) 原因
①增加竖向排水通道；②改善地基渗透性能，加快软土排水固结，提高承载力。
(三) 作用
改善土层固结排水条件，加速软土固结作用。
(四) 结构
(1) 直径为 0.3~0.4m。
(2) 井距 7~10d，d 为桩径，间距大于 1.5m。
(3) 长度：打到软黏土层下的砂层。
(4) 井上用砂垫层，厚为 0.5~1m。
(五) 存在的问题
砂井被压截断，软土中排水通道受阻，影响效果。

第三节 土的置换——换土（垫层法）

一、土的置换法
(一) 定义
将软土层换填为良质土的一种积极方法（使其不留后患）。
(二) 适用
冲刷较小的软弱地基土，一般不宜超过 3m 深。
(三) 方法
(1) 开挖置换法：①浅层（<1m，且接近地面），将其全部换填良土或强度高、渗水性

好的砂砾材料。②深层：在一定的范围内挖去软土，再用强度高、稳定性好的土或砂石。

(2) 强制置换法：利用换土自重，加上射水或爆破、砂桩的压入等强制地将软土基础置换为良质土的方法。

（四）目的

使垫层底部下卧层满足承载力，从而达到加固地基的目的。

（五）作用机理

①提高承载力，减少沉降量；②加速排水固结；③防止冻胀；④消除湿陷性和胀缩性。

二、垫层的设计

（一）内容

(1) 确定垫层厚度；

(2) 平面尺寸；

(3) 最终沉降量的计算。

（二）厚度确定

1. 实质

软弱下卧层顶面强度计算。

2. 方法

1) 土中应力分布公式

(1) 理论：弹性理论。

(2) 方法：①计算不同深度多点土在基底附加应力作用下的土的附加应力和自重应力；②使某一深处的基底容许承载力等于土的附加应力和自重应力。

2) 应力扩散角计算方法

(1) 原理：向下扩散基底应力到砂垫层（下卧层顶面）处的压应力 δ_h 与垫层土自重应力之和 δ_H 不大于该处下卧层顶面的地基容许承载力，即

$$\delta_H \leqslant [\delta]_{h+h_s} \tag{6-8}$$

式中 δ_H——作用于软弱土顶面的总应力（kPa）；

$[\delta]_{h+h_s}$——软弱土顶面的容许承载力；

h——基础埋深（m）；

h_s——砂砾垫层厚（m）；

H——软弱土顶面埋深，$H = h + h_s$（m）。

(2) 计算图式。

(3) 垫层地面应力计算式

$$\delta_H = \delta_h + \gamma_s h_s + \gamma_h \tag{6-9}$$

式中 δ_h——下卧层顶面的附加应力，$\delta_h = \dfrac{ab\theta}{ab + (a+b+4/3h_s + \tan\theta) h_s \tan\theta}$ （6-10）

a——基础长度（m）；

b——基础宽度（m）；

δ——基底应力（kPa）；

θ——垫层压应力扩散角，$\theta = 35° \sim 45°$。

第六章 地基处理

3. 结论

厚度为 $1 < h_s < 3$。

（三）平面尺寸确定

长度 $$L = a + 2h_s \tan\theta \tag{6-11}$$

宽度 $$B = b + 2h_s \tan\theta \tag{6-12}$$

（四）最终沉降量的计算

1. 组成

$$S = S_s + S_1 = 垫层本身压缩量 + 软弱下卧层沉降量 \tag{6-13}$$

2. S_s 计算

$$S_s = \frac{\delta + \delta_H}{2} \cdot \frac{h_s}{E_s} \tag{6-14}$$

式中 E_s——垫层的变形模量，一般为 12000～24000kPa；

$\dfrac{\delta + \delta_H}{2}$——垫层内的平均压应力。

3. S_1 的计算

方法 A：采用分层总和法。

方法 B：$S = S_d + S_c = 初始沉降 + 固结沉降$。

【例 6-1】 砂土层计算示例

某公司桥头挡墙基础宽度为 1.5m，基础在地面下深 1.2m，作用在基础地面上的荷载为 120kN/m。由于挡墙下有一条暗浜穿过（该暗浜深为 2.5m，强度低，土质差），且地下水位在地面以下 0.8m，地面以下各土层的物理力学性质指标如表 6-3 所示。

地面以下各土层的物理力学性质指标 表 6-3

序号	土层名称	厚度 (m)	含水量 (%)	重度 (kN/m³)	孔隙比	比重	液性指数	压缩指标		容许承载力 [σ]
								α	E	
1	浜填土	2.5		18.5						
2	褐黄色粉质黏土	1.7	34.4	18.7	0.969	2.73	0.86	0.51	3.94	80
3	淤泥质粉质黏土	6.3	40.9	18	1.142	2.73	1.17	1.19	2.12	65
4	淤泥质黏土	8.6	48.5	17.3	1.37	2.75	1.28	1.26	1.92	60
5	粉质黏土	未贯穿	33.8	18.7	0.948	2.73	0.94	0.44	4.40	90

加固方案：由于挡墙基础落入暗浜内，应加固，经比较三种方案采用砂垫层置换暗浜填土来进行加固，既可满足建筑物对地基承载力的要求，又可达到改善排水途径及控制软弱下卧层压力的目的。

设计计算：1. 一般先假设一厚度，然后根据砂垫层下卧土层的地基承载力按 $P_z + P_{cz} \leqslant [\sigma]$ 来验算。若不符合要求，则改变厚度，重新计算，直到满足要求为止。

式中 P_z——垫层处的附加应力（kPa）；

P_{cz}——垫层处的自重应力（kPa）；

$[\sigma]$——垫层底面处经深度修正后的下卧土层的地基容许承载力。

第三节 土的置换——换土（垫层法）

因为暗滨深度为 2.5m，而基础埋深为 1.2m，因此先设砂垫层厚度为 $h_s=1.3$m，垫层砂的重度为 $r_s=20$kN/m³。

根据以上假定可得：

1) 基础底面平均压力

$$P = \frac{F+G}{A} = \frac{F}{A} + \gamma_C h$$

这时：$A=1.5 \times 1=2.5$m²，$F=120$kN/m

$$P = \frac{120 \times 1}{15 \times 1} + (20 \times 0.8) + (20-9.8) \times (1.2-0.8) = 100.08\text{kPa}$$

2) 基础底面处的自重应力（即 $\sigma_{CZ}=P_C$）

滨填土 $P_{C土} = \gamma_i h_i = 18.5 \times 0.8 + (18.5-9.8) \times (1.2-0.8) = 18.28$kPa

砂垫层底处：$P_C = P_{C土} + P_{C砂} = 18.82 + (20-9.8) \times 1.3 = 31.54$kPa

3) 基底面处的附加应力（即 $\sigma_Z=P_Z$）

因为基础为 1.5m×1m，将其分为四个小矩形，这时 $B=0.75$m，$L=0.5$m。

注：或可用"压力扩散角"法计算：$P_z = \dfrac{b(P-P_C)}{b+2h_s \tan\theta}$（条形基础）

所以 $P_Z = \dfrac{1.5 \times (100.08-18.28)}{1.5+2 \times 1.3 \times \tan 30°} = 40.9$kPa

因此，可得砂垫层下地基承载力值为 $P_Z + P_{CZ} = 40.9 + 31.54 = 72.44$kPa

2. 砂垫层下地基容许承载力 $[\sigma]$ 计算

因为已知 $I_L=0.86$，$L=0.968$，查《土质学与土力学》有关表得，$[f_{a0}]=80$kPa，再查表 3-11 得 $k_1=0$，$k_2=0$。

而 $[f_a] = [f_{a0}] + k_1\gamma_1(B-2) + k_2\gamma_2(h-3) = 80+0+0 = 80$kPa

所以符合 $P_Z + P_{CZ} < [f_{a0}]$，满足设计要求。

3. 砂垫层宽度计算

砂垫层宽度按压力扩散角方法进行确定，即

$$b' \geq b + 2h_s \tan\theta = 1.5 + 2 \times 1.3 \times \tan 30° = 3.0\text{m}$$

4. 砂垫层的沉降计算

1) 垫层自身沉降量 S_1

砂垫层压缩模量宜用静荷载试验确定，当无试验资料时可在 15~25kPa 范围内取用，此处取 $E_S=20$MPa。

所以 $S_1 = \left(\dfrac{100.1 + 0.5 \times 100.08}{2} \times 1.3 \times 10^3\right)/(20 \times 10^3) = 4.88$mm

2) 下卧土层沉降量 S_2

按分层总和法计算（表 6-4）。

5. 软弱下卧层承载力验算

《公路桥涵地基与基础设计规范》JTG D 63—2007 规定：持力层以下有软弱下卧层时，应验算软弱下卧层的承载力。验算要求软弱下卧层顶面 A 的总应力（自重应力和附加应力）不大于该处地基土的容许承载力，即

$$\sigma_{h+Z} = \gamma_1(h+Z) + \alpha(\sigma-\gamma_2 h) \leq [\sigma]_{h+Z}$$

第六章 地 基 处 理

分层总和法计算列表　　　　表 6-4

土层 (i)	计算深度 (m)	$2Z/b'$	δ_i	$\delta_i - \delta_{i-1}$	E_S	φ	ΔS_i (mm)	$\Sigma \Delta S_i$ (mm)
第2层	1.7	1.13	0.5021	0.521	3.94	1.1	17.82	17.82
第3层	5.0	3.33	1.102	0.581	2.12	1.1	36.98	54.80
第3层	8.0	5.33	1.388	0.286	2.12	1.1	18.09	72.89
第4层	11.00	7.33	1.589	0.201	1.92	1.1	14.17	87.06
第4层	14.00	9.33	1.743	0.154	1.92	1.1	10.8	97.86
第4层	16.0	11.03	1.85	0.107	1.92	1.1	7.56	105.43

本例中砂垫层下地基土中第 3 和第 4 层土的承载力小于第二层土，应进行承载力验算。

1) 淤泥质粉质黏土（即第 3 层土）的承载力验算

这时 $h=1.2$m，$Z=3$m。这时 $h+Z$ 内土的换算重度为：

$$\gamma_1 = \frac{18.5 \times 0.8 + (18.5-9.8) \times 0.4 + (20-9.8 \times 1.3) + (18.7-9.8) \times 1.7}{0.8+0.4+1.3+1.7}$$

$$= 11.11 \text{kN/m}^3$$

深度 h 范围内土的换算重度为：

$$\gamma_2 = \frac{18.5 \times 0.8 + (18.5-9.8) \times 0.4}{0.8+0.4} = 15.23 \text{kN/m}^3$$

由条形基础长宽比 $L/b \geqslant 10$ 及深宽比 $Z/b=3/1.5=2$，查得附加应力系数 $\alpha_C=0.304$

所以

$$\sigma_{h+Z} = 11.11 \times (1.2+3) + 0.304 \times (100.08 - 15.23 \times 1.2) = 71.53 \text{kPa}$$

而 $[\sigma]_{h+Z} = 65 + 11.11 \times (1.2+3-3) = 78.33 \text{kPa} > 71.53 \text{kPa}$

即淤泥质粉质黏土（第 3 层）的承载力满足要求。

2) 淤泥质黏土（第 4 层土）的承载力验算

这时 $h=1.2$m，$Z=9.3$m，其换算重度为：

$$\gamma_1 = \frac{18.5 \times 0.8 + (18.5-9.8) \times 0.4 + (20-9.8 \times 1.3) + (18.7-9.8) \times 1.7 + (18-9.8) \times 6.3}{0.8+0.4+1.3+1.7+6.3}$$

$$= 9.36 \text{kN/m}^3$$

深度 h 范围内土的换算重度为：

$$\gamma_2 = \frac{18.5 \times 0.8 + (18.5-9.8) \times 0.4}{0.8+0.4} = 15.23 \text{kN/m}^3$$

又因为 $L/b \geqslant 10$ 及 $Z/b=9.3/1.5=6.2$，查得附加应力系数 $\alpha_C=0$

所以 $\sigma_{h+Z} = 9.36 \times (1.2+9.3) + 0 \times (100.08 - 15.23 \times 1.2) = 98.28 \text{kPa}$

所以 $[\sigma]_{h+Z} = 60 + 9.36 \times (1.2+9.3-3) = 130.20 \text{kPa} > 98.28 \text{kPa}$

故淤泥质黏土（第 4 层）的承载力也满足要求。

（五）垫层施工与质量检验

1. 施工

(1) 材料要求：以级配良好，质地较硬的中、粗砂或砾砂为好，粒径小于10cm，含泥量不大于3%～5%，以利夯实。

(2) 施工要点：①地下水位高于基坑底面时，应采取排水或降低水位措施；②选择合格的铺压厚度，确定最优含水量，同时采用好的碾压手段，使分层密实度达90%以上，确保垫层密实度；③基坑随挖随铺、不浸水。

2. 质量检验

用环刀法或灌入法，以干密度、灌入度为控制指标。

第四节　土改良方法之二——排水固结法

一、适用

软土地基较厚的情况。

二、原理

排水固结法，使软土孔隙中的孔隙水加快排出，从而使地基密实强化。

三、方法

在地基中设竖向排水通道，使孔隙水较快排出；顶层设砂垫层横向排水通道缩短排水距离，增加排水通道，从而改善地基的渗透性能。

四、施工方法

（一）砂井堆积预压法

1. 定义

利用各种打桩机具击入钢管或利用高压水和炸破方法使软基中获得一定规律排列孔并灌入中粗砂形成砂井。

2. 原理

每个井起独立排水作用。

3. 适用

软土厚度大于5m。

4. 每个井的计算

5. 施工

(1) 顶层排水砂垫层厚一般为0.5～1m，以中粗砂填筑。

(2) 竖向排水井：采用细而密的原则布置井，井径采用0.3～0.4m，井距采用7～10d，井径长度打到软黏土层以下砂层。

（二）袋装砂井预压法

1. 定义

用既透水又韧性强的麻布、再生布等制成袋，装入中粗砂捣密实、扎紧袋口，后将袋放入井孔内。

2. 施工

井径，为70～100mm，井距：1.2～2m，井长采用砂井长加0.5m。

3. 计算

与砂井同。

第六章 地基处理

4. 优点

用砂量少，间距小，排水固结效率高，有利于地基稳定。

（三）塑料排水板预压法

1. 定义

将塑料板用插板机插入加固软土中，后在地面加载预压，使土中水沿着塑料板的通道溢出，经砂垫层排除。

2. 优点

材质均匀可靠，排水效果稳定，塑料板质量轻，便于施工操作，施工速度快。

3. 计算

用砂井理论。

4. 施工

采用高级公路路基路面施工技术。

将塑料板由后边的卷筒通过井架上方的滑轮插入套筒内（排水管被套管的输送滚轴夹住一起压入土中）达到预压深度后，输送滚轴反转松开排水板，上套管，塑料管便被压在水中。

5. 检验

采用十字板剪切荷载试验或常规土工试验。

（四）示例【例 6-2】

1. 设计资料

1）工程概况

某高速公路第四合同段有 9km 长的软土路段，软土工程性质极差，强度很低，且厚度达 16～22m，下部为粉细中砂。该路段设计路堤高度为 4.3m，路堤顶面宽 28m，坡比为 1：1.5。在这样软弱的地基上修筑高等级公路，将带来一系列难于处理的工程问题，必须对其进行妥善处理。

2）工程地质条件

该软土地基的土质差，含水量高，最高达 66%，孔隙比为 1.81，压缩性大，预计沉降量 2m 以上，属超软弱地基。土层的物理力学参数指标见表 6-5。

土层及土工试验指标值　　　　　表 6-5

土层深度 (m)	含水量 (%)	重度 (g/cm³)	抗剪强度 c (kPa)	抗剪强度 φ' (°)	孔隙比 e	压缩系数 (1/MPa)	压缩模量 (MPa)	固结系数 ($\times 10^{-4}$ cm²/s) C_v	固结系数 ($\times 10^{-4}$ cm²/s) C_z	十字板强度 (kPa)
0～3.2	64.4	1.70	14.0	2.0	1.71	1.60	1.51	17.9	10.3	15.8
3.2～4.2	65.7	1.62	14.5	2.0	1.62	1.93	1.23	9.6	6.6	16.9
4.2～5.9	64.2	1.59	15.0	2.0	1.81	2.52	1.02	2.53	1.45	18.3
5.9～8.4	60.7	1.55	15.6	2.0	1.75	1.70	1.38	6.7	3.83	20.2
8.4～11.9	51.0	1.71	16.0	2.8	1.44	1.89	1.21	33.6	15.4	25.2
11.9～15.1	50.7	1.69	14.0	3.0	1.33	1.02	2.18	77.6	44.5	26.5
15.1～16.7	58.8	1.60	14.5	2.4	1.70	1.79	1.45	16.5	9.45	25.8

续表

土层深度 (m)	含水量 (%)	重度 (g/cm³)	抗剪强度		孔隙比 e	压缩系数 (1/MPa)	压缩模量 (MPa)	固结系数 ($\times 10^{-4}$ cm²/s)		十字板强度 (kPa)
			c (kPa)	φ' (°)				C_V	C_Z	
16.7~18.6	36.5	1.83	14.0	3.2	0.98	0.68	2.80	36.7	21.0	29.8
18.6~19.6	32.8	1.87	15.0	3.9	0.87	0.48	3.74	40.7	23.3	35.2
19.6~22.0	33.6	1.85	13.5	4.5	0.85	0.52	3.24	38.6	22.1	39.7
22.0以下	—	1.81			1.10	—	5.00	—		

排水固结法是由排水系统和加压系统两部分组成的。

2. 排水系统设计

竖向排水系统设计包括竖向排水体的直径、间距、深度、排列方式、加固范围以及砂料的选择、砂垫层材料及厚度确定等内容。

(1) 竖向排水体的材料选择：竖向排水体可采用普通砂井、袋装砂井和塑料排水带。袋装砂井由于可以设计成较小的井径而使排水体布置得"细而密"，缩短了排水路径，加快了排水固结；同时还具有不易缩径、断井等优点，所以本例采用袋装砂井作为竖向排水体。

(2) 竖向排水体的埋置深度 H：竖向排水体的埋设深度主要根据土层的分布、地基中附加应力大小、施工工期和施工条件以及地基稳定性等因素确定。一般砂井深度为10~25m，具体确定原则为：①当软土层不厚、底部有透水层时，砂井应尽可能穿透软土层；②当深厚软土层夹有砂层或砂透镜体时，排水体应尽可能打至砂层或砂透镜体；③对于无砂层的深厚软土层则可根据建筑物荷载在地基中所引起的附加应力 σ_Z 与自重应力 σ_{CZ} 的比值确定，一般取 $\sigma_Z/\sigma_{CZ}=0.1\sim0.2$；④对以地基抗滑稳定性控制的工程，如路堤、土坝、岸坡、堆料等，排水体的深度应通过稳定分析确定，排水体的深度应大于最危险滑动面的深度；⑤对以沉降控制的工程，排水体长度可从压载后的沉降量满足上部建筑物容许的沉降量来确定。

本例软土层厚达 16~22m，下部为粉细中砂层，显然打穿软土层有利于排水，取软土最大厚度作为竖向排水体深度进行设计计算，即有 $H=22$m。

(3) 竖向排水体的直径 d_w：袋装砂井直径一般为 70~100mm，本例根据地基土质情况和施工设备条件，设计袋装砂井的直径 $d_w=70$mm。

(4) 竖向排水体的平面布置及间距：竖向排水体在平面上可布置成正三角形（梅花形）或正方形，以正方形排列较为紧凑和有效，因此，本例采用正三角形方式布置砂井，于是，砂井间的距离 l 可按下式计算：

$$l=0.952nd_w \tag{6-15}$$

式中 n——井径比，它是砂井有效影响范围直径 d_e 与砂井直径 d_w 之比值，一般为 15~30。

先取 $n=25$ 进行计算，代入式 (6-15) 得 $l=1.67$m。

为了施工布置方便，取 $l=1.5$m，则可得最终设计井径比 $n=22.5$。

(5) 加固范围及砂井数：袋装砂井堆载预压法的加固范围，一般以比建筑物基础范围稍大为好。这是因为在基础以外的一定范围内，地基中仍然会产生由于建筑物荷载所引起的压应力和剪应力，因此砂井的布置范围一般由基础的轮廓线向外扩大约 2~4m。本例拟向外扩大 3m，即增设 2 排砂井。据此，本例加固长 9m、宽 46.9m（46.9=28+2×1.5×4.3+2×3）的软土地基需要总的砂井数为 216653 个。

（6）砂料设计：制作砂井的砂宜用中粗砂，砂的粒径必须保证砂井具有良好的透水性。砂井粒度要不被黏土颗粒堵塞，砂应是洁净的，不应有草根等杂物，其含砂量不能超过 3%。

（7）地表排水沟砂垫层设计：为了使砂井排水有良好的通道，砂井顶部应铺设砂垫层，以连通砂井将水排到工程场地以外，场外应设排水沟。砂垫层采用中粗砂，含泥量应不大于 3%。

$$S_t = \left[(\xi-1)\frac{p_t}{\Sigma \Delta p} + U_t\right]S_C \tag{6-16}$$

式中 S_t——t 时刻地基的沉降量；

p_t——t 时刻的累计荷载；

$\Sigma \Delta p$——总的累计荷载；

ξ——计算参数，本例取 1.4；

U_t——t 时刻地基的平均固结度。

按式（6-16）可计算出每级荷载下地基的沉降量为：

第一级荷载作用下地基的沉降为 $S_{t1}=1738.31$mm；

第二级荷载作用下地基的沉降为 $S_{t2}=2077.13$mm；

第三级荷载作用下地基的沉降为 $S_{t3}=2357.03$mm；

第四级荷载作用下地基的沉降为 $S_{t3}=2681.12$mm。

3. 施工设计与质量检测

砂垫层应形成一个连续的、有一定厚度的排水层，以免地基沉降时被切断而使水通道堵塞。砂垫层的宽度应大于堆载宽度或建筑物的底宽，并伸出砂井区外边线 2 倍砂井直径（即 1m）的距离，以保证边缘地基也通过排水固结而提高强度，减小侧向变形。

加压系统设计：

加压系统可采用堆载法、真空法、降低地下水位法以及联合法等方式形成。对于路堤工程则采用自身填筑料作为荷载进行堆载加压较好。这样将地基处理的堆载加压和路堤的施工合二为一，可节约工期。施加荷载的方式采用有控制的逐渐加载法，具体加载计划则根据下面的计算确定。

4. 设计计算

堆载预压法的设计计算实际上就是使地基在各级荷载作用时保持稳定的条件下，拟订加载计划并计算地基的最终沉降量和预压期的沉降量。具体计算步骤如下：

1）计算第一级容许施加的荷载

根据天然地基上的容许承载力来确定，可利用斯开普顿（Skempton，1951）半经验极限荷载公式进行估算，即

$$p_1 = \frac{5c_u}{K}\left(1+0.2\frac{B}{A}\right)\left(1+0.2\frac{D}{B}\right)+\gamma D \tag{6-17}$$

式中 K——安全系数,建议采用 $1.0 \sim 1.5$;

A、B——分别为基础的长边和短边(m);

D——基础埋置深度(m);

c_u——天然地基土的不排水抗剪强度(kPa),取基底以下 $2/3B$ 深度范围内的不排水抗剪强度,由无侧线抗压强度试验、三轴不排水剪切试验或原位十字板剪切试验测定;

γ——基底标高以上土的加权平均重度(kN/m^3)。

对于饱和软黏土,也可采用下列公式估算:

$$p_1 = \frac{5.14 c_u}{K} + \gamma D \tag{6-18}$$

对于长条形填土,可采用费兰纽斯(Fellenius)公式进行计算

$$p_1 = \frac{5.52 C_m}{K} \tag{6-19}$$

对于 9km 长的路堤下的软土地基,应属长条形填土,故可采用式(6-19)估算 p_1。取安全系数 $K=1.4$,天然地基土的 C_u 值取各层土的加权平均值,即得 $C_u = 25.01$ kPa,代入式(6-19)有:

$$p_1 = \frac{5.52 \times 25.01}{1.4} = 98.6 \text{kPa}$$

假定填土重度为 $20 kN/m^3$,取第一级填土高度为 2.5m,则产生的压力 $\Delta p_1 = 50 \text{kPa} < p_1$。

2) 加载后地基稳定性验算

在软黏土地基下进行堆载预压,其破坏往往是由于地基稳定性不足所引起的,所以必须对各级预压荷载下的地基稳定性进行分析和验算,以保证预压工程的安全、经济和合理,并达到预期的效果。当软土层较厚时,由于剪切而破坏的滑裂面一般近似地认为是一圆筒面,并且切入地面以下一定深度。对于砂井地基或含有较多薄粉砂夹层的黏土地基,由于具有良好的排水条件,在进行地基稳定性分析时,应考虑地基在预压荷载作用下会产生固结而使土的强度提高。地基稳定性验算方法可采用规范推荐的简化毕肖普法,稳定性安全系数一般要求达到 $1.2 \sim 1.5$。经计算,可得第一级堆载加压荷载下的地基稳定性安全系数 $K_1 = 2.13 > 1.2 \sim 1.5$,满足要求。

3) 计算第一级荷载下的地基强度增长值

在荷载 Δp_1 作用下经过一段时间的预压,地基强度会提高,提高以后的地基强度可按下式估算:

$$c_{u1} = \eta(c_u + \Delta c'_u) \tag{6-20}$$

式中 c_{u1}——在 Δp_1 作用下提高后的地基强度值;

η——考虑剪切蠕变强度折减系数,如果不考虑剪切蠕变强度折减,则可取 $\eta = 1.0$;

$\Delta c'_u$——本级荷载作用下地基因固结而增长的强度,它与土层的固结度有关,一般可先假定某一固结度,然后求强度增量 $\Delta c'_u$,可按下式计算:

$$\Delta c'_u = \frac{\sin\varphi' \cos\varphi'}{1 + \sin\varphi'} \Delta\sigma_1 \overline{U}_t \tag{6-21}$$

式中 φ'——由三轴固结不排水剪切试验测定的土的有效内摩擦角（°），多层土取加权平均值；

$\Delta\sigma_1$——荷载引起的地基某点的最大主应力增量（kPa）；

$\overline{U}_t$——要达到的固结度。

根据表 6-5，各土层内摩擦角加权平均值为 $\varphi'=2.76°$，对于第一级荷载可假定要达到的固结度为 70%，代入式（6-21）得：

$$\Delta c'_u = \frac{\sin 2.76° \cos 2.76°}{1+\sin 2.76°} \times 50 \times 0.7 = 0.046 \times 50 \times 0.7 = 1.61 \text{kPa}$$

将 $\Delta c'_u$ 和各土层的 c_u 的加权平均值代入式（6-20）得：

$$c_{u1} = 1.0 \times (25.01+1.61) = 26.62 \text{kPa}$$

4）估算 Δp_1 的加载速率以及所需时间

第一级荷载 Δp_1 的施加可以快一些，但对于软土也不宜过快，一般情况下，加载速率宜控制在 2~3kPa/d，由此，可求得施加第一级荷载 Δp_1 所需的时间为：

$$T_1 = 50/2.5 = 20\text{d}$$

5）计算在 Δp_1 的作用下达到所假定的固结度所需要的时间

达到某一固结度（本例假定为 $U_t=70\%$）所需的时间可根据估计额度与时间的关系求得，这一步计算的目的在于确定第一级荷载施加后停歇的时间，亦即第二级荷载开始施加的时间。

对于第 n 级荷载增量 Δp_n 作用下，任意时刻的固结度的计算通常有两种方法：改进的太沙基法和改进的高木俊介法。

改进的太沙基法由太沙基瞬时加载条件下固结度计算公式修正得到，t 时刻的平均固结度按下式计算：

$$\overline{U}_t = \sum_1^n \left[\frac{\Delta p_n}{\sum \Delta p} \overline{U}_{rz} \left(t - \frac{T_{2n-2}+T_{2n-1}}{2} \right) \right] \tag{6-22}$$

式中 $\overline{U}_t$——多级等速加荷，t 时刻修正后的平均固结度；

$\overline{U}_{rz}$——瞬时加荷条件下的平均固结度；

T_{2n-2}、T_{2n-1}——每级等速加载的起点和终点时间（从时间 0 点起算），当计算某一级加载期间 t 的固结度时，则 T_{2n-2} 应为 t；

Δp_n——第 n 级荷载增量，如计算加载过程中某一时刻 t 的固结度时，则用该时刻相对的荷载增量，上式中瞬时加载条件下的平均固结度按下式计算：

$$\overline{U}_{rz}(t) = 1 - \frac{8}{\pi^2} e^{-\left[\frac{8}{F(n)}\frac{C_h}{d_e^2}+\frac{\pi^2 C_v}{4H^2}\right]t} \tag{6-23}$$

式中 C_v、C_h——分别为径向和竖向固结系数；

d_e——每一个砂井有效影响范围内的直径，$n=d_2/d_w$ 为井径比；

H——单面排水时砂井的埋设深度，当砂井为双面排水时，则将砂井埋设深度 H 值减半代入式中计算；

$F(n)$——与井径比有关的系数，由下式确定：

$$F(n) = \frac{n^2}{n^2-1} \ln(n) - \frac{3n^2-1}{4n^2} \tag{6-24}$$

经由式 (6-22)～式 (6-24) 计算，当施加第一级荷载 $\Delta p_1 = 50$ kPa，固结度达到预设的 70% 时所需要的时间 $T_2 = 58$ d。

计算第二级所能施加的荷载 Δp_2、验算加荷后地基的稳定性、估算 Δp_2 荷载作用下的强度增长值 Δc_{u2}、估算 Δp_2 的加荷速度和所需时间 T_3 以及达到要求固结度所需时间 T_4，如此类推计算，可得结算结果，见表 6-6。

各级加载计算结果　　　　　　　　　　　表 6-6

加载级数	填土高度 (m)	荷载增量 Δp_i (kPa)	$\Delta c'_{ui}$ (kPa)	c_{ui} (kPa)	地基稳定性 K_i	T_{2n-1} (d)	T_{2n} (d)	$\overline{U}'_t$
Ⅰ	2.5	50	1.61	26.62	2.130	20	58	70.0%
Ⅱ	4.5	40	1.38	28.00	1.576	78	101	75.0%
Ⅲ	6.0	30	1.10	29.10	1.324	116	138	80.0%
Ⅳ	7.0	20	0.83	29.93	12.16	148	191	90.0%

由此，可得详细的加载计划，如图 6-4 所示。

5. 沉降计算

路堤中心线上地基顶面处的最终沉降量可采用下式计算：

$$s_\infty = s_d + s_c = m s_c \qquad (6-25)$$

式中　s_∞——计算最终沉降量；
　　　s_d——次固结沉降量；
　　　s_c——主固结沉降量；
　　　m——增大系数，一般取 1.0～1.4。

s_c 可按上述的分层总和法计算，其计算过程及结果如表 6-7 所示。

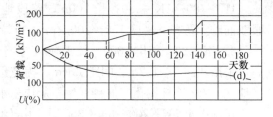

图 6-4　加载计划图

沉降计算表　　　　　　　　　　　表 6-7

分层 i	$E_{si,1-2}$ (1/MPa)	计算深度 z (m)	$\dfrac{2z}{b}$	α	α_p (kPa)	Δp_i (kPa)	$\Delta s_i = \dfrac{\Delta p_i}{E_{si}} h_i$ (mm)	$\Sigma \Delta s_i$ (mm)
0		0.0	0	1.000	140.00	139.75	296.16	
1	1.51	3.2	0.19	0.9964	139.50	139.19	113.16	
2	1.23	4.2	0.24	0.9920	138.88	138.18	230.30	
3	1.02	5.9	0.34	0.9820	137.48	135.80	246.00	
4	1.38	8.4	0.49	0.9580	134.12	130.82	378.40	
5	1.21	11.9	0.69	0.9108	127.51	123.68	181.50	
6	2.18	1.51	0.88	0.8560	119.84	117.94	130.10	
7	1.45	16.7	0.97	0.8288	116.03	113.63	77.10	2062.40
8	2.80	18.6	1.08	0.7944	111.22	109.88	29.40	
9	3.74	19.6	1.14	0.7752	108.53	105.51	78.20	
10	3.24	22.0	1.28	0.7320	102.48	97.81	78.20	
11	5.00	26.0	1.51	0.6652	93.13	89.02	71.20	
12	5.00	30.0	1.74	0.6064	84.90	80.42	80.40	
13	5.00	35.0	2.03	0.5424	75.94	72.30	72.30	
14	5.00	40.0	2.32	0.4904	68.66			

由表 6-7 可知，计算的主固结沉降量 s_c=2062.40mm。取增大系数 m=1.3，则得计算的最终沉降量 s_∞=2681.12mm。

【例 6-3】 某市外环路全长 51.4km，其中北外环路总长 10.56km，规划路面宽度为 50m，路基平均填土高度 13m。该路段因沿黄河大堤，地下水位高（现有黄河河床标高比路面设计高出 2～3m），而且处于两季积水地区，土质大部分为黄河粉砂土，少量粉质黏土，全线均为软弱路基地段（地基承载力平均 10～80kPa），因此设计单位与施工单位共同研究，依据当地材料、施工条件与工期要求，采用以下软土地基的处理方法。

1. 换填

1K+000～1K+350，长 350m；3K+775～4K+270，长 495m，两段粉砂土地段，生活垃圾堆放点和居民旧生活区。在清除垃圾及民房拆迁旧房基挖到原粉砂土地层后做二灰土（2∶8）犁拌，厚 40cm，碾压密实度 90％以上，经土工检测后再做二灰稳定碎石层 40cm。

2. 土工织物铺垫

1K+780～1K+980，长 200m，路段地下水位高、土质差、苇根很多而深，采用带眼双面胶无纺布（密度 150～200g/m²，抗拉强度 2050kN/m）铺垫。

3. 6K+200～6K+350，长 150m，位于黄河粉砂土，粉砂土质含水量高，地下水位高，采用孔深 1～1.2m、间距 60cm、梅花形排列的灰砂桩挤密。灰砂桩施工时工艺为：平地——φ12 铁杆掏孔—加料（生石灰块+水泥+大粒黄砂）—捣实。

在施工至 5K+200～5K+350 时，由于该路段缺乏地质资料未发现软土，地基未加做加固设计，在填土至 5.8～6.3m 时发生滑塌，因征地困难，不能采用反压马道法。施工考虑工期时间要求充裕，淤泥层厚度不大于 3m，决定采用自然挤淤处理。

问题：1. 土工织物一般应铺在什么位置？有什么具体作用？
2. 灰砂桩施工时工艺程序是否完备？如不完备请写出完备的工艺程序。
3. 采用自然挤淤处理是否合理？除自然挤淤外还有哪些挤淤方法？
4. 软土地基处理除了该工程考虑的五种方法外还有很多，请写出其余五种方法。

答：1. 一般应铺于软土地基表层。起到扩散荷载、提高承载力的作用。
2. 不完备。平地—掏孔—清孔—加料—捣实。
3. 合理。拢石挤淤、爆破排淤。
4. 超载预压，排水砂垫层，塑料排水板，砂井，粉喷桩，袋袋砂井，生石灰桩。

第五节 其他方法简介

一、强夯法与强夯置换法

强夯法是法国 Menard 技术公司于 1969 年首创的一种地基加固方法，它通过 10～40t 的重锤和 10～40m 的落距，对地基土施加很大的冲击能，在地基土中形成冲击波和动应力，形成夯坑，并对周围土进行动力挤压，可提高地基土的强度、降低土的压缩性、改善砂土的抗液化条件、消除湿陷性黄土的湿陷性等。同时，夯击能还可提高涂层的均匀程度，减少将来可能出现的差异沉降。

强夯法适用于处理碎石土、砂土、低饱和度的粉土与黏性土、湿陷性黄土、素填土和杂填土等地基。强夯置换法适用于高饱和度的粉土与软塑至流塑的黏性土等,上部结构对变形控制要求不严的工程,同时应在设计前通过现场试验确定其适用性和处理效果。

工程实践证明,强夯法具有施工简单、加固效果好、使用经济等优点,因而被世界各国工程界所重视。对各类土强夯处理都取得了良好的技术经济效果。但对饱和软土的加固效果,必须给予排水的出路。为此,强夯法加袋装砂井(或软塑料排水带)是一个在软黏土地基上进行综合处理的加固途径。

目前,强夯法加固地基有三种不同的加固机理:动力密实、动力固结和动力置换,它取决于地基土的类别和强夯施工工艺。

1. 设计计算

1) 有效加固深度

有效加固深度既是选择地基处理方法的重要依据,又是反映处理效果的重要参数。一般可按下列公式估算有效加固深度,或按表6-8预估

$$H = \alpha\sqrt{M \cdot h} \tag{6-26}$$

式中 H——有效加固深度(m);

M——夯锤重(t);

h——落距(m);

α——系数,需根据所处理地基土的性质而定,对软土可取0.5,对黄土可取0.34~0.5。

强夯置换墩的深度由土质条件决定,除厚层饱和粉土外,应穿透软土层,到达较硬的土层上,深度不宜超过7m。

2) 夯锤和落距

单击夯击能为夯锤重M与落距h的乘积。一般夯击时最好使得锤重和落距大,则单击能量大,夯击击数少,夯击遍数也相应减少,加固效果和技术经济较好。

强夯的有效加雇深度   表6-8

单击夯击能量(kN·m)	碎石土、砂土等粗颗粒土(m)	粉土、黏性土、湿陷性黄土等细颗粒土(m)
1000	5.0~6.0	4.0~5.0
2000	6.0~7.0	5.0~6.0
3000	7.0~8.0	6.0~7.0
4000	8.0~9.0	7.0~8.0
5000	9.0~9.5	8.0~8.5
6000	9.5~10.0	8.5~9.0
8000	10.0~10.5	9.0~9.5

注:强夯的有效加固深度应从最初起夯面算起。

在设计中,根据需要加固的深度初步确定采用的单击夯击能,然后再根据机具条件因地制宜地确定锤重和落距。

一般国内夯锤可取10~25t。夯锤材质最好用铸钢,也可用钢板为外壳、内部灌注混凝土的锤。夯锤的平面一般为圆形,夯锤中设置若干个上下贯通的气孔,孔径可取250~300mm,它可减小起吊夯锤时的吸力(在上海金山石油化工厂的试验工程中测出,夯锤

的吸力达3倍锤重);又可减少夯锤着地前的瞬时气垫的上托力。锤底面积宜按土的性质确定,锤底静压力值可取25~40kPa,对砂性土和碎石填土,一般锤底面积为2~4m²;对一般第四纪黏性土建议用3~4m²;对于淤泥质土建议采用4~6m²;对于黄土建议采用4.5~5.5m²。同时,应控制夯锤的高宽比,以防止产生偏锤现象,如黄土,高宽比可采用1:2.5~1:2.8。强夯置换锤底接地压力值可取100~200kPa。

夯锤确定后,根据要求的单点夯击能量,就能确定夯锤的落距。国内通常采用的落距是8~25m。对相同的夯击能量,常选用大落距的施工方案,这是因为增大落距可获得较大的接地速度,能将大部分能量有效地传到地下深处,增加深层夯实效果,减少消耗在地表土层塑形变形的能量。

3)夯击点的布置

(1)夯击点布置:强夯夯击点的位置可根据基底平面形状,采用等边三角形、等腰三角形或正方形布置。同时,夯击点布置时应考虑施工时起重机的行走通道。强夯置换墩位布置宜采用等边三角形或正方形。对独立基础或条形基础可根据基础形状与宽度相应布置。

(2)夯击点间距:强夯第一遍夯击点间距可取夯锤直径的2.5~3.5倍,第二遍夯击点位于第一遍夯击点之间。以后各遍夯击点间距可适当减小。强夯置换墩位间距应根据荷载大小和原土的承载力选定,当满堂布置时可取夯锤直径的2~3倍。对独立基础或条形基础可取夯锤直径的1.5~2.0倍。墩的计算直径可取夯锤直径的1.1~1.2倍。

4)夯击击数与遍数

(1)夯击击数

强夯夯点的夯击击数,应按现场试夯得到的夯击击数和夯沉量关系曲线确定,且应同时满足下列条件。

① 最后两击的平均夯沉量不宜大于下列数值:当单击夯击能量小于4000kN·m时为50mm;当夯击能量为4000~6000kN·m时为100mm;当夯击能量大于6000kN·m时为200mm。

② 夯坑周围地面不应发生过大隆起。

③ 不因夯坑过深而发生起锤困难。

强夯置换夯点的夯击次数应通过现场试夯确定,且应同时满足下列条件:

① 墩底穿透软弱土层,且达到设计墩长。

② 累计夯沉量为设计墩长的1.5~2.0倍。

③ 最后两击的平均夯沉量不大于强夯的规定值。

(2)夯击遍数

夯击遍数应根据地基土的性质确定,可采用点焊2~3遍,对于渗透性较差的细颗粒土,必要时夯击遍数可适当增加。最后再以低能量满夯2遍,满夯可采用轻锤或低落距锤多次夯击,锤印搭接。

5)垫层铺设

对场地地下水位在-2m深度以下的砂砾石土层,可直接实行强夯,无须铺设垫层;对地下水位较高的饱和黏性土与易液化流动的饱和砂土,都需要铺设砂、砂砾或碎石垫层才能进行强夯,否则土体会发生流动。垫层厚度随场地的土质条件、夯锤重量及其形状等条件而定。当场地土质条件好，夯锤小或形状构造合理，起吊时吸力小者，也可减少垫层厚度。垫层厚度一般为 0.5～2.0m。铺设的垫层不能含有黏土。

6) 间歇时间

对于需要分两遍或多遍夯击的工程，两遍夯击间应有一定的试件间隔。各遍的间歇时间取决于加固土层中孔隙水压力消散所需要的时间。对砂性土，孔隙水压力的峰值出现在夯完后的瞬间，消散时间只有 2～4min，故对渗透性较大的砂性土，两遍夯间的间歇时间很短，亦即可连续夯击。

对黏性土，由于孔隙水压力消散较慢，故当夯击能逐渐增加时，孔隙水压力亦相应地叠加，其间歇时间取决于孔隙水压力的消散情况，一般为 3～4 周。目前，国内有的工程对黏性土基的现场埋设了袋装砂井（或塑料排水带），以便加速孔隙水压力的消散，缩短间歇时间。有时根据施工流水顺序先后，两遍间也能达到连续夯击的目的。

2. 施工方法

我国绝大多数强夯工程只具备小吨位起重机的施工条件，所以只能使用滑轮组起吊夯锤，利用自动脱钩的装置，使锤形成自由落体。拉动脱钩器的钢丝绳，其一端拴在桩架的盘上，以钢丝绳的长短控制夯锤的落距，夯锤挂在脱钩上，当吊钩提升到要求的高度时，张紧的钢丝绳将脱钩器的伸臂拉转一个角度，致使夯锤突然下落。有时为防止起重臂在较大的仰角下突然释重而有可能发生后倾，可在履带起重机的臂杆端部设置辅助门架，或采取其他安全措施，防止落锤时机架倾覆。自动脱钩装置应具有足够的强度，且施工时要求灵活。

强夯施工结束后应间隔一定的时间方能对地面加固质量进行检验。对碎石土和砂土地基，其间隔时间可取 1～2 周；对粉土和黏性土地基可取 2～3 周。强夯置换地基间隔时间可取 4 周。

质量检验方法可采用：①室内试验；②十字板试验；③动力触探试验（包括标准贯入试验）；④静力触探试验；⑤旁压仪试验；⑥荷载试验；⑦波速试验。

强夯法检测点位置可分别布置在夯坑内、夯坑外和夯击区边缘。其数量应根据场地复杂程度和建筑物的重要性确定。对简单场地上的一般建筑物，每个建筑物地基的检验点不应少于 3 处；对复杂场地或重要建筑物地基应增加检验点数。检验深度应不小于设计处理的深度。在强夯置换施工中可采用超重型或重型圆锥动力触探检查置换墩的着底情况，强夯置换地基荷载试验检验和置换墩的着底情况检验数量均不少于墩点数的 1%，且不应少于 3 点。

在强夯处理后的地基竣工验收时，承载力检验应采用原位测试和室内土工试验。在强夯置换后的地基竣工验收时，承载力检验除应采用单墩荷载试验检验外，还应采用动力触探等有效手段查明置换墩的着底情况及承载力与密度随深度的变化，对饱和粉土地基允许采用单墩复合地基荷载试验代替单墩荷载试验。

二、灰土挤密桩法和土挤密桩法

灰土挤密桩法和土挤密桩法适用于处理地下水位以上的素填土、湿陷性黄土和杂填土等地基。可处理地基的深度为 5～15m。当以消除地基土的湿陷性为主要目的时，宜选用土挤密桩法；当以提高地基土的承载力或增强其水稳性为主要目的时，宜选用灰土挤密桩法。

对重要工程或在缺乏经验的地区,施工前应按设计要求,在现场进行试验,如土性基本相同,试验可在一处进行,如土性差异明显,应在不同地段分别进行试验。

1. 设计

1) 处理范围

灰土挤密桩和土挤密桩处理地基的面积,应大于基础或建筑物底层平面的面积,并应符合下列规定:

(1) 当采用局部处理时,超出基础地面的宽度:对非自重湿陷性黄土、素填土和杂填土等地基,每边不应小于基底宽度的 0.25 倍,并不应小于 0.50m;对自重湿陷性黄土地基,每边不应小于基底宽度的 0.75 倍,并不应小于 1.00m。

(2) 当采用整片处理时,超出建筑物外墙基础底面外缘的宽度,每边不宜小于处理土层厚度的 1/2,并不应小于 2m。

2) 处理深度

灰土挤密桩和土挤密桩处理地基的深度,应根据建筑场地的土质情况、工程要求和成孔及夯实设备等综合因素确定。对湿陷性黄土地基,应符合现行国家标准《湿陷性黄土地区建筑规范》GB 50025—2004 的有关规定。

3) 桩径

桩孔直径宜为 300~450mm,并可根据所选用的成孔设备及成孔方法确定。

4) 桩距

土(或灰土)桩的挤密效果与桩距有关。而桩距的确定又与土的原始干密度和孔隙比有关。桩距的设计一般应通过试验或计算确定。而设计桩距的目的在于使桩间土挤密后达到一定密实度(指平均压实系数 $\bar{\lambda}_c$ 和土干密度 ρ_d 的指标),不低于设计要求标准。一般规定桩间土的最小干密度不得小于 $1.5t/m^3$,桩间土的平均压实系数为 0.90~0.93。

桩孔宜按等边三角形布置,桩孔之间的中心距离,可为桩直径的 2.0~2.5 倍,也可按下式估算:

$$s = 0.95d \sqrt{\frac{\bar{\lambda}_c \rho_{dmax}}{\bar{\lambda}_c \rho_{dmax} - \bar{\rho}_d}} \tag{6-27}$$

式中 s——桩孔之间的中心距离(m);

d——桩孔直径(m);

ρ_{dmax}——桩间土的最大干密度(t/m^3);

$\bar{\rho}_d$——地基处理前土的平均干密度(t/m^3);

$\bar{\lambda}_c$——桩间土经成孔挤密后的平均挤密系数,对重要工程不宜小于 0.93,对一般工程不应小于 0.90。

桩间土的平均挤密系数 $\bar{\lambda}_c$,应按下式计算:

$$\bar{\lambda}_c = \frac{\bar{\rho}_{d1}}{\rho_{dmax}} \tag{6-28}$$

式中 $\bar{\rho}_{d1}$——在成孔挤密深度内,桩间土的平均干密度(t/m^3),平均试样数不应小于 6 组。

桩孔的数量可按下式估算:

第五节 其他方法简介

$$n = \frac{A}{A_e} \tag{6-29}$$

式中　n——桩孔的数量；
　　　A——拟处理地基面积（m^2）；
　　　A_e——一根土或灰土挤密桩所承担的处理地基面积（m^2），即

$$A_e = \frac{\pi d_e^2}{4} \tag{6-30}$$

　　　d_e——一根桩分担的处理地基面积的等效圆直径（m），桩孔按等边三角形布置，$d_e = 1.05s$。

处理填土地基时，鉴于其干密度变动较大，一般不宜按式（6-27）计算桩孔间距，为此，可根据挤密前地基土的承载力特征值 f_{sk} 和挤密后处理地基要求达到的承载力特征值 f_{spk}，利用下式计算桩孔间距：

$$s = 0.95d \sqrt{\frac{f_{pk} - f_{sk}}{f_{spk} - f_{sk}}} \tag{6-31}$$

式中　f_{pk}——灰土桩体的承载力特征值（kPa），可取 $f_{pk} = 500\text{kPa}$。

5）填料与压实系数

桩孔内的填料，应根据工程要求或地基处理的目的确定。并应用 $\overline{\lambda}_c$ 控制夯实质量。当孔内用灰土或素土分层回填、分层夯实时，桩体内的平均压实系数 $\overline{\lambda}_c$ 值，均不应小于 0.96；消石灰与土的体积配合比，宜为 2∶8 或 3∶7。桩顶标高以上应设置 300～500mm 厚的 2∶8 灰土垫层，其压实系数不应小于 0.95。

6）承载力

灰土挤密桩和土挤密桩复合地基承载力特征值，应通过现场单桩或多桩复合地基荷载试验确定。初步设计无试验资料时，可按当地经验确定，但对灰土挤密桩复合地基的承载力特征值，不宜大于处理前的 2.0 倍，并不宜大于 250kPa；对土挤密桩复合地基的承载力特征值，不宜大于处理前的 1.4 倍，并不宜大于 180kPa。

7）灰土挤密桩和土挤密桩复合地基的变形计算

应符合现行国家标准《建筑地基基础设计规范》GB 50007—2002 的有关规定，其中复合土层的复合模量，应通过试验或结合当地经验确定。

2. 施工方法

1）施工工艺

土（或灰土）桩的施工应按设计要求和现场条件选用沉管（振动或锤击）、冲击或爆扩等方法进行成孔，使土向孔的周围挤密。

桩顶设计标高以上的预留覆盖土层厚度宜符合下列要求：

(1) 沉管（锤击、振动）成孔宜为 0.50～0.70m。
(2) 冲击成孔宜为 1.20～1.50m。

成孔时，地基土宜接近最优（或塑限）含水量，当土的含水量低于 12% 时，宜对拟处理范围内的土层进行增湿，增湿土的加水量可按下式估算：

$$Q = v \overline{\rho}_d (w_{op} - \overline{w}) k \tag{6-32}$$

式中　Q——计算加水量（m^3）；

v——拟加固土的总体积（m³）；

$\bar{\rho}_d$——地基处理前土的平均干密度（t/m³）；

w_{op}——土的最优含水量（％），通过室内击实试验求得；

$\bar{w}$——地基处理前土的平均含水量（％）；

k——损耗系数，可取 1.05～1.10。

应于地基处理前 4～6d，将需增湿的水通过一定数量和一定深度的渗水孔，均匀地浸入拟处理范围内的土层中。

成孔和孔内回填夯实应符合下列要求：

（1）成孔和孔内回填夯实的施工顺序，当整片处理时，宜从里（或中间）向外间隔 1～2 孔进行，对大型工程，可采取分段施工；当局部处理时，宜从外向里间隔 1～2 孔进行。

（2）向孔内填料前，孔底应夯实，并应抽样检查桩孔的直径、深度和垂直度。

（3）桩孔的垂直度偏差不宜大于 1.5％。

（4）桩孔中心点的偏差不宜超过桩距设计值的 5％。

（5）经检验合格后，应按设计要求，向孔内分层填入筛好的素土、灰土或其他填料，并应分层夯实至设计标高。

桩孔填料夯实机目前有两种：一种是偏心轮夹杆式夯实机；另一种是采用电动卷扬机提升式夯实机。前者可上、下自动夯实，后者需用人工操作。

夯锤形状一般采用下端呈抛物线锤体形的梨形锤或长锤，二者重量均不小于 0.1t。夯锤直径应小于桩孔直径 100mm 左右，使夯锤自由下落时将填料夯实。填料时每一锹料夯击一次或两次，夯锤落距一般在 600～700mm，每分钟夯击 25～30 次，长 6m 的桩可在 15～20min 内夯击完成。

2）施工中可能出现的问题和处理方法

（1）夯打时桩孔内有渗水、涌水、积水现象时，可将孔内水排出地表，或将水下部分改为混凝土桩或碎石桩，水上部分仍为土（或灰土）桩。

（2）沉管成孔过程中遇障碍物时可采取以下措施处理：

① 用洛阳铲探查并挖除障碍物，也可在其上面或四周适当增加桩数，以弥补局部处理深度的不足，或从结构上采取适当措施进行弥补。

② 对未填实的墓穴、坑洞、地道等，如面积不大，挖除不便时，可将桩打穿通过，并在此范围内增加桩数，或从结构上采取适当措施进行弥补。

（3）夯打时出现缩径、堵塞、挤密成孔困难、孔壁坍塌等情况时，可采取以下措施处理：

① 当含水量过大、缩径比较严重时，可向孔内填干砂、生石灰块、碎砖渣、干水泥、粉煤灰；如含水量过小，可预先浸水，使之达到或接近最优含水量。

② 遵守成孔顺序，由外向里间隔进行（硬土由里向外）。

③ 施工中宜打一孔、填一孔，或隔几个桩位跳打夯实。

④ 合理控制桩的有效挤密范围。

3. 质量检查

对一般工程，主要应检查施工记录、检测全部处理深度内桩体或桩间土的干密度，并将其分别换算为平均压实系数 $\bar{\lambda}_c$ 和平均挤密系数 $\bar{\eta}_c$；对重要工程，除检测上述内容外，还应测定全部处理深度内桩间土的压缩性和湿陷性。

抽样检验的数量，对一般工程不应少于桩总数的 1%；对重要工程不应少于桩总数的 1.5%。

夯实质量的检验方法有下列几种：

(1) 轻便触探检验法：先通过试验夯实，求得"检定锤击数"，施工检验时以实际锤击数不小于检定锤击数为合格。

(2) 环刀取样检验法：先用洛阳铲在桩孔中心挖孔或通过开剖桩身，从基底算起，沿深度方向每隔 1.0~1.5m 用带长把的小环刀分层取出原状夯实土样，测定其干密度。

(3) 荷载试验法：对重要的大型工程应进行现场荷载试验和浸水荷载试验，直接测试承载力和湿陷情况。

上述前两项检验法，其中对灰土桩应在桩孔夯实后 48h 内进行，二灰桩应在 36h 内进行，否则将由于灰土或二灰的胶凝强度的影响而无法进行检验。

第六节 设计计算示例

一、换填垫层法地基处理分析计算

【例 6-4】 某建筑物矩形基础底面长为 1.2m，宽为 1.2m，埋深为 1.0m，上部荷载作用于基础底面的荷载为 144kN，允许沉降为 25cm，基础及基础上土的平均重度为 20kN/m³，地下水埋深 1m，埋深范围内人工填土的天然重度为 1820kN/m³，场地地层分布如图 6-5 所示，附加应力系数见表 6-9。采用砂垫层法对地基进行处理，砂垫层的厚度为 1m，应力扩散角为 25°，承载力为 160kPa，压缩模量为 20MPa，检验上述设计是否合理。

附加应力系数　表 6-9

深度（垫层底面以下）	附加应力系数
0	1.0
2.0	0.55
4.0	0.31
6.0	0.21

采用分层总和的计算深度为 6m

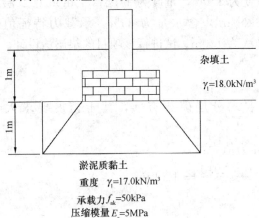

图 6-5　场地地层分布图

解：基底平均压力值为：
$$p_k = 144/(1.2 \times 1.2) + 20 \times 1.0 = 120 \text{kPa}$$
$$p_0 = p_k - \delta_c = 120 - 18 \times 1 = 102 \text{kPa}$$

垫层底面处的附加应力值：
$$p_z = \frac{1.2 \times 1.2 \times (120 - 18.0 \times 1.0)}{(1.2 + 2 \times 1.0 \times \tan 25°) \times (1.2 + 2 \times 1.0 \times \tan 25°)} = 32.3 \text{kPa}$$

砂垫层底的自重应力为：
$$p_{cz} = 18.0 \times 1.0 + 7.0 \times 1.0 = 25.0 \text{kPa}$$
垫层底面处经深度修正后的地基承载力特征值为：
$$f_{ak} = f_{ak} + \eta_d \gamma_m (d - 0.5) = 50 + 1.0 \times \frac{18.0 \times 1.0 + 7.0 \times 1.0}{2} \times (2.0 - 0.5)$$
$$= 68.8 \text{kPa}$$
$p_z + p_{cz} = 32.3 + 25 = 57.3 \text{kPa} < 68.8 \text{kPa}$，满足承载力要求。

经计算，地基中基础中心线下各点的附加应力系数及下卧层的沉降计算深度见表6-9。
$$s_1 = \frac{102 + 32.2}{2 \times 20} \times 1.0 = 3.36 \text{mm}$$
$$s_2 = \Sigma \frac{\sigma_{zl}}{E_{zl}} h_1$$
$$= \frac{\frac{(1 + 0.55) \times 32.3}{2}}{5000} \times 2000 + \frac{\frac{(0.55 + 0.31) \times 32.3}{2}}{5000} +$$
$$\frac{\frac{(0.31 + 0.21) \times 32.3}{2}}{5000} \times 2000$$
$$= 13.37 \text{mm}$$

沉降计算：$s = s_1 + s_2 = 22.3 \text{mm}$，满足沉降要求。

【例 6-5】 某4层砖混结构住宅，承重墙下为条形基础，宽为1.2m，埋深为1m，上部建筑物作用于基础的顶面上的荷载为120kN/m，基础及基础上土的平均重度为20kN/m³。场地土质条件：第一层为粉质黏土，厚度为1.0m，重度为17.5 kN/m³；第二层为淤泥质黏土，厚度为15.0m，重度为17.8kN/m³，含水量为65%，承载力特征值为45kPa；第三层为密实砂砾石层，地下水距地表为1.0m。试进行该项目的垫层法设计。

解： 采用砂垫层时压力扩散角 $\theta = 30°$。

1. 确定砂垫层厚度

(1) 先假设砂垫层厚度为1.0m，并要求分层碾压夯实，其干密度要求大于1.62t/m³。

(2) 试算砂垫层厚度。基础底面的平均压力值为：
$$p_k = \frac{120 + 1.2 \times 1.0 \times 20.0}{2} = 120 \text{kPa}$$

(3) 砂垫层底面的附加应力为：
$$p_z = \frac{b(p_k - p_c)}{(b + 2z\tan\theta)} = \frac{1.2 \times 1.2 \times (120 - 17.5 \times 1.0)}{1.2 + 2 \times 1.0 \times \tan 30°} = 52.2 \text{kPa}$$

(4) 垫层底面处土的自重压力为：
$$p_{cz} = 17.5 \times 1.0 + (17.8 - 10.0) \times 1.0 = 25.3 \text{kPa}$$

(5) 垫层底面处经深度修正后的地基承载力特征值为：
$$f_{az} = f_{ak} + \eta_d \gamma_m (d - 0.5) = 45 + 1.0 \times \frac{17.5 \times 1.0 + 7.8 \times 1.0}{2} \times (2.0 - 0.5) = 64 \text{kPa}$$
$$p_z + p_{cz} = 38.9 + 30.8 = 69.7 \text{kPa} > 64 \text{kPa}$$

以上说明设计的垫层厚度不够，再重新设计垫层厚度为 1.7m，重新计算得：
$$p_z + p_{cz} = 38.9 + 30.8 = 69.7 \text{kPa} < 72.8 \text{kPa}$$
说明满足设计要求，故垫层厚度取 17.0m。

2. 确定垫层宽度
$$b' = b + 2z\tan\theta = 1.2 + 2 \times 1.0 \times \tan 30° = 3.2 \text{m}$$
取垫层宽度为 3.2m。

3. 沉降计算（略）

二、旋喷桩复合地基设计

【例 6-6】 设计要求基底下复合地基承载力特征值达到 280kPa，现拟采用桩径为 0.5m 的旋喷桩，桩身试块的立方体抗压强度平均值为 7.0MPa，强度折减系数取 0.33。已知桩间土的承载力特征值为 120kPa，承载力折减系数 β 取 0.45。若采用等边三角形布桩，依据《建筑地基处理技术规范》JGJ 79—2002，求旋喷桩的桩距值。

解： 首先计算旋喷桩的单桩承载力。由于题中未提土的侧阻力和端阻力，现按桩身材料强度控制单桩承载力特征值来考虑。按规范公式计算旋喷桩的单桩承载力特征值为：
$$R_a = \eta f_{cu} A_p = 0.33 \times 7000 \times 0.196 = 452.8 \text{kN}$$

一根桩负担的面积：由于 $A_e = A_p$
$$A_e = \frac{R_a - \beta A_p f_{sk}}{f_{spk} - \beta f_{sk}} = \frac{452.8 - 0.45 \times 0.196 \times 120}{280 - 0.45 \times 120} = 1.957 \text{m}^2$$

对于等边三角形布桩，桩距为：
$$s = \sqrt{\frac{A_e}{\sin 60°}} = \sqrt{\frac{1.957}{\sin 60°}} = 1.50 \text{m}$$

三、强夯地基处理设计

【例 6-7】 某工程采用强夯法加固，加固面积为 5000m²，锤重为 10t，落距为 10m，单点击数为 8 击，夯点数为 200，夯击 5 遍，则单击夯击能为多少？单点夯击能为多少？总夯击能为多少？该场地的单位夯击能为多少？

解：

单击夯击能：为单击夯击的能量。

单击夯击能＝锤重×落距＝100kN×10m＝1000kN·m

单点夯击能：为每一夯点的夯击能。

单点夯击能＝单击夯击能×单点击数＝1000kN·m×8＝8000kN·m

总夯击能：为整个场地的总夯击能。

总夯击能＝单点夯击能×总夯击点数×遍数＝8000kN·m×200×5＝8000000kN·m

单位夯击能：为总夯击能与加固面积之比。

单位夯击能＝总夯击能/加固面积＝8000000kN·m/5000m²＝1 600kN/m。

【例 6-8】 若单击夯击能小于 4000kN·m，最后两击的平均夯沉量达到什么数值时可停夯？单击夯击能为 4000～6000kN·m 时，最后两击的平均夯沉量达到什么数值时可停夯？

解： 强夯夯点的夯击击数，应按现场试夯得到的夯击击数和夯沉量关系曲线确定，且应同时满足下列条件：

(1) 最后两击的平均夯沉量不宜大于下列数值：当单击夯击能小于4000kN·m时，为50mm；当夯击能为4000~6000kN·m时，为100mm；当夯击能大于6000kN·m时，为200mm。

(2) 夯坑周围地面不应发生过大的隆起。

(3) 不因夯坑过深而发生起锤困难。

【例6-9】 现场测试工作是强夯施工中的一个重要组成部分，测试工作一般有哪些？

解： 测试工作一般有以下几个方面的内容：

(1) 地面及深层变形：变形研究的手段是：地面沉降观测、深层沉降观测和水平位移观测。

(2) 孔隙水压力：在夯击作用下，进行对孔隙水压力沿深度和水平距离的增长和消散的分部规律研究，从而确定两个夯点间的夯距、夯击的影响范围、间歇时间以及饱和夯击能等参数。

(3) 侧向挤压力：在夯击作用下，可测试每夯击一次的压力增量沿深度的分布规律。

(4) 振动加速度：通过测试地面振动加速度可以了解强夯振动的影响范围。强夯施工时，对附近已有建筑物和施工建筑物的影响肯定要比地震的影响为小。为了减少强夯振动的影响，常在夯区周围设置隔振沟。

四、灰土挤密桩设计

【例6-10】 某场地湿陷性黄土厚度为7~8m，平均干密度 $\rho_d=1.15\text{t/m}^3$。设计要求消除黄土湿陷性，经地基处理后，桩间土最大干密度要求达到 1.60t/m^3。现决定采用灰土挤密桩处理地基。灰土桩桩径0.4m，等边三角形布桩。该场地灰土桩的桩距最接近哪个值（桩间土的平均压实系数 $\bar{\lambda}_c$ 取0.93）？

解： 由式（6-31）得：

$$s = 0.95d\sqrt{\frac{\bar{\lambda}_c \rho_{dmzx}}{\bar{\lambda}_c \rho_{dmzx}-\rho_d}} = 0.95\times 0.4 \times \sqrt{\frac{0.93\times 1.6}{0.93\times 1.6-1.15}} = 0.797\text{m}，取 s 为 0.8\text{m}。$$

【例6-11】 采用灰土挤密桩处理后的复合地基承载力特征值一般不宜大于多少？采用土挤密桩处理后的复合地基承载力特征值一般不宜大于多少？

解： 灰土挤密桩和土挤密桩复合地基承载力特征值，应通过现场单桩或多桩复合地基荷载试验确定。在初步设计中如无试验资料时，可按当地经验确定，但对灰土挤密桩复合地基承载力特征值，不宜大于处理前的2.0倍，并不宜大于250kPa；对土挤密桩复合地基的承载力特征值，不宜大于处理前的1.4倍，并不宜大于180kPa。

习 题

1. 砂垫层施工控制的关键指标是什么？
2. 对粉质黏土、灰土、粉煤灰和砂石垫层的施工质量可用哪些方法进行检验？
3. 当采用换填法处理地基时，若基底宽度为10.0m，在基底下铺厚度为2.0m的灰土垫层。压力扩散角 $\theta=30°$，为了满足基础底面应力扩散的要求，垫层底面宽度应超出基础地面宽度。问至少应超出多少米？

第六节 设计计算示例

4. 高压喷射注浆法适用于哪些地基土?

5. 在高压喷射注浆法施工中,高压水泥浆液和高压水流的压力宜大于多少?压缩空气的压力为多少?低压水泥浆液的压力为多少?

6. 水泥土搅拌桩荷载试验宜于在成桩多少天后进行,对相邻桩接要求严格的工程,应在成桩多少天后进行质量检验?

7. 某水泥土搅拌桩处理地基工程,桩径为500mm,采用1.2m间距的等边三角形布置,需进行单桩复合地基荷载试验,其荷载板面积应为多少?

8. 强夯处理后的地基竣工验收时,应采用哪些方法检验?强夯置换后的地基竣工验收时,应采用哪些方法检验?

9. 强夯施工结束后应间隔一定时间方能对地基加固质量进行检验。对碎石土和砂土地基,其间隔时间可取多少?对粉土和黏性土地基,其间隔时间可取多少?强夯置换地基,其间隔时间可取多少?

10. 强夯时为减少对周围邻近构筑物的振动影响,常在夯区周围采取哪些措施?

11. 某桥梁工程,承包商在桥梁基础施工时,施工方案为:①基坑开挖采用混凝土加固坑壁;②用钢板桩围堰;③采用钢筋混凝土短桩将基础范围内的地基土挤密,使地基土与桩体形成复合地基,达到地基加固目的,请作答以下题目:

(1) 地基处理按作用机理大致分为(A、B、C)。

A. 土质改良 B. 土的置换 C. 土的补强
D. 土的夯实 E. 土的碾压

(2) 下列选项中,属于地基处理方法中碾压及夯实的原理及作用的是(A、C)。

A. 利用压实原理,通过机械碾压夯实

B. 通过振动或挤密,使土体的孔隙减少、强度提高

C. 利用强大的夯击能使地基中产生强烈的冲击波和动应力,迫使土主动固结密实

D. 采用掺入水泥、石灰及砂浆形成加固体加固软弱土基

E. 加速沉降发展,使基础沉降提前完成

(3) 下列选项中,属于振密挤密类的处理地基的方法有(A、B、C)。

A. 灰土挤密类 B. 砂桩 C. 石灰桩
D. 树根桩 E. 高压喷射注浆

附 表

摩擦桩（$\alpha h > 2.5$）或端承桩（$\alpha h \geqslant 3.5$）的位移系数 A_X 附表1

$\bar{l}_0 = \alpha l_0$ \ $\bar{h} = \alpha h$	4.0	3.5	3.0	2.8	2.6	2.4
0.0	2.44066	2.50174	2.72658	2.90524	3.16260	3.52562
0.1	2.27873	2.33783	2.55100	2.71847	2.95795	3.29311
0.2	2.11779	2.17492	2.37640	2.53269	2.75429	3.06159
0.3	1.95881	2.01396	2.20376	2.34886	2.55258	2.83201
0.4	1.80273	1.85590	2.03400	2.16791	2.35373	2.60528
0.5	1.65042	1.70161	1.86800	1.99069	2.15859	2.38223
0.6	1.50268	1.55187	1.70651	1.81796	1.97690	2.16355
0.7	1.36024	1.40741	1.55022	1.65037	1.78228	1.94985
0.8	1.22370	1.26882	1.39970	1.48847	1.60223	1.74157
0.9	1.09361	1.13664	1.25543	1.32271	1.42816	1.53906
1.0	0.97041	1.01127	1.17777	1.18341	1.26033	1.34249
1.1	0.85441	0.89303	0.98696	1.04074	1.09886	1.15190
1.2	0.74588	0.78215	0.86315	0.90481	0.94377	0.96724
1.3	0.64498	0.67875	0.74637	0.77560	0.79497	0.78831
1.4	0.55175	0.58285	0.63655	0.65296	0.65223	0.61477
1.5	0.46614	0.49435	0.53349	0.53662	0.51518	0.44616
1.6	0.38810	0.41315	0.43696	0.42629	0.38346	0.28202
1.7	0.31741	0.33901	0.34660	0.32152	0.25654	0.12174
1.8	0.25386	0.27166	0.26201	0.22186	0.13387	−0.03529
1.9	0.19717	0.21074	0.18273	0.12676	0.01487	−0.18971
2.0	0.14696	0.15583	0.10819	0.03562	−0.10114	−0.34221
2.2	0.06461	0.06243	−0.02870	−0.13706	−0.32649	−0.64355
2.4	0.00348	−0.01238	−0.15330	−0.30098	−0.54685	−0.94316
2.6	−0.03986	−0.07251	−0.26999	−0.46033	−0.86553	—
2.8	−0.06902	−0.12202	−0.38275	−0.61932	—	—
3.0	−0.08741	−0.16458	−0.49434	—	—	—
3.5	−0.10495	−0.25866	—	—	—	—
4.0	−0.10788	—	—	—	—	—

附 表

摩擦桩（$\alpha h > 2.5$）或端承桩（$\alpha h \geqslant 3.5$）的位移系数 B_x

附表 2

$\bar{h}=\alpha h$ $\bar{Z}_0 = \alpha Z$	4.0	3.5	3.0	2.8	2.6	2.4
0.0	1.62100	1.64076	1.75755	1.86940	2.04819	2.32680
0.1	1.45094	1.47003	1.58070	1.68555	1.85190	2.10911
0.2	1.29088	1.30930	1.41385	1.51169	1.66561	1.90142
0.3	1.14079	1.15854	1.25697	1.34780	1.43928	1.70368
0.4	1.00064	1.01772	1.11001	1.19383	1.32287	1.51585
0.5	0.87036	0.88676	0.97292	1.04971	1.16629	1.33783
0.6	0.74981	0.76553	0.84553	0.91528	1.01937	1.16941
0.7	0.63885	0.65390	0.72770	0.79037	0.88191	1.01039
0.8	0.53727	0.55162	0.61917	0.67472	0.75364	0.86043
0.9	0.44481	0.45846	0.51967	0.56802	0.63421	0.71915
1.0	0.36119	0.37411	0.42889	0.46994	0.52324	0.58611
1.1	0.28606	0.29822	0.34641	0.38004	0.42027	0.46077
1.2	0.21908	0.23045	0.27187	0.29791	0.32482	0.34261
1.3	0.15985	0.17038	0.20481	0.22306	0.23635	0.23098
1.4	0.10793	0.11757	0.14472	0.15494	0.15425	0.12523
1.5	0.06288	0.07155	0.09108	0.09299	0.07790	0.02464
1.6	0.02422	0.03185	0.04337	0.03663	0.00667	−0.07148
1.7	−0.00847	−0.00199	0.00107	−0.01470	−0.06006	−0.16383
1.8	−0.03572	−0.03049	−0.03643	−0.06163	−0.12298	−0.25214
1.9	−0.05798	−0.05413	−0.06965	−0.10475	−0.18272	−0.34007
2.0	−0.07572	−0.07341	−0.09914	−0.14465	−0.23990	−0.42526
2.2	−0.09940	−0.10069	−0.14905	−0.21696	−0.34881	−0.59253
2.4	−0.11030	−0.11601	−0.19023	−0.28295	−0.45381	−0.75833
2.6	−0.11136	−0.12246	−0.22600	−0.34523	−0.55748	—
2.8	−0.10544	−0.12305	−0.25929	−0.40682	—	—
3.0	−0.09471	−0.11999	−0.29185	—	—	—
3.5	−0.05698	−0.10632	—	—	—	—
4.0	−0.01487	—	—	—	—	—

附 表

摩擦桩（$\alpha h \geqslant 2.5$）或端承桩（$\alpha h \geqslant 3.5$）的转角系数 A_ψ　　　附表3

$\overline{Z}=\alpha Z$ \ $\overline{h}=\alpha h$	4.0	3.5	3.0	2.8	2.6	2.4
0.0	−1.62100	−1.64076	−1.75755	−1.86940	−2.04819	−2.32686
0.1	−1.61600	−1.63576	−1.75255	−1.86440	−2.04319	−2.32180
0.2	−1.60117	−1.62024	−1.73774	−1.84960	−2.02841	−2.30705
0.3	−157676	−1.59654	−1.71341	−1.82531	−2.00418	−2.28290
0.4	−1.54334	−1.56316	−1.68017	−1.79219	−1.97122	−2.25018
0.5	−1.50151	−1.52142	−1.63874	−1.75099	−1.93036	−2.20977
0.6	−1.46009	−1.47216	−1.59001	−1.70268	−1.88263	−2.16283
0.7	−1.39593	−1.41624	−1.53495	−1.64828	−1.82914	−2.11060
0.8	−1.33398	−1.35468	−1.47467	−1.58896	−1.77116	−2.05445
0.9	−1.26713	−1.28837	−1.41015	−1.52579	−1.70985	−1.99564
1.0	−1.19647	−1.21845	−1.34266	−1.46009	−1.64662	−1.93571
1.1	−1.12283	−1.14578	−1.27315	−1.39289	−1.58257	−1.87583
1.2	−1.04733	−1.07154	−1.20290	−1.32553	−1.51913	−1.81753
1.3	−0.97078	−0.99657	−1.13286	−1.25902	−1.45734	−1.76186
1.4	−0.89409	−0.92183	−1.06403	−1.19446	−1.39835	−1.71000
1.5	−0.81801	−0.84811	−0.99743	−1.13273	−1.34305	−1.66280
1.6	−0.74337	−0.77630	−0.93387	−1.07480	−1.29241	−1.62116
1.7	−0.67075	−0.70699	−0.87403	−0.02132	−1.24700	−1.58551
1.8	−0.60077	−0.64085	−0.81863	−0.97297	−1.20743	−1.55627
1.9	−0.53393	−0.57842	−0.76818	−0.93020	−1.17400	−1.53348
2.0	−0.47063	−0.52013	−0.72309	−0.89333	−1.14686	−1.51693
2.2	−0.35588	0.41127	−0.64992	−0.83767	−1.11079	−1.50004
2.4	−0.25831	−0.33411	−0.59979	−0.80513	−1.09559	−1.49729
2.6	−0.17849	−0.27104	−0.57092	−0.79158	−1.09307	—
2.8	−0.11611	−0.22727	−0.55914	−0.78943	—	—
3.0	−0.06987	−0.20056	−0.55721	—	—	—
3.5	−0.01206	−0.18372	—	—	—	—
4.0	−0.00341	—	—	—	—	—

附 表

摩擦桩 ($ah>2.5$) 或端承桩 ($ah\geqslant3.5$) 的转角系数 B_v

附表 4

$\bar{h}=ah$ $\bar{Z}=aZ$	4.0	3.5	3.0	2.8	2.6	2.4
0.0	−1.75058	−1.75728	−1.81849	−1.88855	−2.01289	−2.22691
0.1	−1.65068	−1.65728	−1.71849	−1.78855	−1.91289	−2.12691
0.2	−1.55069	−1.55739	−1.61861	−1.68868	−1.81303	−2.02707
0.3	−1.45106	−1.45777	−1.51901	−1.58911	−1.71351	−1.92761
0.4	−1.35204	−1.35876	−1.42008	−1.49025	−1.61476	−1.82904
0.5	−1.25394	−1.26069	−1.32217	−1.39249	−1.51723	−1.73186
0.6	−1.15725	−1.16405	−1.22581	−1.29638	−1.42152	−1.63677
0.7	−1.06238	−1.06926	−1.13146	−1.20245	−1.32822	−1.54443
0.8	−0.96978	−0.97678	−1.03965	−1.11124	−1.23795	−1.45556
0.9	−0.87987	−0.88704	−0.95084	−1.02327	−1.15127	−1.37080
1.0	−0.79311	−0.86558	−0.86558	−0.93913	−1.06885	−1.29091
1.1	−0.70981	−0.71753	−0.78422	−0.85922	−0.99112	−1.21638
1.2	−0.63038	−0.63881	−0.70726	−0.78408	−0.91869	−1.14789
1.3	−0.55506	−0.56370	−0.63500	−0.71402	−0.85192	−1.08581
1.4	−0.48412	−0.49338	−0.56776	−0.64942	−0.79118	−1.03054
1.5	−0.41770	−0.42771	−0.50575	−0.59048	−0.73671	−0.98228
1.6	−0.35598	−0.36689	−0.44918	−0.53745	−0.68873	−0.94120
1.7	−0.29897	−0.31093	−0.39811	−0.49035	−0.64723	−0.90718
1.8	−0.24672	−0.25990	−0.35262	−0.44927	−0.61224	−0.88010
1.9	−0.19916	−0.21374	−0.31263	−0.41408	−0.58353	−0.85954
2.0	−0.15624	−0.27808	−0.27808	−0.38468	−0.56088	−0.84498
2.2	−0.08365	−0.10355	−0.22418	−0.34203	−0.53179	−0.83056
2.4	−0.02753	−0.05196	−0.18980	−0.31834	−0.52008	−0.82832
2.6	−0.01415	−0.01551	−0.17078	−0.30888	−0.52821	—
2.8	−0.04351	−0.00809	−0.16335	−0.30745	—	—
3.0	−0.06296	−0.02155	−0.16217	—	—	—
3.5	−0.08294	−0.02947	—	—	—	—
4.0	−0.08507	—	—	—	—	—

附 表

摩擦桩（$\alpha h > 2.5$）或端承桩（$\alpha h \geqslant 3.5$）的转角系数 A_m

附表 5

$\overline{Z}=\alpha Z$ \ $\overline{h}=\alpha h$	4.0	3.5	3.0	2.8	2.6	2.4
0.0	0	0	0	0	0	0
0.1	0.09960	0.09959	0.09959	0.09953	0.09948	0.09942
0.2	0.19696	0.19689	0.19660	0.19638	0.19606	0.19561
0.3	0.29010	0.28984	0.28891	0.28818	0.28714	0.28569
0.4	0.37739	0.37678	0.37463	0.37296	0.37060	0.36732
0.5	0.45752	0.35635	0.45227	0.44913	0.44471	0.43859
0.6	0.52938	0.52740	0.52057	0.51534	0.50801	0.49795
0.7	0.59228	0.58918	0.57867	0.57069	0.55956	0.54439
0.8	0.64561	0.64107	0.62588	0.61445	0.59859	0.57713
0.9	0.68926	0.68292	0.66200	0.64642	0.62494	0.59608
1.0	0.72305	0.71452	0.68681	0.66637	0.63841	0.60116
1.1	0.74714	0.73602	0.70045	0.67451	0.63930	0.59285
1.2	0.76183	0.74769	0.70324	0.67120	0.62810	0.57187
1.3	0.76761	0.75001	0.69570	0.65707	0.60563	0.53934
1.4	0.76498	0.74349	0.67845	0.63285	0.57280	0.49654
1.5	0.75466	0.72884	0.65232	0.59952	0.53089	0.44520
1.6	0.73734	0.70677	0.61819	0.55814	0.48127	0.38718
1.7	0.71381	0.67809	0.57707	0.50986	0.42551	0.32466
1.8	0.68488	0.64364	0.53005	0.45631	0.36540	0.26008
1.9	0.65139	0.60432	0.47834	0.39868	0.30291	0.19617
2.0	0.61413	0.56097	0.42314	0.33864	0.24013	0.13588
2.2	0.53160	0.46583	0.30766	0.21828	0.12320	0.03942
2.4	0.44334	0.36518	0.19480	0.11015	0.03527	0.00000
2.6	0.35458	0.26560	0.09667	0.03100	0.00001	—
2.8	0.26996	0.17362	0.02686	0.00000	—	—
3.0	0.19305	0.09535	0.00000	—	—	—
3.5	0.05081	0.00001	—	—	—	—
4.0	0.00005	—	—	—	—	—

附 表

摩擦桩（$\alpha h \geq 2.5$）或端承桩（$\alpha h \geq 3.5$）的转角系数 B_m　　　　附表6

$\overline{Z}=\alpha Z$ ＼ $\overline{h}=\alpha h$	4.0	3.5	3.0	2.8	2.6	2.4
0.0	1.00000	1.00000	1.00000	1.00000	1.00000	1.00000
0.1	0.99974	0.99974	0.99972	0.99970	0.99967	0.99963
0.2	0.99806	0.99804	0.99789	0.99775	0.99753	0.99719
0.3	0.99382	0.99373	0.99325	0.98382	0.99207	0.99096
0.4	0.98617	0.98598	0.98486	0.98382	0.98217	0.97966
0.5	0.97458	0.97420	0.97209	0.97012	0.96704	0.96236
0.6	0.95861	0.95797	0.95443	0.95056	0.94607	0.93835
0.7	0.93817	0.93718	0.93173	0.92674	0.91900	0.90736
0.8	0.91324	0.91178	0.90390	0.89675	0.88574	0.86927
0.9	0.88407	0.88204	0.87120	0.86145	0.84653	0.82440
1.0	0.85089	0.84815	0.82102	0.82102	0.80160	0.77303
1.1	0.81410	0.81054	0.79213	0.77589	0.75145	0.71582
1.2	0.77415	0.76963	0.74663	0.72658	0.69667	0.65354
1.3	0.73161	0.72599	0.69791	0.67373	0.63803	0.58720
1.4	0.68694	0.68009	0.64648	0.61794	0.57627	0.51781
1.5	0.66481	0.63259	0.59307	0.56003	0.51242	0.44673
1.6	0.59373	0.58401	0.53829	0.50072	0.44739	0.37528
1.7	0.54625	0.53490	0.48280	0.44082	0.38224	0.30497
1.8	0.49889	0.48582	0.42729	0.38115	0.31812	0.23745
1.9	0.45219	0.43729	0.37244	0.32261	0.25621	0.17450
2.0	0.40658	0.38978	0.31890	0.26605	0.19779	0.11803
2.2	0.32025	0.29956	0.21844	0.16235	0.09675	0.03282
2.4	0.24262	0.21815	0.13110	0.07820	0.02654	−0.00002
2.6	0.17546	0.14778	0.06199	0.02101	−0.00004	—
2.8	0.11979	0.09007	0.01638	−0.00023	—	—
3.0	0.07595	0.04619	−0.00007	—	—	—
3.5	0.01354	0.00004	—	—	—	—
4.0	0.00009	—	—	—	—	—

附 表

摩擦桩 ($\alpha h \geqslant 2.5$) 或端承桩 ($\alpha h \geqslant 3.5$) 的剪力系数 A_Q 附表 7

$\overline{Z}=\alpha Z$ \ $\overline{h}=\alpha h$	4.0	3.5	3.0	2.8	2.6	2.4
0.0	1.00000	1.00000	1.00000	1.00000	1.00000	1.00000
0.1	0.98833	0.98803	0.98695	0.98609	0.98487	0.98314
0.2	0.95551	0.95434	0.95033	0.94688	0.94569	0.93569
0.3	0.90468	0.90211	0.89304	0.88601	0.87604	0.86221
0.4	0.83898	0.83452	0.81902	0.80712	0.79034	0.76724
0.5	0.76145	0.75464	0.73140	0.71373	0.68902	0.65525
0.6	0.67486	0.66529	0.63323	0.60913	0.57569	0.53041
0.7	0.58201	0.56931	0.52760	0.49664	0.45405	0.39700
0.8	0.48522	0.46906	0.41710	0.37905	0.32726	0.25872
0.9	0.38689	0.36698	0.30441	0.25932	0.19865	0.11949
1.0	0.28901	0.26512	0.19185	0.13998	0.07114	−0.01717
1.1	0.19388	0.16532	0.08154	0.02340	−0.05251	−0.14789
1.2	0.10153	0.06917	−0.02466	−0.08828	−0.16976	−0.26953
1.3	0.01477	−0.02197	−0.12508	−0.19312	−0.27824	−0.37903
1.4	−0.06586	−0.10698	−0.21828	−0.28939	−0.37576	−0.47356
1.5	−0.13952	−0.18494	−0.30297	−0.37549	−0.46025	−0.55031
1.6	−0.20555	−0.25510	−0.37800	−0.44994	−0.52970	−0.60654
1.7	−0.26359	−0.31699	−0.44249	−0.51147	−0.58233	−0.63967
1.8	−0.31345	−0.37030	−0.49562	−0.55889	−0.61637	−0.64710
1.9	−0.35501	−0.41476	−0.53660	−0.59098	−0.62996	−0.62610
2.0	−0.38839	−0.45034	−0.56480	−0.60665	−0.62138	−0.57406
2.2	−0.43174	−0.49514	−0.58052	−0.58438	−0.53057	−0.36592
2.4	−0.44647	−0.50579	−0.53789	−0.48287	−0.32889	0.00000
2.6	−0.43651	−0.48379	−0.43139	−0.29184	0.00001	—
2.8	−0.40641	−0.43066	−0.25462	0.00000	—	—
3.0	−0.36065	−0.34726	0.00000	—	—	—
3.5	−0.19975	0.00001	—	—	—	—
4.0	−0.00002	—	—	—	—	—

附 表

摩擦桩（$\alpha h > 2.5$）或端承桩（$\alpha h \geqslant 3.5$）的剪力系数 B_Q 附表8

$\overline{Z}=\alpha Z$ \ $\overline{h}=\alpha h$	4.0	3.5	3.0	2.8	2.6	2.4
0.0	0	0	0	0	0	0
0.1	−0.00753	−0.00763	−0.00319	−0.00873	−0.00958	−0.01096
0.2	−0.02795	−0.02832	−0.08050	−0.03255	−0.03579	−0.04070
0.3	−0.05820	−0.05903	−0.16373	−0.06814	−0.07506	−0.68567
0.4	−0.09554	−0.09698	−0.10502	−0.12412	−0.12412	−0.14185
0.5	−0.13747	−0.13966	−0.15171	−0.17994	−0.17994	−0.26584
0.6	−0.18191	−0.18498	−0.20159	−0.21668	−0.23991	−0.27464
0.7	−0.22685	−0.23092	−0.25253	−0.27191	−0.30418	−0.34524
0.8	−0.27087	−0.27604	−0.30294	−0.32675	−0.36271	−0.41528
0.9	−0.31245	−0.31882	−0.35118	−0.37941	−0.42152	−0.48223
1.0	−0.35059	−0.35822	−0.39609	−0.42856	−0.47634	−0.51405
1.1	−0.38443	−0.39337	−0.43665	−0.47302	−0.52570	−0.59882
1.2	−0.41335	−0.42364	−0.47207	−0.51187	−0.56841	−0.64486
1.3	−0.43690	−0.44856	−0.50172	−0.54429	−0.60333	−0.68054
1.4	−0.45486	−0.46788	−0.52520	−0.56969	−0.62957	−0.70445
1.5	−0.46715	−0.48150	−0.54220	−0.58757	−0.64630	−0.71521
1.6	−0.47378	−0.48939	−0.55250	−0.59749	−0.65272	−0.71143
1.7	−0.47496	−0.49174	−0.22604	−0.59917	−0.64819	−0.69188
1.8	−0.47103	−0.48883	−0.55289	−0.59243	−0.63211	−0.65562
1.9	−0.46823	−0.48092	−0.54299	−0.57695	−0.60374	−0.60035
2.0	−0.44914	−0.46839	−0.52644	−0.55254	−0.56243	−0.52562
2.2	−0.41179	−0.43127	−0.47379	−0.47608	−0.43825	−0.31124
2.4	−0.36312	−0.38101	−0.39538	−0.36078	−0.25325	−0.00002
2.6	−0.30732	−0.32104	−0.29102	−0.20346	−0.00003	—
2.8	−0.24853	−0.25452	−0.15980	−0.00018	—	—
3.0	−0.19052	−0.18411	−0.00004	—	—	—
3.5	−0.01672	−0.00001	—	—	—	—
4.0	−0.00045	—	—	—	—	—

附　表

嵌岩桩（$\alpha h > 2.5$）的位移系数 A_x^0　　附表 9

$\overline{Z}=\alpha Z$ \ $\overline{h}=\alpha h$	4.0	3.5	3.0	2.8	2.6	$\overline{Z}=\alpha Z$ \ $\overline{h}=\alpha h$	4.0	3.5	3.0	2.8	2.6
0.0	2.401	2.389	2.385	2.371	2.330	1.4	0.543	0.553	0.547	0.524	0.480
0.1	2.248	2.230	2.230	2.210	2.170	1.5	0.460	0.471	0.466	0.443	0.399
0.2	2.080	2.075	2.070	2.055	2.010	1.6	0.380	0.397	0.391	0.369	0.326
0.3	1.926	1.916	1.913	1.896	1.853	1.7	0.317	0.332	0.325	0.303	0.260
0.4	1.773	1.765	1.763	1.745	1.703	1.8	0.257	0.273	0.267	0.244	0.203
0.5	1.622	1.618	1.612	1.596	1.552	1.9	0.203	0.221	0.215	0.192	0.153
0.6	1.475	1.473	1.468	1.450	1.407	2.0	0.157	0.176	0.170	0.148	0.111
0.7	1.336	1.334	1.330	1.314	1.267	2.2	0.082	0.104	0.099	0.078	0.048
0.8	1.202	1.202	1.196	1.178	1.133	2.4	0.030	0.057	0.050	0.032	0.012
0.9	1.070	1.071	1.070	1.050	1.005	2.6	−0.004	0.023	0.020	0.008	0
1.0	0.952	0.956	0.951	0.930	0.885	2.8	−0.022	0.006	0.004	0	—
1.1	0.831	0.844	0.831	0.818	0.772	3.0	−0.028	−0.001	0	—	—
1.2	0.732	0.740	0.713	0.712	0.667	3.5	−0.015	0	—	—	—
1.3	0.634	0.642	0.636	0.614	0.570	4.0	0	—	—	—	—

嵌岩桩（$\alpha h > 2.5$）的位移系数 B_x^0　　附表 10

$\overline{Z}=\alpha Z$ \ $\overline{h}=\alpha h$	4.0	3.5	3.0	2.8	2.6	$\overline{Z}=\alpha Z$ \ $\overline{h}=\alpha h$	4.0	3.5	3.0	2.8	2.6
0.0	1.600	1.584	1.586	1.593	1.596	1.4	0.113	0.128	0.157	0.169	0.172
0.1	1.430	1.420	1.426	1.430	1.430	1.5	0.070	0.087	0.119	0.129	0.134
0.2	1.275	1.260	1.270	1.275	1.280	1.6	0.034	0.053	0.086	0.097	0.101
0.3	1.127	1.117	1.123	1.130	1.137	1.7	0.003	0.027	0.059	0.070	0.074
0.4	0.988	0.980	0.990	0.998	1.025	1.8	0.022	0.001	0.037	0.048	0.052
0.5	0.858	0.854	0.866	0.874	0.878	1.9	−0.042	−0.017	0.021	0.032	0.035
0.6	0.740	0.737	0.752	0.760	0.763	2.0	−0.058	−0.031	0.008	0.010	0.023
0.7	0.630	0.630	0.643	0.654	0.659	2.2	−0.077	−0.046	−0.006	0.004	0.007
0.8	0.531	0.533	0.550	0.561	0.564	2.4	−0.083	−0.048	−0.010	−0.001	0.001
0.9	0.440	0.444	0.464	0.473	0.478	2.6	−0.080	−0.043	−0.007	−0.001	0
1.0	0.359	0.364	0.386	0.396	0.400	2.8	−0.070	−0.032	−0.003	0	—
1.1	0.285	0.294	0.318	0.327	0.332	3.0	−0.056	−0.020	0	—	—
1.2	0.220	0.230	0.257	0.267	0.271	3.5	−0.018	0	—	—	—
1.3	0.163	0.176	0.203	0.214	0.218	4.0	0	—	—	—	—

附 表

嵌岩桩 ($\alpha h > 2.5$) 计算 $\varphi_z = 0$ 的系数 A_φ^0、B_φ^0　　附表 11

$\bar{h} = \alpha h$	4.0	3.5	3.0	2.8	2.6
$A_\varphi^0 = -B_x^0$	−1.600	−1.584	−1.586	−1.593	−1.596
B_φ^0	−1.732	−1.711	−1.691	−1.687	−1.686
A_x^0	2.401	2.389	2.385	2.371	2.330

注：1. 表列为 $\bar{Z} = \alpha Z = 0$ 的系数值，$\bar{Z}$ 为其他值的系数，不常应用，此处从略。

2. A_φ^0、B_φ^0 系数不常应用，此处从略。

嵌岩桩 ($\alpha h > 2.5$) 计算 $\varphi_{Z=0}$ 的系数 A_m^0、B_m^0　　附表 12

$\bar{Z} = \alpha Z$	$\bar{h} = \alpha h$									
	4.0		3.5		3.0		2.8		2.6	
	A_m^0	B_m^0	A_m^0	B_m^0	A_m^0	B_m^0	A_m^0	B_m^0	A_m^0	B_m^0
0.0	0	1.000	0	1.000	0	1.000	0	1.000	0	1.000
0.1	0.100	1.000	0.100	1.000	0.100	1.000	0.100	1.000	0.100	1.000
0.2	0.197	0.998	0.197	0.998	0.197	0.998	0.197	0.998	0.197	0.998
0.3	0.290	0.994	0.190	0.994	0.290	0.994	0.290	0.994	0.291	0.994
0.4	0.378	0.986	0.378	0.986	0.378	0.986	0.378	0.986	0.379	0.986
0.5	0.458	0.975	0.458	0.975	0.458	0.975	0.459	0.975	0.460	0.975
0.6	0.531	0.959	0.531	0.960	0.531	0.959	0.532	0.959	0.533	0.959
0.7	0.594	0.939	0.595	0.939	0.595	0.939	0.596	0.939	0.598	0.938
0.8	0.648	0.914	0.649	0.915	0.649	0.914	0.651	0.914	0.654	0.913
0.9	0.693	0.886	0.694	0.886	0.694	0.885	0.696	0.884	0.701	0.884
1.0	0.728	0.853	0.729	0.854	0.729	0.852	0.732	0.850	0.739	0.850
1.1	0.753	0.817	0.754	0.817	0.755	0.815	0.759	0.813	0.769	0.810
1.2	0.710	0.777	0.770	0.778	0.772	0.774	0.777	0.771	0.789	0.770
1.3	0.777	0.735	0.778	0.736	0.779	0.730	0.786	0.727	0.802	0.725
1.4	0.776	0.691	0.777	0.691	0.779	0.684	0.788	0.680	0.808	0.678
1.5	0.768	0.645	0.768	0.645	0.771	0.635	0.782	0.630	0.806	0.628
1.6	0.753	0.598	0.752	0.597	0.756	0.585	0.769	0.578	0.799	0.576
1.7	0.731	0.551	0.730	0.549	0.734	0.533	0.750	0.525	0.786	0.522
1.8	0.705	0.503	0.703	0.500	0.707	0.480	0.727	0.471	0.769	0.467
1.9	0.673	0.456	0.670	0.451	0.676	0.427	0.699	0.416	0.749	0.411
2.0	0.638	0.410	0.633	0.402	0.640	0.373	0.667	0.360	0.725	0.355
2.2	0.559	0.321	0.549	0.307	0.558	0.265	0.595	0.247	0.672	0.246
2.4	0.472	0.239	0.457	0.216	0.468	0.157	0.517	0.135	0.615	0.126
2.6	0.383	0.165	0.358	0.129	0.373	0.051	0.435	0.022	0.556	0.010
2.8	0.294	0.099	0.258	0.047	0.276	−0.055	0.352	−0.091	—	—
3.0	0.207	0.041	0.156	0.032	0.179	−0.161	—	—	—	—
3.5	0.005	−0.079	−0.096	−0.221	—	—	—	—	—	—
4.0	−0.184	−0.181	—	—	—	—	—	—	—	—

附 表

确定桩身最大弯矩及其位置的系数表

附表 13

$\overline{Z}=\alpha Z$	C_Q	D_Q	K_Q	K_m
0.0	∞	0.00000	∞	1.00000
0.1	131.25232	0.00760	131.31779	1.00050
0.2	34.18640	0.02925	34.31704	1.00382
0.3	15.54433	0.06433	15.73837	1.01248
0.4	8.78145	0.11388	9.03739	1.02914
0.5	5.53903	0.18054	5.85575	1.05718
0.6	3.70896	0.26955	4.13832	1.10130
0.7	2.56562	0.38977	2.99927	1.16902
0.8	1.79134	0.55824	2.28153	1.27365
0.9	1.23825	0.80759	1.78396	1.44071
1.0	0.82435	1.21307	1.42448	1.72800
1.1	0.50303	1.98795	1.15666	2.29939
1.2	0.24563	4.07121	0.95198	3.87572
1.3	0.03381	29.58023	0.79235	23.43769
1.4	−0.14479	−6.90647	0.66552	−4.59637
1.5	−0.29866	−3.34827	0.56328	−1.87585
1.6	−0.43385	−2.30494	0.47975	−1.12838
1.7	−0.55497	−1.80189	0.41066	−0.73996
1.8	−0.66546	−1.50273	0.35289	−0.53030
1.9	−0.76797	−1.30213	0.30412	−0.39600
2.0	−0.86474	−1.15641	0.26254	−0.30361
2.2	−1.04845	−0.95379	0.19583	−0.18678
2.4	−1.22954	−0.81331	0.14503	−0.11795
2.6	−1.42038	−0.70404	0.10536	−0.07418
2.8	−1.63525	−0.61153	0.07407	−0.04530
3.0	−1.89298	−0.52827	0.04928	−0.02603
3.5	−2.99386	−0.33401	0.01027	−0.00343
4.0	−0.04450	−22.50000	−0.00018	+0.01134

附　表

摩擦桩（$\alpha h \geqslant 2.5$）或端承桩（$\alpha h \geqslant 3.5$）的桩顶位移系数 A_{X1}　　附表 14

$\overline{l}_0 = \alpha l_0$ ＼ $\overline{h} = \alpha h$	4.0	3.5	3.0	2.8	2.6	2.4
0.0	2.44066	2.50174	2.72658	2.90524	3.16260	3.52562
0.2	3.16175	3.23100	3.50501	3.73121	4.06506	4.54808
0.4	4.03889	4.11685	4.44491	4.72426	5.14455	5.76476
0.6	5.08807	5.17527	5.56230	5.90040	6.41707	7.19147
0.8	6.32530	6.42228	6.87316	7.27562	7.89862	8.84439
1.0	7.76657	7.87387	8.39350	8.86592	9.60520	10.73946
1.2	9.42790	9.54605	10.13933	10.68731	11.55282	12.89269
1.4	11.31526	11.45480	12.12663	12.75578	13.75746	15.32007
1.6	13.47468	13.61614	14.37141	15.08734	16.23514	18.03760
1.8	15.89214	16.04606	16.88967	17.69798	19.00185	21.06129
2.0	18.59365	18.76057	19.69741	20.60371	22.07359	24.40713
2.2	21.59520	21.77565	22.81062	23.82052	25.46636	28.09112
2.4	24.91280	25.10732	26.24532	27.36441	29.19616	32.12926
2.6	28.56245	28.77157	30.01750	31.25138	33.27899	36.53756
2.8	32.56014	32.78440	34.14315	35.49745	37.73085	41.33201
3.0	36.92188	37.16182	38.63829	40.11859	42.56775	46.52861
3.2	41.66367	41.91982	43.51890	45.13082	47.80568	52.14336
3.4	46.80150	47.07440	48.80100	50.55013	53.46063	58.19227
3.6	52.35138	52.64156	54.50057	56.39253	59.54862	64.69133
3.8	58.32930	58.63731	60.63362	62.67401	66.08564	71.65655
4.0	64.75127	65.07763	67.21615	69.41057	73.08769	79.10391
4.2	71.63329	71.97854	74.26416	76.61822	80.57378	87.04943
4.4	78.99135	79.35603	81.89365	84.31295	88.55089	95.50910
4.6	86.84147	87.22611	89.82062	92.51077	97.04403	104.49893
4.8	95.19962	95.60477	98.36107	101.22767	106.06621	114.03491
5.0	104.08183	104.50801	107.43100	110.47965	115.63342	124.13304
5.2	113.50408	113.95183	117.04640	120.28273	125.76165	134.80932
5.4	123.48237	123.95223	127.22329	130.65288	136.46692	146.07976
5.6	134.03271	134.52522	137.97765	141.60611	147.76522	157.96034
5.8	145.17110	145.68679	149.32550	153.15844	159.67256	170.46709
6.0	156.91354	157.45294	161.28282	165.32584	172.20492	183.61598
6.4	182.27455	182.86299	187.08990	191.56990	199.20874	211.90423
6.8	210.24375	210.88337	215.52690	220.46630	228.90468	242.95308

附　表

续表

$\bar{l}_0 = \alpha l_0$ \ $\bar{h} = \alpha h$	4.0	3.5	3.0	2.8	2.6	2.4
7.2	240.94913	241.64208	246.72182	252.14303	261.42075	276.89055
7.6	274.51869	275.26712	280.80266	286.72810	296.88495	313.84463
8.0	311.08045	311.88649	317.89741	324.34951	335.42527	353.94333
8.5	361.18540	362.06647	368.69917	375.84111	388.12147	408.68380
9.0	416.41564	417.37510	424.66017	432.52699	446.07411	468.78773
9.5	477.02117	478.06237	486.03042	494.65714	509.53320	534.50511
10.0	543.25199	544.37827	553.05991	562.48157	578.79873	606.08595

摩擦桩（$\alpha h > 2.5$）或端承桩（$\alpha h \geqslant 3.5$）的桩顶转角（位移）系数 $A_{\varphi 1} = B_{X1}$　附表 15

$\bar{l}_0 = \alpha l_0$ \ $\bar{h} = \alpha h$	4.0	3.5	3.0	2.8	2.6	2.4
0.0	1.62100	1.64076	1.75755	1.86949	2.04819	2.32680
0.2	1.99112	2.01222	2.14125	2.26711	2.47077	2.79218
0.4	2.40123	2.42367	2.56495	2.70482	2.93335	3.29756
0.6	2.85135	2.87513	3.02864	3.18253	3.43592	3.84295
0.8	3.34146	3.36658	3.53234	3.70024	3.97850	4.42833
1.0	3.87158	3.89804	4.07604	4.25795	4.50108	5.05371
1.2	4.44170	4.46950	4.65974	4.85566	5.18366	5.71909
1.4	5.05181	5.08095	5.28344	5.49337	5.84624	6.42447
1.6	5.70193	5.73241	5.94713	6.17108	6.52881	1.16986
1.8	6.39204	6.43286	6.65083	6.88879	7.29139	7.95524
2.0	7.12216	7.15532	7.39453	7.64650	8.07397	8.18062
2.2	7.89228	7.92678	8.17823	8.44421	8.89655	9.64600
2.4	8.70239	8.73823	9.00193	9.28192	9.75913	10.56138
2.6	9.55251	9.58969	9.86562	10.15963	10.66170	11.49677
2.8	10.44262	10.48114	10.76932	11.07734	11.60428	12.48215
3.0	11.37274	11.41260	11.71302	12.03505	12.58686	13.50753
3.2	12.34286	12.38406	12.69672	13.03276	13.60944	14.57291
3.4	13.35297	13.39551	13.70242	14.07047	14.67202	15.67829
3.6	14.40309	14.44697	14.78411	15.14818	15.77459	16.82368
3.8	15.49320	15.53842	15.88781	16.26589	16.91717	18.00906
4.0	16.62332	16.66988	17.03151	17.42360	18.09975	19.23444
4.2	17.79344	17.84134	18.21521	18.62131	19.32233	20.49982

续表

$\bar{l}_0 = \alpha l_0$ \ $\bar{h} = \alpha h$	4.0	3.5	3.0	2.8	2.6	2.4
4.4	19.00355	19.05279	19.43891	19.86902	20.58491	21.30520
4.6	20.25367	20.30425	20.70260	21.13673	21.88748	23.19059
4.8	21.54378	21.59570	22.00630	22.45444	23.23006	24.53597
5.0	22.87390	22.92716	23.35000	23.81215	24.61264	25.96135
5.2	24.24402	24.29862	24.73370	25.20986	26.03522	27.42673
5.4	25.65413	25.71007	26.15740	26.64757	27.49780	28.93211
5.6	27.10436	27.16153	27.62109	28.12528	29.00037	30.47750
5.8	28.59436	28.65298	29.12479	29.64299	30.54295	32.05288
6.0	30.12448	30.18444	30.66849	31.20070	32.12553	38.68826
6.4	33.30471	33.36735	33.87589	34.48612	35.41069	37.05902
6.8	36.64494	37.71026	37.24328	37.83154	38.85584	40.58979
7.2	40.14518	40.21318	40.77068	41.38696	42.46100	44.28055
7.6	43.80541	44.87606	44.45807	45.10238	46.22615	48.13132
8.0	47.62564	48.69900	48.30547	48.97780	50.15131	52.14208
8.5	52.62593	52.70264	53.33972	54.04708	54.28276	57.38054
9.0	57.87622	57.95628	58.62396	59.36635	60.66420	62.86899
9.5	63.37651	63.45992	64.15821	64.93563	66.29565	68.60745
10.0	69.12680	69.21356	69.94245	70.75490	72.17709	74.59590

摩擦桩（$\alpha h > 2.5$）或端承桩（$\alpha h \geqslant 3.5$）的桩顶转角（位移）系数 $B_{\varphi 1}$ 附表16

$\bar{l}_0 = \alpha l_0$ \ $\bar{h} = \alpha h$	4.0	3.5	3.0	2.8	2.6	2.4
0.0	1.75058	1.75728	1.81849	1.88855	2.01289	2.22691
0.2	1.95058	1.95728	2.01849	2.08855	2.21289	2.42691
0.4	2.15058	2.15728	2.21849	2.28855	2.41289	2.62691
0.6	2.35058	2.35728	2.41849	2.48855	2.61289	2.82691
0.8	2.55058	2.55728	2.61849	2.68855	2.81289	3.02691
1.0	2.75058	2.75728	2.81849	2.88855	3.01289	3.22691
1.2	2.95058	2.95728	3.01849	3.08855	3.21289	3.42691
1.4	3.15058	3.15728	3.21849	3.28855	3.41289	3.62691
1.6	3.35058	3.35728	3.41849	3.48855	3.61289	3.82691
1.8	3.55058	3.55728	3.61849	3.68855	3.81289	4.02691
2.0	3.75058	3.75728	3.81849	3.88855	4.01289	4.22691

附　表

续表

$\bar{l}_0=\alpha l_0$ \ $\bar{h}=\alpha h$	4.0	3.5	3.0	2.8	2.6	2.4
2.2	3.95058	3.95728	4.01849	4.08855	4.21289	4.42691
2.4	4.15058	4.15728	4.21849	4.28855	4.41289	4.62691
2.6	4.35058	4.35728	4.41849	4.48855	4.61289	4.82691
2.8	4.55058	4.55728	4.61849	4.68855	4.81289	5.02691
3.0	4.75058	4.75728	4.81849	4.88855	5.01289	5.22691
3.2	4.95058	4.95728	5.01849	5.08855	5.21289	5.42691
3.4	5.15058	5.15728	5.21849	5.28855	5.41289	5.62691
3.6	5.35058	5.35728	5.41849	5.48855	5.61289	5.82691
3.8	5.55058	5.55728	5.61849	5.68855	5.81289	6.02691
4.0	5.75058	5.75728	5.81849	5.88855	6.01289	6.22691
4.2	5.95058	5.95728	6.01849	6.08855	6.21289	6.42691
4.4	6.15058	6.15728	6.21849	6.28855	6.41289	6.62691
4.6	6.35058	6.35728	6.41849	6.48855	6.61289	6.82691
4.8	6.55058	6.55728	6.61849	6.68855	6.81289	7.02691
5.0	6.75058	6.75728	6.81849	6.88855	7.01289	7.22691
5.2	6.95058	6.95728	7.01849	7.08855	7.21289	7.42691
5.4	7.15058	7.15728	7.21849	7.28855	7.41289	7.62691
5.6	7.35058	7.35728	7.41849	7.48855	7.61289	7.82691
5.8	7.55058	7.55728	7.61849	7.68855	7.81289	8.02691
6.0	7.75058	7.75728	7.81849	7.88855	8.01289	8.22691
6.4	8.15058	8.15728	8.21849	8.28855	8.41289	8.62691
6.8	8.55058	8.55728	8.61849	8.68855	8.81289	9.02691
7.2	8.95058	8.95728	9.01849	9.08855	9.21289	9.42691
7.6	9.35058	9.35728	9.41849	9.48855	9.61289	9.82691
8.0	9.75058	9.75728	9.81849	9.88855	10.01289	10.22691
8.5	10.25058	10.25728	10.31849	10.38855	10.51289	10.72691
9.0	10.75058	10.75728	10.81849	10.88855	11.01289	11.22691
9.5	11.25058	11.25728	11.31849	11.38855	11.51289	11.72691
10.0	11.75058	11.75728	11.81849	11.88855	12.01289	12.22691

附 表

多排桩计算 ρ_{Ha} 的系数 χ_H

附表 17

$\bar{l}_0=\alpha l_0$ \ $\bar{h}=\alpha h$	4.0	3.5	3.0	2.8	2.6	2.4
0.0	1.06423	1.03117	0.97283	0.94805	0.92722	0.91370
0.2	0.88555	0.86036	0.81068	0.78723	0.76549	0.74870
0.4	0.73649	0.71741	0.67595	0.65468	0.63352	0.61528
0.6	0.61377	0.59933	0.56511	0.54634	0.52663	0.50831
0.8	0.51342	0.50244	0.47437	0.45809	0.44024	0.42269
1.0	0.43157	0.42317	0.40019	0.38619	0.37032	0.35401
1.2	0.36476	0.35829	0.33945	0.32749	0.31353	0.29866
1.4	0.31105	0.30505	0.28957	0.27938	0.26717	0.25380
1.6	0.26516	0.26121	0.24843	0.32975	0.22912	0.21717
1.8	0.22807	0.22494	0.21435	0.20694	0.19769	0.18707
2.0	0.19728	0.19478	0.18595	0.17961	0.17157	0.16215
2.2	0.17157	0.16956	0.16216	0.15673	0.14972	0.14138
2.4	0.15000	0.14836	0.14213	0.13746	0.13134	0.12395
2.6	0.13178	0.13044	0.12516	0.12113	0.11578	0.10924
2.8	0.11633	0.11522	0.11072	0.10723	0.10254	0.09673
3.0	0.10314	0.10222	0.09837	0.09533	0.09121	0.08604
3.2	0.09183	0.09105	0.08775	0.08510	0.08147	0.07686
3.4	0.08208	0.08143	0.07857	0.07625	0.07304	0.06893
3.6	0.07364	0.07309	0.07061	0.06857	0.06572	0.06204
3.8	0.06630	0.06583	0.06367	0.06187	0.05934	0.05604
4.0	0.05989	0.05949	0.05760	0.05600	0.05375	0.05079
4.2	0.05427	0.05392	0.05226	0.05085	0.04883	0.04616
4.4	0.04932	0.04902	0.04756	0.04630	0.04449	0.04209
4.6	0.04495	0.04469	0.04339	0.04227	0.04065	0.03847
4.8	0.04108	0.04085	0.03970	0.03869	0.03723	0.03526
5.0	0.03763	0.03743	0.03641	0.03550	0.03419	0.03239
5.2	0.03455	0.03438	0.03346	0.03265	0.03146	0.02983
5.4	0.03180	0.03165	0.03083	0.03010	0.02901	0.02753
5.6	0.02933	0.02920	0.02846	0.02780	0.02682	0.02546
5.8	0.02111	0.02699	0.02633	0.02573	0.02483	0.02359
6.0	0.02511	0.02500	0.02440	0.02385	0.02304	0.02190
6.4	0.02165	0.02156	0.02107	0.02062	0.01994	0.01897
6.8	0.01880	0.01873	0.01832	0.01784	0.01736	0.01655

附 表

续表

$\bar{l}_0=\alpha l_0$ \ $\bar{h}=\alpha h$	4.0	3.5	3.0	2.8	2.6	2.4
7.2	0.01642	0.01686	0.01600	0.01550	0.01522	0.01452
7.6	0.01443	0.01438	0.01438	0.01382	0.01341	0.01280
8.0	0.01275	0.01271	0.01246	0.01223	0.01187	0.01135
8.5	0.01099	0.01096	0.01076	0.1056	0.01027	0.00983
9.0	0.00954	0.00951	0.00935	0.00919	0.00894	0.00857
9.5	0.00832	0.00831	0.00817	0.00804	0.00783	0.00751
10.0	0.00732	0.00730	0.00719	0.00707	0.00689	0.00662

多排桩计算 ρ_{Ma}（$=\rho_{H\beta}$）的系数 χ_M 附表18

$\bar{l}_0=\alpha l_0$ \ $\bar{h}=\alpha h$	4.0	3.5	3.0	2.8	2.6	2.4
0.0	0.98545	0.96279	0.94023	0.93844	0.94348	0.95469
0.2	0.90395	0.88451	0.85998	0.85454	0.85469	0.86138
0.4	0.82232	0.80600	0.78152	0.77377	0.77017	0.72552
0.6	0.74453	0.73099	0.70767	0.69870	0.69251	0.69101
0.8	0.67262	0.66145	0.63993	0.63048	0.62266	0.61839
1.0	0.60746	0.59825	0.57875	0.56928	0.56061	0.55442
1.2	0.54910	0.54150	0.52402	0.51487	0.50584	0.49843
1.4	0.49875	0.49092	0.47536	0.46669	0.45766	0.44956
1.6	0.45125	0.44601	0.43220	0.42411	0.41530	0.40688
1.8	0.41058	0.40620	0.39397	0.38648	0.37804	0.36956
2.0	0.37462	0.37093	0.36009	0.35319	0.34519	0.33684
2.2	0.34276	0.33964	0.33002	0.32370	0.31617	0.30807
2.4	0.31450	0.31184	0.30329	0.29750	0.29046	0.28267
2.6	0.28936	0.28709	0.27947	0.27417	0.26761	0.26018
2.8	0.26694	0.26499	0.25819	0.25335	0.24724	0.24019
3.0	0.24691	0.24521	0.23912	0.23470	0.22903	0.22236
3.2	0.22894	0.22747	0.22200	0.21268	0.21268	0.20639
3.4	0.21279	0.21150	0.20658	0.19798	0.19798	0.19206
3.6	0.19805	0.19709	0.19265	0.18471	0.18471	0.17914
3.8	0.18505	0.18406	0.18004	0.17270	0.17270	0.16746
4.0	0.17312	0.17224	0.16859	0.16180	0.16180	0.15688
4.2	0.16227	0.16149	0.15817	0.15551	0.15188	0.14725

附 表

续表

$\bar{l}_0=\alpha l_0$ \ $\bar{h}=\alpha h$	4.0	3.5	3.0	2.8	2.6	2.4
4.4	0.15238	0.15168	0.14866	0.14621	0.14282	0.13848
4.6	0.14336	0.14273	0.13996	0.13770	0.13454	0.13046
4.8	0.13509	0.13452	0.13199	0.12990	0.12695	0.12311
5.0	0.12750	0.12700	0.12467	0.12273	0.11998	0.11636
5.2	0.12053	0.12007	0.11793	0.11612	0.11356	0.11015
5.4	0.11410	0.11368	0.11171	0.11003	0.10763	0.10442
5.6	0.10817	0.10779	0.10597	0.10440	0.10215	0.09913
5.8	0.10268	0.10232	0.10064	0.09919	0.09708	0.09422
6.0	0.09759	0.09727	0.09571	0.09435	0.09237	0.08967
6.4	0.08847	0.08821	0.08686	0.08566	0.08391	0.08150
6.8	0.08256	0.08034	0.07916	0.07811	0.07656	0.07440
7.2	0.07366	0.07530	0.07244	0.07151	0.07013	0.06818
7.6	0.06760	0.06744	0.06653	0.06571	0.06447	0.06271
8.0	0.06225	0.06211	0.06131	0.06058	0.05946	0.05787
8.5	0.05641	0.05629	0.05560	0.05496	0.05398	0.05258
9.0	0.05135	0.05125	0.05065	0.05009	0.04922	0.04797
9.5	0.04694	0.04685	0.04633	0.04583	0.04507	0.04395
10.0	0.04307	0.04299	0.04253	0.04210	0.04141	0.04041

多排桩计算 $\rho_{M\beta}$ 的系数 Φ_M 附表 19

$\bar{l}_0=\alpha l_0$ \ $\bar{h}=\alpha h$	4.0	3.5	3.0	2.8	2.6	2.4
0.0	1.48375	1.46802	1.45863	1.45683	1.45683	1.44656
0.2	1.43541	1.42026	1.40770	1.40640	1.40619	1.40307
0.4	1.38316	1.36908	1.25432	1.35147	1.35074	1.35022
0.6	1.32858	1.31580	1.21969	1.29538	1.29336	1.29311
0.8	1.27325	1.26182	1.24517	1.23965	1.23619	1.23507
1.0	1.21858	1.20844	1.19111	1.18536	1.18059	1.77818
1.2	1.16551	1.15655	1.14024	1.13323	1.12757	1.12363
1.4	1.11713	1.10675	1.09104	1.08367	1.07697	1.07203
1.6	1.06637	1.05940	1.04442	1.03688	1.02957	1.02362
1.8	1.02081	1.01465	1.00048	1.99290	0.98518	0.97841
2.0	0.97801	0.97255	0.95920	0.95169	0.94372	0.93631

附 表

续表

$\bar{l}_0=\alpha l_0$ \ $\bar{h}=\alpha h$	4.0	3.5	3.0	2.8	2.6	2.4
2.2	0.93788	0.93304	0.92050	0.91313	0.90504	0.89715
2.4	0.90032	0.89600	0.88425	0.87708	0.86896	0.86074
2.6	0.86519	0.86133	0.85032	0.84337	0.83531	0.82687
2.8	0.83233	0.82886	0.81855	0.81185	0.80389	0.79533
3.0	0.80158	0.79846	0.78880	0.78235	0.77454	0.76593
3.2	0.77279	0.76997	0.76092	0.75473	0.74709	0.73849
3.4	0.74580	0.74325	0.73475	0.72882	0.72138	0.71284
3.6	0.72049	0.71816	0.71019	0.70450	0.69727	0.68883
3.8	0.69670	0.69458	0.68909	0.68165	0.67463	0.66632
4.0	0.67433	0.67239	0.66535	0.66014	0.66334	0.64517
4.2	0.65327	0.65149	0.64485	0.63987	0.63329	0.62528
4.4	0.63341	0.63177	0.62552	0.62074	0.61439	0.60655
4.6	0.61467	0.61315	0.60724	0.60268	0.59653	0.58888
4.8	0.59694	0.59555	0.58996	0.58559	0.57965	0.57218
5.0	0.58017	0.57888	0.57359	0.56941	0.56367	0.55638
5.2	0.56429	0.56308	0.55807	0.55406	0.54853	0.54142
5.4	0.54921	0.54809	0.54334	0.53949	0.53415	0.52723
5.6	0.53489	0.53385	0.52934	0.52565	0.52049	0.51375
5.8	0.52128	0.52031	0.51602	0.51248	0.50749	0.50094
6.0	0.50833	0.50741	0.50333	0.49993	0.49511	0.48874
6.4	0.48421	0.48840	0.47969	0.47655	0.47205	0.46602
6.8	0.46222	0.46151	0.45812	0.45522	0.45101	0.44531
7.2	0.44211	0.44147	0.43838	0.43568	0.43174	0.42634
7.6	0.42364	0.42307	0.42023	0.41772	0.41403	0.40892
8.0	0.40663	0.40612	0.40350	0.40116	0.39770	0.39286
8.5	0.38718	0.38672	0.38434	0.28220	0.37899	0.37446
9.0	0.36947	0.36901	0.36690	0.36493	0.36195	0.35771
9.5	0.35330	0.35294	0.35096	0.34914	0.34637	0.34239
10.0	0.33847	0.33915	0.33633	0.33464	0.33206	0.32832

参 考 文 献

[1] 中华人民共和国行业标准. 公路桥涵地基与基础设计规范(JTG D 63—2007)[S]. 北京：人民交通出版社，2007.
[2] 中华人民共和国行业标准. 公路圬工桥涵设计规范(JTG D 61—2005)[S]. 北京：人民交通出版社，2005.
[3] 中华人民共和国行业标准. 公路桥涵设计通用规范(JTG D 60—2004)[S]. 北京：人民交通出版社，2004.
[4] 中华人民共和国行业标准. 公路钢筋混凝土及预应力混凝土桥涵设计规范(JTG D 62—2004)[S]. 北京：人民交通出版社，2004.
[5] 中华人民共和国行业标准. 公路桥涵施工技术规范(JTG/T F50—2011)[S]. 北京：人民交通出版社，2000.
[6] 刘国华. 土质学与土力学[M]. 北京：化学工业出版社，2009.
[7] 姜仁安，郭梅，王东杰主编. 基础工程[M]. 北京：人民交通出版社，2008.
[8] 陈宴松. 基础工程[M]. 北京：人民交通出版社，2002.
[9] 凌治平，易经武. 基础工程[M]. 北京：人民交通出版社，1997.
[10] 张留俊等. 高速公路软土地基处理技术[M]. 北京：人民交通出版社，2002.
[11] 刘玉卓. 公路工程软基处理[M]. 北京：人民交通出版社，2003.
[12] 高宏兴. 软土地基加固[M]. 上海：上海科学技术出版社，1990.
[13] 黄绳武. 桥梁施工及组织管理[M]. 北京：人民交通出版社，1999.
[14] 程建伟. 土力学与地基基础工程[M]. 北京：机械工业出版社，2010.
[15] 席永慧. 地基与基础工程施工计算[M]. 北京：中国建筑工业出版社，2008.